Forschungsmethoden in der Erziehungswissenschaft

ERZIEHUNGSKONZEPTIONEN UND PRAXIS

Herausgegeben von Gerd-Bodo Reinert

Band 57

PETER LANG

Frankfurt am Main · Berlin · Bern · Bruxelles · New York · Oxford · Wien

Gerhard W. Schnaitmann

Forschungsmethoden in der Erziehungswissenschaft

Zum Verhältnis von qualitativen
und quantitativen Methoden
in der Lernforschung an einem Beispiel
der Lernstrategienforschung

PETER LANG
Europäischer Verlag der Wissenschaften

Bibliografische Information Der Deutschen Bibliothek
Die Deutsche Bibliothek verzeichnet diese Publikation in der
Deutschen Nationalbibliografie; detaillierte bibliografische
Daten sind im Internet über <http://dnb.ddb.de> abrufbar.

AUSGESONDERT Gedruckt auf alterungsbeständigem,
säurefreiem Papier.

7.7.15   Kurz 800
Datum

D 16
ISSN 0723-7464
ISBN 3-631-51759-9

© Peter Lang GmbH
Europäischer Verlag der Wissenschaften
Frankfurt am Main 2004
Alle Rechte vorbehalten.

Printed in Germany 1 2   4 5 6 7

www.peterlang.de

INHALTSVERZEICHNIS

4 ZUR ENTWICKLUNG DER LERNFORSCHUNG IN DER ERZIEHUNGSWISSENSCHAFT 47

5 EMPIRISCHE ANALYSEVERFAHREN BEI DER ERFORSCHUNG VON LERNSTRATEGIEN 74

1 EINFÜHRUNG

Es geht in dieser Arbeit um das Verhältnis von qualitativen und quantitativen Methoden in der Lernforschung, insbesondere in der Lernstrategienforschung der Erziehungswissenschaft.

In der Methodendiskussion, die mittlerweile in der Erziehungswissenschaft, aber auch in anderen Sozialwissenschaften schon über Jahrzehnte geführt wird, wurde immer wieder, auch in den letzten Jahren, betont, dass auf der einen Seite eine klare Abgrenzung qualitativer von quantitativen Ansätzen nicht möglich und auf der anderen Seite eine Dichotomisierung der beiden Forschungsstrategien nicht sinnvoll ist.

Diese Diskussion war auch das zentrale Thema eines Vortrags und Posters bei der 6. Tagung der Fachgruppe „Methoden und Evaluation" der Deutschen Gesellschaft für Psychologie in Wien 2003 („Grounded Theory und LISREL – ein Beispiel für Mixed Methodologies" von Alexandrowicz, R. & Mayring, P. Universität Klagenfurt)

In der hier vorliegenden Arbeit wird eine Kombination und versuchsweise auch Integration der beiden Methodenrichtungen versucht.

Hierzu wird aus der Sicht der Erziehungswissenschaft eine Vorgehensweise beschrieben, die versucht, empirisch- explorative Konzepte mit hermeneutisch-hypothetischen Ansätzen zu verbinden.

Angesichts unterschiedlicher Auffassungen darüber, was das Spezifische an der Wissenschaft sei, flammt in vielen Wissenschaften, auch in der Pädagogik, die Auseinandersetzung über die "richtigen" Methoden immer wieder auf.

In einer Übersicht zur Situation der Erziehungswissenschaft in der Bundesrepublik stellt Lenhart (Lenhart 1990. 199-205) fünf Paradigmata in der bundesdeutschen Erziehungswissenschaft seit Ende der 60er Jahre fest, von denen insbesondere das Paradigma der geisteswissenschaftlichen Pädagogik (in Bezug auf qualitative Methoden) und die Pädagogik des Kritischen Rationalismus die Entfaltung der empirischen Forschung in der Erziehungswissenschaft gefördert haben.

Die erziehungswissenschaftlichen Konzeptionen sind nach dieser Darstellung im Einzelnen:

- Normative Pädagogik
- Geisteswissenschaftliche Pädagogik, die in "erneuerter Form, z.B. vermischt mit sozialwissenschaftlichen - insbesondere gesellschaftstheoretischen - Theorieelementen in den 80er Jahren eine gewisse Renaissance erlebte." (Lenhart 1990, S. 201; vgl. auch Lenhart 1989, S. 90-91)
- Pädagogik des kritischen Rationalismus
- Kritische Theorie in der Erziehungswissenschaft
- Marxistische Position der Erziehungswissenschaft

9

Die Darstellung dieser Forschungsarbeit geht davon aus, dass die Diskussion innerhalb der Erziehungswissenschaft während der zurückliegenden Jahre, insbesondere in den 80er Jahren, weitgehend vom Bestreben nach Abgrenzung der verschiedenen Forschungsparadigmata geprägt war. Es kann jedoch weder damals noch heute von der Vorherrschaft eines einzigen Paradigmas, auch nicht von einer Vereinheitlichung aller konkurrierenden Ansätze gesprochen werden. Es kann eher von Veränderungen und Erweiterungen die Rede sein, die allerdings von den Einwänden beeinflusst sind, die wechselseitig ausgetauscht werden. In einer jüngeren Publikation wird dementsprechend von "Verständigungsschwierigkeiten, Unsicherheiten bzw. Meinungsverschiedenheiten hinsichtlich der Rolle empirischer Forschung" (Wellenreuther 1997, S. 320) gesprochen. In diesem Beitrag wird im Weiteren der Nutzen einer strengen quantitativen Forschung in Frage gestellt, "wegen der unzureichenden Professionalisierung der Methodenausbildung" (ebd.): gerade deshalb können in empirischpädagogischen Forschungen erhebliche Mängel auftreten. Der Prüfstein für diese Einschätzung ist die Realität, denn "wenn die Realität ein Prüfstein sein soll, dann muss durch entsprechende theoretische Arbeit das, was prüfenswert ist, entwickelt und dargestellt werden: Man muss die zu prüfenden Theorien nach rationalen Kriterien wie Informations- und Wahrheitsgehalt auswählen." (Wellenreuther 1997, S. 330) Aber gerade an den Momenten Realität und Wahrheitsgehalt 'scheiden sich die Geister'.

Nach dem Konzept-Indikatoren-Modell wurden in der vorliegenden Studie aus in den Daten (der qualitativen Studie) gefundenen Indikatoren Konzepte (Codes) induktiv abgeleitet und zu einer gegenstandsbezogenen Theorie miteinander verknüpft. Die hier formulierten Variablen konnten unter Verwendung der Indikatoren operationalisiert werden und an einer (neuen) Stichprobe Daten dazu erhoben werden. An diesem Datensatz wurde dann eine Modellprüfung im Sinne des LISREL-Ansatzes durchgeführt (deduktive Analyse). Das Vorgehen wird an einem Beispiel erläutert. Durch diese Kombination gewinnen beide Ansätze.

Forschungsmethoden sind nie endgültig vorgegeben, sie unterliegen einer steten Fortentwicklung. Dadurch, dass einzelne Forschungsmethoden oder deren Verbund immer nur Aspekte des Gegenstandsbereichs erfassen können, konstituieren sie gleichzeitig den Gegenstand den sie erforschen.

In den Diskussionen über die Möglichkeit und Notwendigkeit quantitativer und qualitativer Verfahren bei der Analyse von Lernprozessen und Lernstrategien treffen zwei völlig verschiedene Argumentationsweisen aufeinander, wobei die Vertreter der unterschiedlichen Positionen in der Regel den Kritiken der jeweils anderen Seite wenig Gehör schenken. Nach wie vor präsentieren sich diese Argumentationsstränge in der Form geschlossener Diskurse: Quantitativen Verfahren werden auf der einen Seite mangelnde praktische Relevanz und damit unzureichende Inhaltsvalidität ihrer Ergebnisse vorgeworfen, qualitative Methoden werden auf der anderen Seite wegen ihrer beschränkten Reliabilität angegriffen.

Die vorliegende Arbeit möchte in der Diskussion um die Begründung und Anwendung von Forschungsmethoden in der Lernforschung ein Stück weiterführen, indem am Beispiel der Lernstrategienforschung ein Verfahren dargestellt wird, das auf der theoretischen und hypothetischen, aber auch forschungspraktischen Ebene verschiedene Forschungsmethoden miteinander verbindet.

Die Monographie enthält neben der Darstellung der Methodendiskussion und schulpädagogischer Konzeptionen die Beschreibung mehrerer Forschungsprojekte, die teilweise zeitgleich, teilweise auch zu verschiedenen Zeitpunkten, aber in verschiedenen Institutionen durchgeführt wurden[1].

---

[1] Im Folgenden werden die Begriffe Forscher, Lehrer, Studenten, Schüler im Sinne des inkludierenden Maskulinums verwendet. Dies schließt sowohl männliche als auch weibliche Formen mit ein.

2 ZUM STAND DER FORSCHUNGSMETHODEN IN DER ERZIEHUNGSWISSENSCHAFT

Die Forschungsmethoden einer Wissenschaft und damit auch die methodischen Ansätze zur Erforschung von Lernprozessen stehen in direktem Kontext zu der Theoriebildung über den jeweiligen Gegenstandsbereich. Sie bilden in den Wissenschaften das Instrumentarium, mit dessen Hilfe wissenschaftliche Aussagen verlässlich unter Beachtung einer Sammlung von Kriterien gewonnen oder überprüft werden können.

Von bestimmten Theorien über einen Problembereich lassen sich jeweils mehr oder weniger adäquate Forschungsmethoden, die eine angemessene Erkenntnis von Teilbereichen oder dem Gegenstandsbereich erwarten lassen, wissenschaftstheoretisch begründen (vgl. Roth 1991b).

So kann es am Anfang eine mehr oder weniger prinzipielle Vorentscheidung sein, ob das Problem, wie hier die Erforschung von Lernprozessen, eher oder ausschließlich hermeneutisch, empirisch, qualitativ, quantitativ, ethnographisch, ideologiekritisch etc. oder im Verbund mehrerer Methoden erforscht werden soll.

Allerdings trifft man häufig auch das Umgekehrte an: Bestimmte Methoden der Erkenntnisgewinnung werden sozusagen absolut gesetzt oder dogmatisch postuliert. Eine so gewonnene Methode kann für die Praxis der Forschung nicht hilfreich sein, weil sie die Besonderheit und Komplexität des Forschungsfeldes sowie seine Makro- bzw. Mikrostruktur unberücksichtigt lässt.

Eine differenzierte Entscheidung bezüglich der Methoden hängt von der exakten Formulierung verschiedener Untersuchungsfragen ab. Der Aspektreichtum der (Forschungs-)Wirklichkeit bedingt die Verschiedenheit der Forschungsmethoden.

Die Forschungsmethoden in der Erziehungswissenschaft differieren aufgrund der Bestimmung, was Erziehungswissenschaft sei, woher ihr Interesse resultiere und welche Aufgabe sie habe.

Nicht unwesentlich sind bei der Bestimmung von Forschungsmethoden die Auffassungen darüber, wie das Grundverständnis von Erziehungswissenschaft ist und welches die Problemstellungen sind, die sie aufzuarbeiten hat.

Aus unterschiedlichen Grundbegriffen ergeben sich dementsprechend unterschiedliche forschungsmethodische Vorgehensweisen: Zum Beispiel verwendet bzw. verwendete eine Lernforschung auf der Basis des behavioristischen Ansatzes andere Methoden als auf der Basis eines handlungs- oder informationstheoretischen Ansatzes. Während man auf der Basis des Verhaltensbegriffs versucht, Reize zu verändern (etwa ein Verstärkerprogramm einsetzt), ist Lernen auf der Basis des handlungstheoretischen Ansatzes eher über Programme des selbstmotivierten autonomen Lernens zu vermitteln.

Forschungsmethoden sind aber auch für die pädagogische Praxis in der Schule und Erwachsenenbildung, in der so genannten Erziehungswirklichkeit, von Nutzen. Denn Erziehungswissenschaft kann nicht nur aus anderen Disziplinen ihr Wissen importieren, sondern muss auch Forschungswissen über die Erziehungswirklichkeit produzieren.

Der Gegenstand der Erziehungswissenschaft, das Erziehen und Unterrichten als wichtige Tätigkeiten in der Erziehungswirklichkeit, kann aber auch das Bemühen um angemessene Forschungsmethoden erschweren, wenn eben dieser Gegenstand der Erziehungswissenschaft als eine Kunst verstanden wird (vgl. Schleiermacher 1983; Gage 1979). Eine Kunst zeigt sich dadurch aus, dass ihre Praxis nicht bestimmten, vorgegebenen Regeln folgt. Aus dieser Sicht der Erziehungswirklichkeit muss mit Hilfe von Forschungsmethoden geklärt werden, welchen Charakter wissenschaftliche Aussagen in Bezug auf die Realität aufweisen. Hierbei müssen natürlich auch die besonderen Rahmenbedingungen beachtet werden, die aus der Tatsache folgen, dass es sich beim Erziehen um eine Kunst handelt.

Es ist nicht Gegenstand dieser Arbeit, die Entwicklungs- und Rezeptionsgeschichte der Forschungsmethoden in der Erziehungswissenschaft aufzuarbeiten, sondern es geht vor allem um das Verhältnis der beiden wissenschaftstheoretischen Positionen, die Grundlage sind für die beiden Grundmodelle erziehungswissenschaftlicher Forschungsmethoden dieser Arbeit, nämlich um die qualitativen Methoden und Hermeneutik auf der einen Seite und die quantitativen Methoden und Statistik auf der anderen Seite.[1]

Bis in die zweite Hälfte der 70er Jahre war die wissenschaftstheoretische Diskussion der Erziehungswissenschaft geprägt von der Frage nach der "richtigen" Erziehungswissenschaft, wobei sich im Wesentlichen folgende Positionen gegenüberstanden (vgl. Lenhart 1990, Benner 1991; Lassahn 1993):

- *Klassische normative Pädagogik* tritt mit dem Anspruch auf, Normen, d.h. Handlungsanweisungen für die Erziehung aufzustellen und diese Normen wissenschaftlich zu begründen.
- *Geisteswissenschaftliche Pädagogik* steht im Erbe Diltheys und dessen Versuch einer wissenschaftstheoretischen Grundlegung der Wissenschaften vom Menschen, d.h. einer Wissenschaft, die es mit Menschen zu tun hat, die als solche mit ihrem Tun einen Sinn verbinden.
- *Empirische Erziehungswissenschaft* ist dadurch gekennzeichnet, dass das Wissenschaftskonzept der Naturwissenschaften auf die Gegenstandsbereiche der Erziehungswissenschaft übertragen wird.
- *Kritische Erziehungswissenschaft.* Hier wird Erziehungswissenschaft insbesondere als Ideologiekritik im Interesse von Emanzipation verstanden.

---

[1] Wobei diese rigide Trennung schon gar nicht so möglich zu sein scheint, können ja auch die qualitativen Methoden statistische Formen der Auswertung verwenden (siehe Auswertung der Einzelfallanalysen in dieser Arbeit!)

Die Erziehungswissenschaft hat kein wissenschaftliches Paradigma herausgebildet, das nur ihr und nicht auch anderen Wissenschaften zu Eigen wäre. Die Geschichte der Erziehungswissenschaft ist die Rezeptionsgeschichte der Forschungsmethoden. Ihre Konzepte und wissenschaftstheoretischen Positionen sind im Wesentlichen auf dem Boden anderer Wissenschaften entstanden. Im Folgenden werden vor allem zwei Grundmodelle erziehungswissenschaftlicher Forschungsmethoden hervorgehoben, die für die Lernforschung grundlegend sind und auch in der vorliegenden Forschung Eingang gefunden haben:

- **geisteswissenschaftlich-hermeneutische, qualitative Forschungsmethoden** und

- **empirisch-analytische, quantitative Forschungsmethoden.**

Qualitative Verfahren, die ihre Grundlage und ihren Ausgangspunkt in den geisteswissenschaftlich-hermeneutischen Methoden nahmen, haben inzwischen einen hohen Entwicklungsstand sowie umfangreiche und eine kaum mehr zu überblickende Vielfalt einzelner Forschungsansätze und -projekte erreicht. Diese Entwicklung lässt die Einschätzung der Bedeutung qualitativer Verfahren für den Forschungsprozess und den Anwendungsbezug der Erziehungswissenschaften insgesamt sinnvoll erscheinen.
Die empirisch-quantitativen Methoden, die vor allem in den 60er und 70er Jahren hoch geschätzt waren, gelten immer noch als angemessene Forschungsmethoden für die Grundlagenforschung wie auch die praxisbezogene Forschung.
Diese beiden Forschungsmethoden sollen hier im Überblick insbesondere mit Bezug auf das durchgeführte Forschungsprojekt beschrieben werden.
Paradigmatischer Ausgangspunkt dieser Arbeit ist jedoch kein Gegensatz zwischen hermeneutisch-qualitativ und empirisch-quantitativ, denn auch qualitative Methoden sind in einem empirischen Kontext quantitativ anwendbar und quantitative Verfahren und Ergebnisse qualitativ interpretierbar: "Zur Bestimmung der Quantität eines Objektes ist immer auch das *Quale* anzugeben, dessen Quantum bei diesem Objekt bestimmt werden soll. Denn die Quantität eines Objektes ist verschieden auch je nachdem, worauf sich bei ihm der quantitative Vergleich erstreckt" (Lewin 1981, S. 97). Das bedeutet, dass am Anfang wissenschaftlichen Arbeitens immer ein qualitativer Schritt steht. Von diesem qualitativen Anfangsschritt hängen entscheidend die Ergebnisse empirischer Forschungen ab. Erst auf dieser Basis können quantitative Analyseschritte vorgenommen werden, sofern sie angestrebt werden.

2.1 Zum geisteswissenschaftlich-hermeneutischen, qualitativen Paradigma in der Erziehungswissenschaft

Bis zu Beginn der 70er Jahre war das Spektrum erziehungswissenschaftlicher Theoriebildung noch durch eine Reihe voneinander abgegrenzter Forschungsansätze bestimmt: "Neben der geisteswissenschaftlichen Pädagogik und den (allerdings recht verschieden ausgeprägten) Ansätzen aus der wertphilosophischen Tradition wurden als relativ geschlossene Forschungsansätze der kritische Rationalismus und die kritische Theorie für die Pädagogik adaptiert" (König & Zedler 1982, S. 7). So konnte man je nach Aufgabenstellung und Forschungsgegenstand die Zugehörigkeit zu einer bestimmten wissenschaftstheoretischen Position vornehmen.

Dies hat sich dann seit ungefähr Mitte der 70er Jahre durch eine Reihe von Abänderungen wissenschaftstheoretischer Richtungen, aber auch durch Adaption weiterer Forschungsansätze bzw. Forschungsmethoden, wie beispielsweise qualitativ- interpretativer Verfahren, geändert. Diese Akzentverschiebung in der Forschungsmethodik zwischen der klassischen quantitativen Methode und den qualitativen, hermeneutisch- interpretativen Verfahren hat folgende Gründe (vgl. König & Zedler, 1982, S. 10f.):

1. Trotz der zunehmenden Verfeinerung des Forschungsinstrumentariums (mit dem Ziel, weitere Variablen zu berücksichtigen) blieb, so die Kritik, der herkömmlich empirisch-quantitativen Forschung, zumal im pädagogischen Feld, ein überzeugender Erfolg versagt.

2. Zu diesem geringen praktischen Erfolg kommen eine gewisse theoretische Sterilität in der Wahl der grundlegenden Hypothesen und eine methodisch unkontrollierte Freizügigkeit bei der Interpretation der Untersuchungsergebnisse.

3. Mit der pragmatischen Kritik an der empirischen Sozialforschung geht die Rezeption des symbolischen Interaktionismus und der Hermeneutik, der Phänomenologie, der Ethnomethodologie und der Handlungsforschung einher. Dabei bringen der symbolische Interaktionismus, die Hermeneutik und Phänomenologie die sprachliche Konstruktion von Wirklichkeit in den Blick, was auch nicht zuletzt das Anliegen der vorliegenden, insbesondere der qualitativen Untersuchung ist. Hierzu schreiben König & Zedler (1982, S. 11): "Das gemeinsame Anliegen dieser Ansätze, die Berücksichtigung subjektiver Interpretation als Voraussetzung angemessener Theoriebildung über soziale Wirklichkeit, forderte auf methodischer Ebene Verfahren, die den subjektiven Raum zur Darstellung ihrer Sichtweisen und Einsichten gibt." Hier liegt auch ein direkter Bezug zum Ansatz der Subjektiven (Lern-) Theorien vor (siehe Kapitel 4.3).

Pädagogische Tatbestände können in diesem Sinne geisteswissenschaftlich analysiert werden. So wird dann auch Pädagogik als Geisteswissenschaft definiert. Die wissenschaftstheoretische Begründung geisteswissenschaftlicher Pädagogik geht auf Dilthey zurück und zwar auf den Ansatz der Lebensphilosophie, die zentralen Kategorien Erlebnis und Verstehen, die Erkenntnismethode der Her-

15

meneutik und die Perspektive (Bedeutung) als Auswahlkategorie für das erkenntnisleitende Interesse.

Im Sinne des Lebensphilosophieansatzes entsprechen innere Vorgänge denen,
die in der inneren Erfahrung gegeben sind. Dilthey interessiert sich für den ganzen Menschen: "Der ganze Mensch, das ist der lebende, in seinen Lebenszusammenhängen handelnde Mensch, und das menschliche Leben ist nur in seinen
Handlungen bzw. in seiner Geschichte erkennbar."

Bedeutung ist Auswahlkategorie für das erkenntnisleitende Interesse. Das, was
für ein Individuum von Bedeutung ist, wird für Erinnern, Verstehen, Erkennen
ausgewählt. Bedeutung ergibt sich jedoch immer auch aus der Beziehung zu
anderen. Diltheys Wissenschaftsbegriff ist sehr lebenspraktisch und handlungs-
bezogen. Die Grundlage des hermeneutischen Verfahrens ist die Intersubjektivi-
tät der Verständigung. Denken und Handeln ist hier unter gemeinsamen Normen verbindlich.

Verstehen ist der Vorgang, aus sinnlich gegebenen Äußerungen menschlichen
Lebens zur Erkenntnis zu kommen. Die Artikulation menschlichen Lebens geschieht in Erlebnis, Ausdruck, Verstehen.

Hermeneutik ist die Interpretationskunst, die Kunstlehre der Auslegung von
Schriftdenkmalen. Dieser Methode wurde Subjektivismus, Irrationalität, Emoti-
onalität, Verhaftetsein in Bestehendem und Konservatismus vorgeworfen. Sehr
wohl forderten aber auch die Vertreter der Hermeneutik, dass eine Aussage erst
als allgemein gültig angesehen werden durfte, wenn sie intersubjektiv kontrol-
lierbar war.

Verstehen als Ziel hermeneutischer Bemühung hat Prozesscharakter. Dieser
Prozess verläuft nach dem Modell eines Zirkels mit abhängigen Variablen, die
ein dynamisches System bilden, das sich selbst und durch andere kontrollieren
und korrigieren kann. Verstehen ist nach Dilthey Zusammenwirken von Induk-
tion, Anwendung allgemeiner Wahrheiten auf den besonderen Fall und verglei-
chenden Verfahren. Historisch-hermeneutische Verfahren sind nach Roth konstitutiv für die Erziehungswissenschaft und somit unverzichtbar. Sie können
aber nicht als alleinige Methode Anwendung finden, da sie nur einen Teil der
Wirklichkeit erfassen. Die historisch-hermeneutische Methode beschränkt sich
auf die Bewusstseinsebene, auf objektivierte Intentionen Handelnder.

Für die Erziehungswissenschaft ist der Praxisbezug konstitutiv, z.B. bei der
Frage der Auswahl der Inhalte, bei didaktischen Fragen etc. Didaktik ist immer
als Wissenschaft von der Praxis für die Praxis verstanden worden, also eine
Wissenschaft, die mit der pädagogischen Praxis Verantwortung für die nach-
wachsende Generation übernimmt.

Es ist heute schwierig, von einer Bilanz der 'geisteswissenschaftlichen Pädagogik' zu sprechen, denn die Bilanz scheint nach Oelkers längst abgeschlossen,
und zwar mit einem negativen Saldo (vgl. Oelkers, 1991). Und zwar scheint
dies deshalb der Fall zu sein, weil "die Renaissance der geisteswissenschaftlichen Pädagogik" wenig mit der originalen Gestalt zu tun hat.

Seit Lochner (1963) verstärkte sich der Zweifel an der Wissenschaftlichkeit der 'geisteswissenschaftlichen Pädagogik`. Gegenüber Lochners Verdikt einer nachweisbar falschen Wissenschaft, nutzte die Habermas-Rezeption in der Pädagogik zwei Vorteile. Sie konnte mit einem Wissenschaftsschema operieren und darin die eigene Tradition platzieren, ohne sie ganz aufgeben zu müssen. Der Anschluss wurde über Wilhelm Flitners (Flitner, 1966) Definition einer 'hermeneutisch-pragmatischen' Wissenschaft erreicht, der dann nur noch die empirische Richtung, der eigentliche Sieger der Methodendiskussion der sechziger Jahre, beigeordnet werden musste, um die Einfügung in die von Habermas 1965 vorgelegte Trias der Wissenschaften vornehmen zu können.

2.2 Zum empirisch-analytischen, quantitativen Paradigma

Auch hier geht es nicht, wie oben schon angedeutet, um eine vollständige systematische Darstellung der Entwicklung der empirisch-analytischen Forschungsansätze, sondern lediglich um einige Grundzüge dieses Forschungsparadigmas, die gewissermaßen als Grundlage für die vorliegende Forschung zu verstehen sind.

2.2.1 Historisch-wissenschaftliche Grundlegung

Schon *Kant* verlangte 1776 Experimente und Versuche in der Erziehung, besonders im Zusammenhang mit schulreformerischen Untersuchungen. *Trapp* forderte als erster deutscher Professor für Pädagogik in Halle 1779 die Methode der Beobachtung zur Verbesserung des Unterrichts. Die empirische Forschung, die immer wieder erwartet wurde, konnte sich in Deutschland erst in den 60er Jahren durchsetzen.

Die Bestimmung des erkenntnistheoretischen Ortes einer Erfahrungswissenschaft muss spätestens bei *Galilei* und bei *Bacon* beginnen. Hier ist der mit Sinnesorganen ausgestattete Mensch als Instanz der Wahrheit begriffen. Bacon kritisiert die Philosophie und stützt sich auf die Erfahrung. Mit Galilei bekommt die Empirie als Erfahrung eine Distanz zum Erfahrungsraum durch beliebige Wiederholbarkeit. Bei *Comte* (1798-1857) ist Sozialwissenschaft eine soziale Naturwissenschaft. In der Dreistadienlehre im objektiven Positivismus nach Comte überwindet der Mensch das theologische und metaphysische Geistesstadium, um in das positive, exakt wissenschaftliche Stadium zu treten.

Die Kritik an der Empirie war schon damals, dass die Empirie
• rein technologisches Erkenntnisinteresse betreibe,
• beim Gegebenen ansetze und nicht frage, wer das Gegebene festgelegt habe.

Die Linie läuft weiter über den logischen Positivismus bzw. logischen Empirismus des *Berliner* und des *Wiener Kreises* (*Carnap*). Der logische Aufbau der Welt wird nach *Carnap* durch drei Aspekte charakterisiert:

*   die eigenphysische Basis
*   die Relationslogik als Teil der formalen Logik
*   die konstitutionale Definition.

Der Sprachlogik nach *Wittgenstein* kommt nach *Carnap* besondere Bedeutung zu. *Carnap* unterscheidet Beobachtungssprache und theoretische Sprache. Das Problem besteht darin, Beobachtungssprache und theoretische Sprache so zu verbinden, dass undefinierte theoretische Begriffe empirisch interpretiert werden können. Sie lassen sich dann in Beobachtungssprache übersetzen und sind überprüfbar. Wittgenstein problematisiert diesen Ansatz mit dem Hinweis auf die Vielfalt der Sprache.

Ein Höhepunkt der Diskussion wird durch *Popper* im kritischen Rationalismus erreicht. Popper lehnt ein absolutes Sinnkriterium genauso ab wie das Verifikationsprinzip. An die Stelle des Sinnkriteriums setzt er ein Abgrenzungskriterium; dieses ist für ihn nicht das Verifikations-, sondern das Falsifikationsprinzip. Erfahrung in singulären Basissätzen formuliert und auf intersubjektive Überprüfung angelegt, ist für ihn Grundlage wissenschaftlicher Erkenntnis. Im Gegensatz zu Carnap besteht diese Erfahrung nicht in subjektiven Erlebnissen, sondern sie ist gesetzt durch Beschluss der Basissätze. Diese Setzung ist nicht wertfrei, sie wird von Zweckmäßigkeitsüberlegungen mitbestimmt. Damit wendet sich Popper gegen einen Psychologismus, der in individuellen Erlebnissen konkret wird.

Das Falsifikationsprinzip als Abgrenzungskriterium hat gegenüber dem Verifikationsprinzip als Sinnkriterium eine fundamentale wissenschaftstheoretische Konsequenz: Die logische Form des Systems soll es ermöglichen, dieses auf dem Wege der methodischen Nachprüfung negativ auszuzeichnen. Ein empirisch-wissenschaftliches System muss an der Erfahrung scheitern können. Die Position des kritischen Rationalismus wird am besten in der Werturteilsproblematik sichtbar. *Lochner* hob besonders die Wertfreiheit hervor, indem er sagte, dass allgemeingültige Sätze nur im Raum einer wertfreien Wissenschaft formuliert werden können.

Mit *Lochner* und *Albert* ist *Brezinka* zum Verfechter einer wertfreien Erziehungswissenschaft geworden. Damit werden Aussagesysteme bezeichnet, die in intersubjektiv überprüfbaren Sätzen über den Wirklichkeitsbereich der Erziehung informieren. Das ist einerseits eine Absage an die traditionell normative und geisteswissenschaftliche Pädagogik und andererseits eine Kritik am naiven Empirismus, der die theoriefreie Beschreibung an den Anfang aller Wissenschaft stellt. Nach *Brezinka* erfährt man von der Wirklichkeit nur etwas, wenn man konkrete Fragen stellt, denn jeder Beobachtung gehen bestimmte Annahmen und Hypothesen voraus.

In der Kritik des empirischen Ansatzes wird dem nomologisch-deduktiven Modell vorgeworfen, dass es in seiner Beschränkung auf Erklärung und Prognose vorgefundenen Bedingungen naiv verhaftet sei. Die forschungslogische Diskussion kann in Verbindung mit Beobachtungssprache und theoretischer Sprache nur unzulänglich geführt werden; das führt zur Unbegründbarkeit normativer Sätze.

Nach Roth (1991b) ist die Erziehungswissenschaft zwangsläufig an normative Sätze gebunden und von Wirkungsaussagen abhängig. Für die empirischen Methoden der erziehungswissenschaftlichen Forschung hat ein so auf Praxis bezogenes Handlungskonzept Vorzüge für die Handelnden (das wird vor allem auch für die Lernforschung oder Unterrichtsforschung insgesamt in Anspruch genommen). Dies führt häufig zu einem naiven Empirismus, der nur noch unter dem Aspekt der Effektivität und des Anwendungsbezugs argumentiert: so wird Pädagogik zur Technologie. Die empirischen Forschungsmethoden sind der Naturwissenschaft entnommen, wobei der Gedanke einer Einheitswissenschaft zugrunde liegt. In komplexen Situationen wie schulischen und unterrichtlichen sind realitätsadäquate Modelle oft von einer Simplizität oder Komplexität, dass der Approximationsgrad absinkt. Dies erklärt auch oft extrem unterschiedliche Ergebnisse zwischen Ausgangs- und Kontrolluntersuchungen (vgl. Pennsylvania Project [2] von Smith, 1970).

Empirische Forschungsmethoden bieten heute der Erziehungswissenschaft sicher eine große Hilfe bei der Analyse von relevanten Problemen, sie sollten aber keinesfalls absolut gesetzt werden.

2.2.2 Zu den Methoden empirisch-quantitativer erziehungswissenschaftlicher Forschung

Im Folgenden werden wichtige Methoden empirischer (qualitativer und quantitativer) erziehungswissenschaftlicher Forschung aufgeführt und insoweit kurz beschrieben, wie sie für die vorliegende Arbeit grundlegend geworden sind:
- die *Pläne des Forschungsarrangements*:
  - Versuchsplan
  - Design

---

[2] Dieses Projekt wurde 1965 bis 1968 durchgeführt, um u.a. alternative Lehrstrategien zu prüfen. Es ergaben sich folgende grundlegende methodische Probleme: 1. Die verwendeten Methoden wurden zu wenig praktisch durch detaillierte Unterrichtsdokumentationen belegt. 2. Die große Anzahl der Lehrer konnte nicht auf den Gebrauch nur einer Methode festgelegt und kontrolliert werden. 3. Die vielfältigen Variablen der Unterrichtssituationen konnten quantitativ nicht alle erfasst werden.

- die *Verfahren und Instrumente der qualitativen Datenerhebung* und die *Verfahren und Instrumente der quantitativen Analyse des erhobenen Datenmaterials:*
  - Datenanalyse
  - Statistik

Der systematische Zusammenhang resultiert aus der für die gegenwärtige empirische erziehungswissenschaftliche Forschung konstitutiven Bedeutung der Hypothese für die Konkretisierung des Interesses im Forschungsprozess. Drei Bedingungen der Hypothesenbildung sind:

- der Entdeckungszusammenhang:
  hier geht es um das Zustandekommen des Forschungsthemas und -ziels aus Problemen der Praxis und die Entdeckung vielfältiger theoretischer Fragen, Wissensbestände und Problematisierungen
- der Begründungszusammenhang:
  hier geht es um die Explikation der handlungsleitenden Theorien und ihres Zusammenhangs mit Erfahrung und Wirklichkeit (Operationalisierung und Instrumentalisierung), Adressaten und Stichproben der Forschung, Datengewinnungs- und Auswertungsverfahren, Vorkehrungen zur Überprüfung der Theorie)
- der Verwendungszusammenhang:
  hier geht es um die Veröffentlichung oder Weitergabe der Ergebnisse als valide Information, die Umsetzung der Ergebnisse in Technologien oder kommunikative Praxis für individuelle und kollektive Perspektiven innerhalb der Erziehungswirklichkeit)

Die Prüfung von Hypothesen an der Realität ist das charakteristische Merkmal empirischer Forschung in ihrer geschichtlichen Entwicklung und in der Absetzung gegenüber deskriptiver pädagogischer Forschung. Diese Prüfung wird durchgeführt, um Zusammenhänge, Bedingungen, Wechselwirkungen und Abhängigkeiten von Variablen im Bereich der Erziehung konkret erklären zu können. Im Kapitel 7.4 in dieser Arbeit wird beispielsweise der Frage nachgegangen, wie die Wechselwirkungen, Zusammenhänge und Abhängigkeiten zwischen psychologischen (motivationalen und emotionalen), kognitiven und sozialen Voraussetzungen für das Lernen in schulischen Fächern erklärbar und darstellbar sind. Die Hypothesen müssen operational definiert werden. Dies geschieht beispielsweise in Form von Kategorienbildungen und Itemsammlungen in geschlossenen Fragebögen. Es sind Aussagen über mögliche Wirkungen bestimmter Faktoren. Bei einem fachdidaktischen Unterrichtsversuch lautet beispielsweise eine nicht operationalisierte Hypothese: "*Kognitive Voraussetzungen* zusammen mit *metakognitiven Fähigkeiten* sind wichtige Bedingungen für *erfolgreiches schulisches Lernen.*" Operational wird aus diesen Konstrukten beispielsweise folgendes:

- *kognitive Voraussetzungen* bedeuten operationalisiert: Kognitive Fähigkeitstests (z.B. KFT 4 bis 13) oder Piaget-Lawson-Test

- *metakognitiven Fähigkeiten* wurden in Lernstrategiefragebögen mit verschiedenen Kategorien und Items gemessen (vgl. im Anhang S. 38: die Strategienkategorie "Hauptideen herausfinden" als Beispiel einer metakognitiven Fähigkeit)
- *erfolgreiches schulisches Arbeiten* bedeutet häufig auf Schülerseite gute Leistungen in den Unterrichtsfächern, die meist in Noten oder Punkten gemessen werden.

Eine Variable (in unserem Fall beispielsweise ein Item in einem der Lernstrategiefragebögen) ist die auf einem Skalenniveau (z.b. auf der Nominalskala) quantitativ bestimmbare Größe einer Merkmalsausprägung (beispielsweise: Metakognition, Elaboration usw.).

Operationale Definition bedeutet, dass die bestimmten Merkmale (z.b. Strategiekategorien) erhebbar (mit einem geschlossenen oder offenen Fragebogen) und quantifizierbar (mit einer bestimmten Skalierung einzelner Items oder Summenwerte für Strategiekategorien) sein müssen. Die operationale Definition unterscheidet sich somit von der Verbaldefinition und Realdefinition. Häufig müssen deshalb qualitative Begriffe erst operationalisiert werden (Intelligenz, Schicht, Schulerfolg, Strategieklassen, Motivation, Interesse). Operationale Definitionen können dabei sehr problematisch sein. Je direkter der empirische Bezug des Begriffes ist, umso einfacher die Definition. Hypothesen können gerichtet (einseitig) oder ungerichtet (zweiseitig) sein. Liegen Hinweise auf den vermuteten Zusammenhang zweier Variablen vor, wird man die Hypothese richten. Hinsichtlich der statistischen Hypothesenprüfung werden sinnvollerweise Nullhypothesen und Alternativhypothesen formuliert.

Hypothesen können folgende Beziehungen zwischen Variablen beinhalten:
- wenn x, dann immer y oder statistisch: wenn x, dann wahrscheinlich y (*deterministisch*)
- wenn x, dann y; wenn nicht y, dann nicht x (*reversibel)*
- wenn x, dann y später oder gleichzeitig, wenn x, dann auch y (*aufeinanderfolgend)*
- wenn x, dann immer y (*hinreichend)*
- wenn x, dann y aber nur unter der Bedingung z (*bedingt)*
- wenn x, dann und nur dann y (*notwendig)*
- wenn x, dann y , aber wenn z, dann auch y (*substituierbar*)

2.2.3 Forschungsarrangements

Die Forschungsarrangements sind abhängig vom Problembereich, von den Fragestellungen und von der Hypothesenformulierung. Von Bedeutung in der empirisch-pädagogischen Forschung sind experimentelle und quasi-experimentelle Pläne, das Panel-Verfahren, die ethnographische Forschung und die Handlungsforschung. In der vorliegenden Forschungsarbeit kamen experimentelle Pläne (im sog. Experimentalgruppen-Kontrollgruppen-Design) und Handlungsforschung (durch Einbeziehung der Lehrer bei dem fachdidaktischen Instruktionsexperiment zum Lernen mit Strategien) zur Anwendung.

2.2.3.1 Das Experiment

Empirisch-quantitative pädagogische Forschung hat sich lange Zeit fast ausschließlich experimenteller Versuchsanordnungen bedient. Bei diesem experimentell angelegten Forschungsansatz wurde eine Vielzahl von Daten und Ergebnissen produziert, bei denen die empirischen Zusammenhänge zwischen Variablen und die Bedingungen, unter denen sie gelten, demonstriert und geprüft werden konnten. Empirisch-pädagogische Forschung hat sich aus den genannten Gründen lange Zeit vor allem auf standardisierte Umfragen verlassen. Ein Teil der Forschungsarbeit, die hier dargestellt wird, wurde in einem Treatment-Kontrollgruppen-Experiment durchgeführt.

Das Experiment, bei dem es um planmäßige Veränderung von Variablen und deren Wirkungskontrolle geht, ist die exakteste, anspruchsvollste, aber auch aufwendigste Forschungsanordnung besonders für Kausalanalysen, die in dieser Forschungsarbeit eine bedeutende Rolle spielen. Wichtig ist die Deskription der abhängigen und unabhängigen Variablen. Qualitative Variablen sind die Merkmale einer Definition. Quantitative Variablen sind durch den quantifizierbaren Ausprägungsgrad eines Merkmals gekennzeichnet. Mehrdimensionale Konzepte sind in der Regel der Komplexität des Forschungsgegenstandes angemessener.

Man unterscheidet im Einzelnen:

- **explorative Experimente** dienen der Analyse von Variablen und deren Zusammenhänge an kleinen Stichproben.
- **Laborexperimente** sichern weitgehende Variablenkontrolle, sind aber gegenüber der komplexen Realität eingeschränkt, was die Übertragbarkeit auf die reale Situation mindert.
- **Feldexperimente** werden in der Realität selbst durchgeführt. Feldexperimente machen jedoch größere Schwierigkeiten hinsichtlich der Kontrolle intervenierender Variablen.
- **Ex-post-facto-Experimente** beruhen in der Regel nicht auf bewusster, geplanter Manipulation des Kausalfaktors als experimenteller Variable, sondern analysieren retrospektiv von den gegenwärtigen Effekten her die möglichen Ursachen.
- **Quasi-Experimentelle** Forschungspläne können die Bedingungsvariablen nur unvollkommen oder gar nicht erfassen, sondern versuchen nur z.T. den Zusammenhang von Klassifikationsvariablen festzustellen.

- **Nicht-experimentelle Arrangements** sind Umfragen und Repräsentativerhebungen, die deskriptiven Charakter haben, aber ins Experiment überführt werden können.

Jedes Experiment birgt wegen der komplexen Struktur des Forschungsfeldes zahlreiche *Fehlerquellen* und *spezifische Effekte* (beispielsweise Versuchsleitereffekte, Wechselwirkung von Variablen etc., vgl. Klauer 1973; Finkbeiner 1996d).

Zu den Fehlerquellen ist zu bemerken, dass es insbesondere in der experimentellen Forschung fast nie möglich ist, Variablen vollständig zu isolieren und somit planmäßig und kontrolliert zu verändern (wie die bereits schon erwähnte Beeinflussung durch die sehr komplexe Lehrervariable). Eine sehr differenzierte und exakte Beschreibung von verschiedenen Fehlerquellen und Effekten findet sich auch in den LISREL-Analysen, die hier durchgeführt wurden, und zwar in den sogenannten *Statistics of Goodness* enthalten (siehe Kapitel 6.2.7 und LIS-REL-Outputs im Anhang Nr. V.). Damit sollte eine Annäherung an eine operationalisierte Fehlerbeschreibung in den durchgeführten Untersuchungen und Experimenten dargestellt und versucht werden.

Ein weiteres wichtiges empirisches Verfahren, das auch eine bedeutende Rolle in dem vorliegenden Forschungsprojekt gespielt hat, ist das Panel-Verfahren.

2.2.3.2 Panel-Verfahren

Man stellt Veränderungen über eine längere Zeit fest. Panel-Verfahren sind vor allem geeignet, um Meinungs- oder Einstellungsveränderungen zu bestimmten Problemen oder Phänomenen zu erfassen. Es handelt sich immer um Längsschnittuntersuchungen, bei denen meist auf die Befragung oder das Interview zurückgegriffen wird. Hierzu gibt es mittlerweile auch Computer-Software im Programm-Paket LISREL 7.2 und LISREL 8 (vgl. Jöreskog & Sörbom 1989, 1993).

2.2.3.3 Multitrait-Multimethod-Paradigma

Seit der Arbeit von Campbell und Fiske (vgl. Borg, S. 14-29, Ostendorf et al. 1986) wird die Multitrait-Multimethod-Analyse (MTMM) als Königsweg der Validierung angesehen. Auf Grund ihrer Bedeutung wurde eine Vielzahl an statistischen Modellen zur Analyse von multimethodalen Datenstrukturen entwickelt. Allerdings wurden nahezu alle Modelle zur Analyse von kontinuierlichen (metrischen) Antwortformaten formuliert. Nussbeck, Eid und Lischetzke (2003) haben ein Graded-Response-Modell zur Analyse von MTMM-Modellen entwi-

23

ckelt, dessen Parameter sich mittels Strukturgleichungsmodellen für ordinale Variablen schätzen lassen und dessen Modellgültigkeit im Rahmen dieser Methodologie überprüft werden kann.

Auch um einigermaßen objektive, valide und reliable Messergebnisse zu erhalten, verwendet man nach dem *Multitrait-Multimethod-Paradigma* mehrere Instrumente, um ein einziges Merkmal zu erfassen. Man stellt damit fest, ob die operationale Definition das Merkmal präzise erfasst. Außerdem sucht man nach weiteren Merkmalen. Dieses Paradigma ist hier sehr grundlegend und hat eine besonders wichtige Bedeutung in der vorliegenden Arbeit zur Lernforschung, bei der eine Vielzahl von Forschungsinstrumenten (geschlossene, offene Lernstrategiefragebögen, offene schriftliche und mündliche Befragungen, Nachträgliches Lautes Denken, strukturiertes Interview) eingesetzt wurden.

2.2.4 Die Empirischen Verfahren im Einzelnen

Grundlegende Verfahren beim empirischen Vorgehen sind die *Beobachtung* im weitesten Sinne ((Nicht-)Teilnehmende Beobachtung, (un-)systematische Beobachtung) und davon abgeleitet die *Befragung* und der *Test*.

2.2.4.1 Beobachtung

Die Beobachtung geschieht in artifiziellen oder natürlichen Beobachtungssituationen. Erstere werden experimentell überprüft. Ein Verfahren, das Generalisierung erlaubt, ist z.b. die systematische, kontrollierte Beobachtung. Sie erhebt z.b. als Unterrichtsbeobachtung Daten mit einem differenzierten Kategorienschema, das den Gütekriterien Objektivität, Validität und Reliabilität genügen muss. Instrumente für Unterrichtsbeobachtung werden eingesetzt zur Erfassung und Analyse des Lehrer- und Schülerverhaltens. Unterrichtsbeobachtung ist nur im Zusammenhang eines theoretischen Kontextes und unter spezifischen Fragestellungen sinnvoll.

Beobachtung ist immer selektiv. Das beobachtete Verhalten geschieht in sozial definierten Situationen. Solche Situationen sind objektiv beobachtbar und beschreibbar. Die Intention des Handelnden in diesen Situationen ist subjektiv und muss erschlossen und interpretiert werden.

Die Kategorienbildung erfolgt häufig unter sozial-psychologischem oder didaktisch-methodischem Aspekt.

Ein weiteres Problem ist die Bestimmung der Beobachtungseinheit, wobei man sich auf Zeiteinheiten bzw. natürliche Einheiten festlegt.

2.2.4.2 Befragung

Eine weitere empirisch-analytische Methode, die in der vorliegenden Forschung in mehreren Formen zum Einsatz kam, ist die Befragung. Sie führt zur Feststellung von Meinungen oder Fakten. Man unterscheidet zwischen
- mündlicher Befragung
- Interview (ungelenkte und standardisierte Form)
- Intensiv- oder Tiefeninterview und
- schriftlicher Befragung (Fragebogen) (freie, eingeschränkte und geschlossene Antwortform)

Im weiteren Sinne lässt sich auch die Methode des 'Lauten Denkens' und des 'Nachträglichen Lauten Denkens' (die letztere ist eine ganz zentrale empirische Verfahrensmethode in der Einzelfallforschung in dieser Forschungsarbeit) als empirische Befragungsmethode anführen. Beim Lauten Denken geht es stets um die Frage, welche Kognitionen und mentalen Operationen tatsächlich im Bewusstsein der Versuchspersonen ablaufen. Gefragt wird, "was denkt/fühlt/empfindet die Versuchsperson im Moment tatsächlich" (vgl. Weidle & Wagner 1994, S. 81 ff). Die Methode des Nachträglichen Lauten Denkens wurde auch in den Einzelinterviews des Forschungsprojektes durchgeführt, indem die Versuchspersonen nach dem Lösen der Mathematikaufgaben gefragt wurden, was sie in der Situation tatsächlich gedacht haben, 'was ihnen dabei alles durch den Kopf ging'. Inzwischen hat man sich auch in der Unterrichtspsychologie dafür entschieden, aus praktischen Gründen das Laute Denken während des Unterrichts selber nicht durchzuführen, um den Unterricht dadurch nicht zu stören. Das war auch der Grund dafür, in den Interviews die Schüler erst *nach* ihren Denkvorgängen zum Lösen der Problemaufgaben zu fragen (vgl. Weidle & Wagner 1994). Das Laute Denken und das Nachträgliche Laute Denken bieten "am ehesten und vollständigsten die Möglichkeit, die im Individuum ablaufenden Kognitionen zu erfassen, die - in bestimmtem Umfang zumindest - auch sein Handeln steuern." (Weidle & Wagner 1994, S. 83)

Aus zeitökonomischen Gründen wird meist die schriftliche Befragung bevorzugt. Sie erlaubt zwar, eine größere Stichprobe zu bearbeiten, jedoch mit dem Risiko, dass nur ein Teil der Fragebögen beantwortet zurückgegeben wird. Die Motivation derjenigen, die den Fragebogen ausfüllen, muss auch berücksichtigt werden. Probleme liegen in der Frageformulierung, der Verständlichkeit der Fragen, dem Aufbau der Fragen und des Fragebogens. Bei Großbefragungen sollten die Fragebögen bereits für die EDV-Auswertung angelegt werden. Dies schränkt jedoch die Frageformulierung auf geschlossene Fragen ein. Offene Fragen können jedoch über die Konstruktion eines Kategoriensystems für die Zuordnung mit Hilfe der *Content*analyse ausgewertet werden.

Die mündliche Befragung und das Interview sind für die Handlungsforschung wichtig. Eine besondere Form der Befragung besteht im Zusammenhang mit der Soziometrie.

2.2.4.3 Tests

Im Weiteren spielen Tests in der Schule in diagnostischer und prognostischer Funktion eine wichtige Rolle. Tests sind "ein wissenschaftliches Routineverfahren zur Untersuchung eines oder mehrerer empirisch abgrenzbarer Persönlichkeitsmerkmale mit dem Ziel einer möglichst quantitativen Aussage über den relativen Grad der individuellen Merkmalsausprägung" (Lienert 1969). Man unterscheidet im Einzelnen:

*   *Normorientierte Tests*
    Normorientierte Tests weisen dem Probanden einen Platz in einer vergleichbaren Bezugsgruppe hinsichtlich des untersuchten Merkmals zu.
*   *Lernzielorientierte Tests*
    Lernzielorientierte Tests geben Auskunft darüber, ob ein Proband ein bestimmtes Ziel erreicht hat oder nicht.

2.2.5 Wissenschaftstheoretische Gütekriterien

Für die Durchführung von Tests und standardisierten Befragungsformen gelten generell die bekannten Gütekriterien:

*   **Objektivität**: Ist das Maß dafür, inwieweit Untersuchungsergebnisse vom Versuchsleiter unabhängig sind. Dies fordert den Ausschluss aller subjektiv-interpretatorischen Einflüsse (vgl. Roth 1991, S. 52).
    Man unterscheidet zwischen:
    *   Durchführungsobjektivität
    *   Auswertungsobjektivität
    *   Interpretationsobjektivität
*   **Validität**: Ist das Maß dafür, ob ein Test in der Tat die Variable misst, die er zu messen vorgibt. In der Psychologie stammt die Bezeichnung aus der Theorie psychodiagnostischer Verfahren und deren Anwendung. Sie kennzeichnet die Brauchbarkeit eines Diagnostikums für Vorhersagen in neuen Situationen. Man unterscheidet zwischen:
    *   Inhaltsvalidität
    *   Konstruktvalidität
    *   Kriteriumsvalidität

Damit wird festgestellt, ob ein Test auch wirklich die Variable, die Kategorie, misst, die er zu messen vorgibt, beziehungsweise ob der vorgegebene theoretisch-begriffliche Sachverhalt genau erfasst wird.
Man unterscheidet inzwischen (auch in dieser Forschungsarbeit) interne von externer Validität. Interne Validität geht davon aus, dass Vergleichsfälle unter Untersuchungsbedingungen realisiert werden, das heißt, dass alle nicht kontrollierten Variablen genau so variieren wie bei den Beobachtungen am Beginn der

Untersuchung. Interne Validität meint hier möglichst eindeutige Ergebnisinterpretation. Damit ist auch eine geringe Wahrscheinlichkeit unkontrollierter konfundierter Variablen gemeint. Bei der Feststellung der externen Validität wird in einer Konstellation von Variablen, meist unabhängiger und abhängiger Variablen, eine (oder mehrere) neue Beobachtung(en) hinzugefügt und festgestellt, ob diese mit der bereits früher realisierten Kombination von Werten der *unabhängigen* Variablen mit der gleichen Wertekombination *abhängiger* Variablen verknüpft ist wie zuvor. Es können beispielsweise Ergebnisse bei Lernstrategiebefragungen mit kognitiven Leistungsmerkmalen extern validiert werden.

In der empirischen Forschung qualitativer Ausrichtung werden insbesondere auch folgende Gütekriterien herangezogen (vgl. Lamnek 1988, S. 151ff):

o *ökologische Validierung*: dieses Kriterium prüft, ob die Ergebnisse auch in der natürlichen Lebenssituation der Untersuchten Gültigkeit haben

o *kommunikative Validierung*: hier werden die Interviewten beispielsweise erneut befragt, die ermittelten Ergebnisse und Interpretationen werden den Teilnehmerinnen und Teilnehmern an den Interviews rückvermittelt. Dies kann beispielsweise durch die Strukturlegetechnik (vgl. Groeben und Scheele, 1988) geschehen. In der hier vorliegenden Forschungsarbeit wurden die Schülerinnen und Schüler nach der Auswertung der Fragebögen, Tests und Interviews zu den Ergebnissen befragt, ob diese den subjektiven Theorien der Befragten entsprechen oder nicht

o *argumentative Validierung*: diese besteht darin, dass der Forscher/die Forscherin seine/ihre Vorannahmen den Erforschten mitteilt und die forschungsrelevanten Gedankengänge offenlegt: die Argumentationen werden in diesem Fall zum Vehikel der Validierung.

• **Reliabilität** bezeichnet den Grad der Genauigkeit (Zuverlässigkeit) eines Messinstruments. Die Reliabilität der Lernstrategiefragebögen wurde in der vorliegenden Forschungsarbeit insbesondere mit *Cronbach's alpha* und mit *split-half-Tests* gemessen.

Eine hohe Reliabilität garantiert sozusagen die intersubjektive Erfahrbarkeit im Gegensatz zu raum-zeitlich, singulärer und individueller Erfahrung. Reliabilität soll es anderen Mitgliedern der *Scientific Community* ermöglichen, durch Replikation (Wiederholung bei einer vergleichbaren Stichprobe) einer Untersuchung dieselben Ergebnisse zu erhalten.

Weitere Gütekriterien sind

• **Normierung**
• **Vergleichbarkeit**
• **Ökonomie und**
• **Nützlichkeit.**

Während die Hauptgütekriterien über die Qualität eines Testes entscheiden, wird man bei den Nebenkriterien von Fall zu Fall entscheiden.

Alle bislang aufgeführten empirischen Forschungsmethoden haben Gültigkeit und finden Anwendung in den meisten sozialwissenschaftlichen Forschungsarbeiten (Laborforschungen, Feldforschungen, Experimentalforschungen etc.). Unterricht und Lernen, die in dieser Arbeit Forschungsfeld bzw. Forschungsgegenstand sind, haben jedoch ihre eigenen Gesetze und können nicht durch 'pure' Anwendung von qualitativen und/oder quantitativen Forschungsverfahren 'durchleuchtet', d.h. wissenschaftlich exakt erforscht und analisiert werden. Deshalb sollen hier zwei weitere wichtige empirische Forschungsmethoden angesprochen werden, mit denen man die Realität des Unterrichts, insbesondere das Lernen, am ehesten erfassen kann, nämlich ethnographische Forschungsmethoden und Handlungsforschung.

2.2.6 Ethnographische Forschungsmethoden

Entgegen den bisher dargestellten Methoden gehen ethnographische Methoden - wie auch die Handlungsforschung - von der Involvierung des Forschers im Feld aus. Man sieht insbesondere in empirischen Forschungsarbeiten eine Kluft zwischen traditionellen Theorien und praktischem Erfahrungswissen, den Alltagstheorien. Diese Kluft ist nicht zwangsläufig beim Übergang von den einen zu den anderen Theorien entstanden, sondern sie ist Folge eines fehlerhaften Generierungsprozesses, in welchem sich die wissenschaftlichen Theorien von ihrer Basis, dem "praktischen Erfahrungswissen", ablösen (vgl. Terhart 1981, S. 83f.).

2.2.6.1 Grundlegung ethnographischer Forschung

Erziehungswissenschaftliche Forschung mit ethnographischen Methoden setzt sich zum Ziel, Lebenswelten und soziales Handeln *im Alltag* der verschiedensten Bereiche von Erziehung und Bildung zu untersuchen. Eine Veränderung von Alltag und Handeln ist - im Gegensatz zur Handlungsforschung - nicht intendiert. Die Methode wird dabei dem Feld angepasst. Diese Art der Forschung konkretisiert sich bzw. findet sich wieder in der Feldforschung, der kommunikativen Bildungsforschung, qualitativen Forschung, interpretativen Forschung, verstehenden Forschung, pädagogischen Aktionsforschung etc. In der vorliegenden Arbeit, nämlich bei den Aktivitäten der beteiligten Lehrerinnen und Lehrer, kam diese Methode insbesondere bei den Tagebuch- und Interviewverfahren zur Anwendung.

Die Grundlegung geht von der anthropologischen Bestimmung aus, dass die Menschen zwar in einer Welt leben, aber in unterschiedlichen Lebenswelten.

Das pädagogische Feld wird mit den darin agierenden und interagierenden Individuen als eine eigene und spezifische Kultur gesehen mit spezifischen Ordnungen etc. Die Personen dieses Feldes gelten als *natives*. Die Anwendung ethnographischer Forschung erfolgt erst seit kurzem auch auf Schule und Unterricht. Diese Forschung wird von manchen auch als Paradigmenwechsel in der erziehungswissenschaftlichen Forschung bezeichnet. Der streng empirischen Forschung wurde der Vorwurf gemacht, sie abstrahiere vom sozialen Prozess, als wäre Schule etc. relativ gleichbleibend, was die sozialen Bedingungen angeht. Forscht man mit ethnographischen Methoden, so ist man in die Lebenswelt mit involviert.

Die Rezeption ethnomethodologischer Modelle in der Erziehungswissenschaft ist über interpretative soziologische Ansätze vermittelt und versucht, das Theorie-Praxis-Problem zu lösen. Dies bedeutet eine weitere 'Versozialwissenschaftlichung' der Erziehungswissenschaft. Die Alltagsorientierung impliziert drei theoretische Voraussetzungen:

- o Erziehung im Alltag wird zum Forschungsgegenstand
- o normative und institutionelle Vorgaben gelten als abhängig damit verflochten
- o die entsprechenden Forschungsmethoden sind an denen interpretativer Soziologie bzw. Sozialpsychologie orientiert und daraus abgeleitet.

Die auf die Phänomenologie *Husserls* zurückgehende und von *Schütz* vermittelte Lebensweltkategorie richtet die Forschung auf die Lebenswirklichkeit der im erzieherischen Alltag Agierenden aus und versucht, lebensweltliche Sinndeutungen zu rekonstruieren. Die Forschung konzentriert sich auf die mikrosoziologische Analyse von Verständigungsprozessen, für die im deutschsprachigen Raum die Kommunikationstheorie von *Habermas* und die Theorie des Symbolischen Interaktionismus zentral werden.

Daraus ergibt sich die Konsequenz in die Analyse lebensweltlicher verbaler und nonverbaler Interaktion, Psycho- und Soziolinguistik, kognitive Anthropologie etc. in den ethnomethodologischen Zugang des Alltags einzubringen. Ob diese unterschiedlichen Ansätze integrierbar sind, bleibt eine Frage. Das Theorie-Praxis-Problem ist jedoch nach wie vor nicht gelöst, denn Erklärungswissen ist nicht gleich Handlungswissen.

Die Orientierung an der Lebenswelt verzichtet damit bewusst auf Abstraktion, Systematisierung und Generalisierung.

Bei der Beschreibung der Lebenswelt als realistischer Dimension geht es nicht darum, Resultate, sondern Ursachen zu eruieren und Lebensweltverläufe zu beschreiben; somit liegt der Schwerpunkt der Betrachtung auf dem Prozesscharakter.

Ein Problem der Lebensweltbeschreibung besteht jedoch darin, dass jeder nicht nur in einer, sondern in mehreren Lebenswelten lebt.

2.2.6.2 Ethnographische Methoden

Erfahrungen, die im Feld gemacht werden, sind sehr individuell. Forschungsberichte sind persönlich gefärbt und nach Meinung von *Hargreaves* (1980) nicht kumulierbar. Soziale Tatsachen als Lebenswelten konstituieren und konstruieren sich jeweils in den Verständigungsprozessen. Die Struktur des Forschungsprozesses ist prinzipiell ähnlich einem empirischen Forschungsdesign. Zahlreiche Probleme bleiben dabei unberücksichtigt: die Entstehung einer Theorie durch das Teilhaben an der Lebenswelt, ethische, soziale Probleme etc. Ein Dilemma entsteht auch dadurch, einerseits Wissen in einer bestimmten Kultur zu prüfen und andererseits Mitglied dieser Kultur sein zu müssen. Es gibt Projekte, die durch härtere empirische Methoden ergänzt werden können, z.b. durch Analyse von Dokumenten, Tagebüchern etc.

Für die ethnographische Forschung gelten auch die Kriterien Reliabilität, Validität und Objektivität, außerdem sind die Prüfung interner Kohärenz und Kontingenz sowie die Prüfung an Außenkriterien von großer Wichtigkeit.

Eine wichtige Methode ethnographischer Forschung ist das offene Interview. Im Interview hat das Denken des Betroffenen eine große Bedeutung. Deshalb gibt es narrative Interviews, biographische Interviews, Tagebuchaufzeichnungen, Dokumente und Gruppeninterviews. Dabei geht es bei der Auswertung immer um die Rekonstruktion der individuellen (z.b. bei Denkprozessen) und sozialen Wirklichkeit (z.b. bei der Darstellung von Interaktionsbeziehungen). Die Deutung des Forschers wird durch den Befragten reinterpretiert, so wird das Interview zum Diskurs.

Erziehungswissenschaftliche Forschung mit ethnographischen Methoden sieht das Feld als soziales Feld, die darin agierenden Personen als *social agents*, die verwendeten Methoden als sozial determiniert, den Forschungsprozess als prinzipiell sozialen Prozess. Damit wird der Übergang zur Handlungsforschung fließend.

Auch wenn ethnographische Ansätze versuchen, die Wirklichkeit zu analysieren, bleibt den Forschern auch nur das *Bild* dieser Wirklichkeit. Die zurückhaltende Akzeptanz dieser Forschungsrichtung ist auch darin zu sehen, dass erst 1987 die *American Educational Research Association* erstmalig drei Artikel zu qualitativen Methoden herausbrachte.

2.2.7 Handlungsforschung

Ein weiterer Forschungsansatz, der insbesondere in der Unterrichts- und Lernforschung an Bedeutung gewonnen hat und auch in dem durchgeführten Unterrichtsforschungsprojekt eine wichtige Rolle spielte, ist die Handlungsforschung. In diesem Projekt wurden die Lehrerinnen und Lehrer daran beteiligt, die Wirkung von Instruktionen über Lernstrategien und aktivem Lernen auf Schulleistungen und Motivation zu überprüfen.

Der Forschungsansatz der Handlungsforschung soll hier nicht vollständig in seiner geschichtlichen Entwicklung und seiner Systematik beschrieben werden, sondern nur in aller Kürze und insoweit er für die vorliegende Arbeit relevant ist.

Nach Brunner & Zeltner (1980, S. 93) ist *Handlungsforschung* ein sozialwissenschaftlicher Forschungsansatz, der vor allem im deutschsprachigen Raum in Fortführung der von K. Lewin vertretenen *action research* (als empirische Forschungsmethode, der es auch um unmittelbare innovatorische Veränderungen der untersuchten sozialen Felder geht) Eingang gefunden hat.

Der Handlungsforschung geht es um eine enge Verbindung von Theorie und Praxis, wobei das Forschungsbemühen gemeinsam von Praktikern und Theoretikern getragen wird. Aus der engen Interdependenz von Forschung und Praxis ergeben sich im Verlaufe von Projekten der Handlungsforschung sowohl Veränderungen des zu untersuchenden sozialen Feldes als auch Änderungen des Forschungsplanes. Die von den empirisch-analytischen Methoden geforderte Trennung von Subjekt und Objekt innerhalb des Forschungsprozesses als Beitrag zu größerer Objektivität, Zuverlässigkeit und Gültigkeit, ist bei der Handlungsforschung aufgehoben.

Forschungstätigkeit wird als integrativer Bestandteil der Lebenspraxis gesehen (Finkbeiner 1995, S. 212ff).

Empirisch-analytische Methoden werden insoweit übernommen, als sie sich gemäß dem Wissenschaftsverständnis der Handlungsforschung einsetzen lassen. Abgelehnt werden die, diesen Methoden zugrundeliegenden Forschungsbemühungen, die allein auf Gesetzesaussagen abzielen und die die Komplexität der zu untersuchenden sozialen Felder auf wenige, möglichst genau zu kontrollierende Variablen reduzieren.

Zinnecker (1976) definiert *Handlungsforschung* als eine bestimmte Strategie empirischer Forschung, in der praktisches Handeln und wissenschaftliche Untersuchungstätigkeit eng und in gleichberechtigter Weise miteinander verzahnt werden. Handlungsforschung lässt sich also als 'anwendungs- oder problemorientierte' Forschung beschreiben. Der Anwendungsbereich ist die pädagogisch-politische Veränderung in pädagogischen Institutionen, man könnte sagen Innovationsforschung.

Im Unterschied zu anderen Formen anwendungsorientierter Forschung beruht diese Forschung darauf, als Forschung unmittelbar und nicht erst nach vollzogenem Forschungsprozess als sogenannte Anwendung der Forschungsergebnisse in die Praxis einzugreifen.

Das Programm der Handlungsforschung rührt an bestimmte Grundannahmen, die der gegenwärtigen empirisch-pädagogischen Forschung zugrunde liegen, wie z.B. an die strikte Arbeitsteilung von Forschen und Handeln, von Wissen-

schaftler und Praktiker und die darauf aufbauenden Methodenlehren (vgl. beispielsweise *Kritischer Rationalismus*).

2.2.7.1 Zur Geschichte der Handlungsforschung

Der Begriff und das sachliche Programm stammen aus dem Angloamerikani-
schen, wo sich um die 40er Jahre das Konzept der *action research* von Kurt
Lewin entwickelte.
Action research im angloamerikanischen Raum zeichnet sich vor allem durch
Pragmatik und kurzfristiges Reforminteresse aus und wird häufig neben anderen
Strategien empirischer Forschung genannt.
Zinnecker unterscheidet verschiedene Ansätze:
* apolitischer, sozialtherapeutischer und/oder sozialtechnologischer Ansatz
  der Gesellschaft und ihrer Veränderung. *Action research* wendet sich hier
  sozialen Konflikten in Kleingruppen, pädagogischen Institutionen und Ge-
  meinden zu und entwirft Programme zur Bekämpfung von Vorurteilen und
  zur Einübung demokratischer Verhaltensweisen.
* *Action Research* als Hilfsinstrument zur Lösung von Management-
  Problemen in pädagogischen und anderen Institutionen.
Lehrerzentrierte *action research* ist ein an der Schule häufiges empirisches For-
schungs- und Reformvorhaben mit Beteiligung der Lehrer, z.B. in der Curricu-
lumreform und Curriculumentwicklung.
In Deutschland wurde die Handlungsforschung Ende der 60er-Jahre wiederent-
deckt, und zwar im Kontext der wissenschaftstheoretischen, methodologischen
Auseinandersetzung um die empirische Sozialforschung. Während die Kritik
am Positivismus durch die *Kritische Theorie* (z.B. *Adorno*) und später durch
marxistische Psychologen (u.a. *Holzkamp*) praktisch folgenlos blieb, sah es eine
Gruppe von Wissenschaftlern als notwendig an, aus der prinzipiellen Kritik
Folgerungen für die Forschungspraxis abzuleiten.
Handlungsforschung hat auch in der Hochschulbildung von Lehrern und Dip-
lompädagogen an Bedeutung gewonnen. So wurde für viele Projekte bestim-
mend, dass Handlungsforschung und projektorientiertes Studium verknüpft
wurden und zum Ziel des Studiums zählte, Lernen und veränderndes Eingreifen
von Forschern zusammenzuschließen.
Handlungsforschung tat sich in den hochschulunabhängigen Institutionen der
Bildungsforschung schwer. Entsprechende Versuche blieben Episode, mehr
oder weniger unrealisiertes Programm. Oder sie erfolgten ohne Unterstützung
der Institution und wurden entsprechend frühzeitig beendet.
Im Weiteren war vor allem die Krise der geisteswissenschaftlich ausgerichteten
Erziehungswissenschaft in den 60er-Jahren bedeutsam für die Entwicklung der
Handlungsforschung.

Das Fach geriet im Kontext der Bildungsreform und der massiven Förderung der empirischen Forschung unter den Druck der sozialwissenschaftlichen Disziplinen Psychologie und Soziologie. So wurden Forschungsmodelle für folgende Arbeitsschwerpunkte entwickelt:

- Evaluationsforschung
- wissenschaftliche Begleitung von Schulversuchen
- Forschung im Kontext von Curriculumprojekten
- sozialpädagogische Interventionsforschung

Einige sahen so in der Handlungsforschung eine Möglichkeit, in den angeführten Bereichen eine fachspezifische, den pädagogischen Fragestellungen angemessene Empirie aufzubauen.

Außerdem hoffte man, die Methoden der geisteswissenschaftlichen Forschung und Reflexion, Ideologiekritik und Empirie in einer Forschungsstrategie miteinander zu versöhnen.

Der komplexe Feldansatz (*Lewin*) in der Handlungsforschung sollte die Forschung praxisnah halten und ein Gegengewicht zur rigorosen Verkürzung sozialer Wirklichkeit auf wenige Messvariablen (siehe empirische Forschung) bilden. Insbesondere versprach man sich von der Handlungsforschung eine Alternative zum methodologischen Postulat naturwissenschaftlich angelegter Empirie, man sollte das untersuchte Gegenüber zum Untersuchungsobjekt degradieren. Die pädagogische Tatsachenforschung (*Petersen*) hatte bereits durchweg die Praktiker beteiligt und als Forschungspartner akzeptiert.

Deutsche Erziehungswissenschaftler waren es vor allem, die den formaldemokratischen Gedanken der Partizipation aller Praktiker am Forschungsprozess in der Handlungsforschung verankerten.

Auch ein kommunikationstheoretischer Ansatz lag verschiedenen Konzepten von Handlungsforschung in Deutschland zugrunde.

2.2.7.2 Methoden der Handlungsforschung

Zur Analyse der Handlungsforschung als Forschungsmethode schreibt Zinnecker (vgl. Roth 1991a, S. 170), dass in den ersten Projekten die methodischen Reflexionen vor allem der Analyse von Handlungsforschung als sozialem Prozess gelten. Er erwähnt das Verfahren der Einzelfallbeschreibung und zeigt, dass durch die Fall-Analysen programmgemäß der soziale Kontext der empirischen Forschung ins Licht gerückt wird.

Als Hauptthemen der Methodendebatte um Handlungsforschung führt er an:

1. Fragen der 'Verallgemeinerbarkeit' und der 'subjektiven Überprüfbarkeit' (Kontrollierbarkeit) von Handlungsforschung und deren Ergebnissen.

2. Einteilung der Handlungsforschung in Phasen: Das mögliche Ineinandergreifen von Forschen und Handeln (Verändern) auf den verschiedenen Ablaufstufen eines Gesamtprojektes.

3. Angleichung der Forschungsinstrumente und deren Verwendung an die technischen Qualifikationen der Praktiker und an die Bedingungen rasch und teilweise unplanbar aufeinander folgender Handlungsketten (Verwendung traditioneller Instrumente, Neukonstruktionen, Anregungen aus anderen Lebenszusammenhängen - informelle Alltagskommunikation)

4. Methodische Orientierung von Handlungsforschung an vorliegenden Untersuchungsmodellen:

- in der *angloamerikanischen action research:*
  - diagnostische Handlungsforschung
  - teilnehmende Handlungsforschung
  - experimentelle Handlungsforschung
  - empirische Handlungsforschung
- für die *deutsche Handlungsforschung:*
  - soziales Feldexperiment
  - Einzelfallstudie
  - anthropologische Feldforschung
  - therapeutische Beziehung

Handlungsforschung kann im Weiteren durch folgende drei Merkmale beschrieben werden:

1. Handlungsforschung ist in ihrem Erkenntnisinteresse und damit ihren Fragestellungen von Anfang an auf gesellschaftliche bzw. auf pädagogische Praxis bezogen, sie will der Lösung gesellschaftlicher bzw. praktisch-pädagogischer Probleme dienen.

2. Handlungsforschung vollzieht sich in direktem Zusammenhang mit den jeweils praktischen Lösungsversuchen, denen sie dienen will; sie greift als Forschung unmittelbar - und nicht erst nach vollzogenem Forschungsprozess als sog. 'Anwendung' der Forschungsergebnisse - in die Praxis ein, und sie muss sich daher für Rückwirkungen aus dieser von ihr mitbeeinflussten Praxis auf die Fragestellungen und die Forschungsmethoden im Forschungsprozess selbst - und nicht erst in der abschließenden Auswertungsphase im Hinblick auf zukünftige Forschung - offen halten.

3. Handlungsforschung hebt die Scheidung zwischen Forschern auf der einen und Praktikern in dem betreffenden Aktionsfeld - in unserem Falle: den pädagogischen Praktikern - auf der anderen Seite auf, zugunsten eines möglichst direkten Zusammenwirkens von Forschern und Praktikern im Handlungs- und Forschungsprozess.

Handlungsforschung trägt häufig das Merkmal der Innovationsforschung: Forschung im Zusammenhang mit und zum Zwecke von Reformen im Erziehungs- und Bildungswesen. Handlungsforschung hebt in wichtigen Punkten die Prinzipien, die für empirische Forschung in den Sozialwissenschaften als verbindlich galten, auf, z.B. das für die klassische empirische Forschung leitende Prinzip, dass die forschenden Personen die von ihnen verfolgten Fragestellungen und verwendeten Methoden und die zu erforschenden "Gegenstände" bzw. "Forschungsobjekte" (Institutionen, Personen, Einstellungen und Verhaltensweisen etc.) während des Forschungsprozesses nicht verändern dürfen. (Aufhebung der klassischen Trennung von "Forschung" und "Forschungsobjekten")

Die Handlungsforschungsprojekte in Deutschland, vor allem in den Jahren 1972 und 1973, zeichnen sich dadurch aus, dass sie fast durchgehend mit einem entschieden gesellschaftskritischen sowie auf individuelle und kollektive Emanzipation gerichteten Erkenntnis- und Handlungsinteresse verknüpft sind. Schwerpunkte der Handlungsforschung sind:

1. Alle Beteiligten, also Forscher wie Praktiker, sollen in einen Innovations- und damit einen komplexen Lernprozess versetzt werden. Das bestimmt auch die Wahl der Forschungsinstrumente: der Einsatz eines Fragebogens erscheint beispielsweise fragwürdig, wenn er emotionale Sperren bei den Beteiligten erzeugen würde, das könnte den Innovationsprozess hemmen.

2. Sowohl das Innovationskonzept als auch die Forschungshypothesen werden meistens nur rahmenhaft umschrieben und erst im Laufe der Durchführung schrittweise präzisiert, ggf. auch verändert. Dies führt zwangsweise zur Erschwerung einer hinreichenden Kontinuität sowohl des Innovationsvorhabens als auch des Forschungsplanes.

3. Handlungsforschung muss die zu untersuchende Praxis als komplexes Feld betrachten und daher auch relativ komplexe Forschungsstrategien entwickeln.

4. Für Handlungsforschung unter emanzipatorischen Leitgesichtspunkten ist es wesentlich, dass sie nicht Zielsetzungen und wissenschaftliche Fragestellungen von außen an die Praxis herantragen soll, sondern die Ziele möglichst weitgehend zusammen mit den Praktikern entwickelt. Dies erfordert eine hermeneutische Aufschlüsselung der Sichtweise der Probleme, der Intentionen und Schwierigkeiten der Interagierenden. Diese gegebenenfalls unterschiedlichen Ausgangspositionen und Perspektiven sollen miteinander vermittelt werden und zwar in einem angst- und herrschaftsfreien Diskurs, d.h. in kritisch argumentierender Problemerörterung.

5. Handlungsforschung muss die im Untersuchungsfeld handelnden Personen (z.B. Lehrer und Schüler) aus der Rolle bloßer Untersuchungsobjekte befreien und sie als gleichberechtigte Partner anerkennen. Das bedeutet:
   • Einblick in die Ziele und Voraussetzungen der Forschung von Anfang an
   • Mitbestimmungsmöglichkeiten über Forschungsziele und Verfahren.

6. Pragmatische und flexible Aufgabendifferenzierung für Forscher und Praktiker

7. Die Forschungsinstrumente (Fragebögen, Interviews, Tests etc.) haben in der Handlungsforschung einen neuen Sinn: Sie sollen Hilfen zur Selbstaufklärung, Selbstkontrolle, Selbststeuerung für die im Praxisfeld tätigen Personen sein.

8. Dies gilt auch für die möglichst kurzfristige Rückmeldung von Zwischener-
gebnissen der Forschung an die Praktiker.
9. Das hohe, zugleich pädagogische und politische Engagement der Forscher
und Praktiker führt häufig zu gruppendynamischen Problemen innerhalb der
Forschergruppen und muss daher bewusst und gezielt in der Arbeitsplanung
und im Arbeitsprozess berücksichtigt werden.
10. Entsprechend haben nicht beabsichtigte Nebenwirkungen (z.b. Spannungen
im Kollegium) und schwer kalkulierbare Einwirkungen von Außengruppen
(z.b. Elterngruppen) große Bedeutung in der Zielsetzung und Veränderung
der entsprechenden Praxis, auf die die Handlungsforschung hinarbeitet.

Abschließend ist zu bemerken, dass Handlungsforschung nicht als prinzipielle
Alternative gegenüber der 'klassischen' empirischen Forschung betrachtet werden darf, sondern sich dort als der angemessene Ansatz erweisen wird, wo es
um die Ermöglichung und die Erforschung von pädagogischen Innovationen
geht.

2.2.8 Wirklichkeit, Wissenschaft und Forschungsmethoden

Die dargestellten Forschungsmethoden sind nicht spezifisch erziehungswissenschaftliche Forschungsmethoden, sondern sie finden auch in der Psychologie,
der Soziologie und in naturwissenschaftlichen sowie humanwissenschaftlichen
Forschungsbereichen Anwendung. Deswegen wird heute argumentiert, man sei
auf dem Wege einer Einheitswissenschaft. Die Kritik an den Folgen der
naturwissenschaftlichen Technikforschung scheint darauf zu zielen, die durch
Bacon begründete Subjekt-Objekt-Relation zu relativieren und zugunsten einer
Subjekt-Subjekt-Relation aufzuheben. Eine erkenntnisphilosophische Diskussion um das, was Erklärung und wissenschaftliches Verstehen ist, hat in den
letzten 20 Jahren vermehrt eingesetzt.

Wissenschaft mit ihren Forschungsmethoden setzt sich zum Ziel, Wirklichkeit
angemessen zu analysieren, sei es sie zu beschreiben und zu erklären oder han-
delnd in sie einzugreifen. Die Wissenschaftsgeschichte hat gezeigt, dass es *die*
Wirklichkeit nicht gibt. Der Wissenschaft ist es nur möglich, Modelle der Wirk-
lichkeit zu schaffen, die Abbilder der Wirklichkeit sind. Diese Modelle sind
Rekonstruktionen der Wirklichkeit. Sie sind bestenfalls per Konsens objektiv.
Dementsprechend haben auch die wissenschaftlichen Theorien keine allgemeine
Gültigkeit und Wahrheit. Sie sind aber ein Bemühen, die Subjektivität unserer
Alltagserfahrung zumindest ein Stück weit zu relativieren.

Wie sich der Methodenpluralismus und die Abgrenzung der verschiedenen Forschungsparadigmata in der Erziehungswissenschaft, insbesondere in der Unterrichtsforschung und bei der Erforschung von Lernprozessen und Lernstrategien
weiterentwickelt haben, soll im Folgenden dargestellt werden.

3 ZUR UNTERRICHTSFORSCHUNG IN DER ERZIEHUNGSWISSENSCHAFT

3.1 Zum methodologischen Stand der Unterrichtsforschung

Unterrichtsforschung ist ein interdisziplinäres Feld, das zumindest aus den Disziplinen der Erziehungswissenschaft, Pädagogischer Psychologie und Erziehungssoziologie entstanden ist.
Unterrichtsforschung ist ein wichtiges Teilgebiet der Erziehungswissenschaft und befasst sich mit der *Beschreibung*, *Erklärung* und *Optimierung* von geplanten und zielbezogenen Lehr- und Lernprozessen unter schulunterrichtlichen Rahmenbedingungen. Im Einzelnen handelt es sich dabei um die Aufgaben

* *Beschreibung* der unterrichtlichen Realität, also deren Bedingungen, Prozesse, Folgen, Wechselwirkungen und deren *Erklärung* durch den Rückgriff auf empirisch bewährte theoretische Konzepte (= ***deskriptiv-erklärende Funktion***).

* *Erarbeitung* von Informationen darüber, mit welchen Mitteln und Methoden unter gegebenen Voraussetzungen bestimmte Ziele optimal erreicht werden können (= ***präskriptive Funktion*** zur ***Optimierung*** von **Unterricht**).

Seit der sogenannten "realistischen Wendung" anfang der 60er Jahre durch Heinrich Roth (vgl. Antrittsvorlesung am 21.6.1962 mit dem Titel: "Die realistische Wendung in der Pädagogischen Forschung") hat sich die Unterrichtsforschung bisher (auch unter Berufung auf *Ingenkamp & Parey* (1970), *Bachmair* (1974) und *Wittrock* (1987)) eindeutig an *quantitativer Methodologie* ausgerichtet. Es kam in der Folgezeit zu einer forcierten Anwendung von empirisch-quantitativen Forschungsmethoden. Dabei sind folgende Vorgehensweisen paradigmatisch:

* Einzelne Variablen werden mit standardisierten Testverfahren erhoben, die Daten korrelationsstatistisch oder neuerdings modelltestend (kausale Modelle) ausgewertet. Vor allem die Variable der Schulleistung steht dabei an zentraler Stelle; ihr Zugang ist einfach, im Unterricht zumutbar, die Testsituation den Schülern bekannt.
* Unterrichtsverfahren, Lehr-Lernprozesse, werden durch experimentelle oder evaluationslogische Verfahrensweisen auf ihre Effekte hin überprüft.
* Ein typisches Vorgehen, nach Beck (1987) das häufigste, ist das der standardisierten Unterrichtsbeobachtungen entweder mit bewährten Instrumenten oder selbstkonstruierten Ratingskalen (Unterrichtsmitschauanlagen).

3.2 Kritik an der quantitativen Unterrichtsforschung

An diesen quantitativen Vorgehensweisen in der Unterrichtsforschung lassen sich folgende Kritikpunkte anführen:

- Die Ergebnisse der quantitativen Unterrichtsforschung sind oft für die Erziehungspraxis wenig relevant und lassen sich wenig umsetzen in konkretes Erziehungshandeln und in Erziehungsreformen. Das variablenbezogene, zergliedernde Vorgehen lässt die Erziehungssituation in ihrer Ganzheit nicht mehr erkennen, ist zu wenig auf natürliche Erziehungssituationen bezogen. Selbst Empiriker wie Cronbach glauben, dass ein vollständig erklärendes Theoriemodell nicht einlösbar ist, da menschliche Handlungen konstruiert und nicht kausal bedingt seien.
- Experimentelle Untersuchungen zur Effektivität einzelner Lehrmethoden haben zu wenig Eindeutigkeit und zu viele Widersprüche produziert. Außerdem lieferten sie sehr oft keine praxisrelevanten Ergebnisse.
- Die Beobachtungsinstrumente sind nach Beck extrem fehlerhaft, die Beobachtungskategorien zu unscharf.

So wurde als Alternative bis heute immer wieder eine qualitative, interpretative Unterrichtsforschung gefordert.

3.3 Stand der qualitativen Forschung

3.3.1 Entwicklungslinien zu einer qualitativen Unterrichtsforschung

Die Soziologie hat sich zu Beginn des Jahrhunderts durch groß angelegte quantitative Umfrageforschungen von der Philosophie emanzipiert. Sehr früh wurden jedoch wegen der einseitigen Orientierung qualitative Ansätze entwickelt, so sind diese in der Soziologie heute am anerkanntesten. Bonß (1991) sieht drei Begründungszusammenhänge:

- Mit praxiskritischen Argumenten wurde engagiertere, praxisrelevantere Forschung gefordert (Positivismusstreit).
- Mit theoriekritischen Argumenten wurden Ansätze wie der Symbolische Interaktionismus und die Ethnomethodologie entwickelt, die in ihrer Methodologie qualitativ-interpretative Verfahren verlangen.
- Der symbolische Interaktionismus geht von sozialer Realität als sprachlich ausgehandelt aus und bevorzugt sprachlich-interpretative Verfahren.

In der Ethnomethodologie wird soziale Realität als nur mit anthropologischen Mitteln - wie beim Verstehen fremder Kulturen - erforschbar und stellt deshalb die offene teilnehmende Feldforschung in den Mittelpunkt.

- Mit verfahrenskritischen Argumenten wurde z.b. das Survey-Interview als zu oberflächlich dargestellt und als Folge biographische Methoden dagegengestellt: Fallorientierte, interpretative, induktive Forschungstradition wie auch die Biographieforschung.

Diese Ansätze der Soziologie und Ethnomethodologie sind auch in die Unterrichtswissenschaft vorgedrungen, vor allem was den zweiten Ansatz betrifft. Die Psychologie hat sich zu Beginn des zwanzigsten Jahrhunderts vor allem durch experimentell-quantitative Methodenorientierung etabliert. Nur in der Persönlichkeitspsychologie hielten sich verstehend-interpretative, ganzheitliche und einzelfallorientierte Ansätze, bis sie in den 50er Jahren durch faktorenanalytische quantitative Modelle verdrängt wurden. In den letzten Jahren kam es zu einer Gegenbewegung in den USA durch eine Wiederentdeckung der europäischen hermeneutisch-phänomenologischen Traditionen, in Deutschland vor allem durch die Entwicklung offener Interviewtechniken. Quantitative Ansätze haben aber immer noch die Vormachtstellung.

So wird auch in den für die Unterrichtsforschung relevanten Zeitschriften kaum auf qualitative Ansätze eingegangen. Die amerikanische Psychologie zeigt jetzt Trends zu praxisbezogener Forschung in natürlichen Kontexten. Man verwendet nun auch qualitative Methoden als Ergänzung zu den quantitativen.

Erst um die Mitte des 20. Jahrhunderts, durch Heinrich Roth angeregt, öffnete sich die Pädagogik empirisch-quantitativer Forschung. Der durch die Bildungsreform bedingte Ausbau der Erziehungswissenschaft kam vor allem dieser Richtung zugute. Der erfolgreiche Einsatz von Testverfahren spielte eine Rolle. Daneben hielt sich die geisteswissenschaftliche, hermeneutisch-phänomenologisch orientierte Pädagogik, allerdings in fast unüberbrückbarer Konfrontation zur quantitativen Methode.

Jedoch hat sich sozusagen als Zwischenposition ab den 70er Jahren eine Tradition empirisch-qualitativer Erziehungswissenschaft herausgebildet. Seit 1988 existiert ein *International Journal of Qualitative Studies in Education*. Dort finden sich auch Ansätze für eine Methodenintegration und für eine interdisziplinäre Unterrichtsforschung.

3.3.2 Grundlagen qualitativer Ansätze in der Unterrichtsforschung

Es lassen sich nur schwer eindeutige und einheitliche Kriterien für diese Art der Forschung finden. Folgende Grundannahmen stehen im Zentrum:
1. Die stärkere Betonung der Deskriptionen
Das bedeutet:
- Stärkere Einbindung von Einzelfallanalysen, auch kombiniert mit größeren Stichproben, auch um die Angemessenheit von Methoden überprüfen zu können

- Offenheit, vor allem in den Erhebungsmethoden
- Systematisches, regelgeleitetes und nachvollziehbares Vorgehen

2. Die interpretative Orientierung qualitativer Ansätze.
Das meint:
- Die genaue Explikation des Vorverständnisses bei der Auswertung des Materials.
- Das Zulassen auch introspektiver Argumente.
- Die Auffassung des Forschungsprozesses als Forscher-Gegenstands-Interaktion.

3. Der Bezug qualitativ orientierter sozialwissenschaftlicher Analyse auf Subjekte im Alltag.
Das bedeutet:
- Die Betonung einer ganzheitlichen Sicht auf den Gegenstand.
- Die Einbettung des Forschungssubjektes und des -gegenstandes in historische Bezüge.
- Die Orientierung der Fragestellungen an den sozialen und personalen Problemen der Forschungssubjekte.

4. Der Verallgemeinerungsprozess ist (trotz oder wegen der aufgrund des großen Aufwandes qualitativer Studien meist kleineren Stichproben) besonders wichtig.
Damit ist gemeint:
- Konkrete Argumente müssen dahingehend eingebracht werden, um zu zeigen, welche Teile der Analyse unter welchen Bedingungen auf welche weiteren Situationen hin verallgemeinerbar sein können.
- Auch induktive Argumente und Schlussfolgerungen sind zulässig.
- Das Ziel der Verallgemeinerung ist das Aufstellen von unter bestimmten Bedingungen gültigen Regelhaftigkeiten.
- Bei der Verallgemeinerung sind auch quantitative Argumente entscheidend, z.B. in der systematischen Sammlung von Vergleichsfällen.

3.3.3 Methodische Ansätze qualitativ orientierter Analysen

Die Vielfalt für qualitativ orientierte Analysen ist durch folgende Designs und methodische Verfahren gekennzeichnet:

3.3.3.1 Qualitativ orientierte Designs

- Einzelfallanalyse
- Dokumentenanalyse
- Qualitatives Experiment
- Qualitative Evaluationsforschung
- Handlungsforschung
- Deskriptive Feldforschung

3.3.3.2 Qualitative Verfahren

- *Erhebungsverfahren:*
  - Problemzentriertes Interview
  - Narratives Interview
  - Gruppendiskussionsverfahren
  - Teilnehmende Beobachtung
- *Aufbereitungsverfahren* (die das Material deren Auswahl zur Darstellung und Auswertung vorbereiten):
  - wörtliche Transkription
  - kommentierte Transkription
  - zusammenfassendes Protokoll
  - selektives Protokoll
  - Konstruktion deskriptiver Systeme
  - Gruppendiskussionsverfahren
  - Teilnehmende Beobachtung
- *Auswertungsverfahren:*
  - gegenstandsbezogene Theoriebildung
  - Phänomenologische Analyse
  - Sozialwissenschaftlich-hermeutische Paraphrase
  - Qualitative Inhaltsanalyse
  - Objektive Hermeneutik
  - Psychoanalytische Textinterpretation
  - Typologische Analyse

3.3.4 Neuere Trends in der qualitativen Forschung

Es zeigen sich momentan vor allem die folgenden vier, besonders bedeutsamen Trends in der qualitativen Forschung:

- Moderne qualitativ orientierte Ansätze verstehen sich, in eindeutiger Abgrenzung zu rein geisteswissenschaftlichen Traditionen, heute als dezidiert empirische Ansätze. Explizit empirisches Material wird definiert und mit methodisch kontrollierten Verfahrensweisen erhoben.
- Die neueren Ansätze betonen immer stärker systematisches, regelgeleitetes Vorgehen. Es werden explizite Regeln für den Analyseablauf und Gütekriterien aufgestellt.
- Es werden immer mehr integrative Modelle entworfen.
- Die Computereinsatzmöglichkeiten werden diskutiert.

Qualitative Projekte stellen sich denselben Standards wie quantitativ orientierte Projekte, allerdings in 'aufgeweichter' Form. Solche allgemeinen Kriterien könnten sein:

- Explikation und Spezifizierung der Fragestellung
- Explikation des Theoriehintergrundes
- Empirische Basis
- Methodischer Ansatz
- Ergebnisse
- Schlussfolgerungen (Problembezug, Relevanz)

3.3.5 Ansätze qualitativ orientierter Unterrichtsforschung

Für die Unterrichtsforschung lassen sich aus den oben abgeleiteten allgemeinen qualitativen Verfahren folgende Ansätze ableiten:
- *Pädagogisch-psychologische Fallanalysen im Unterricht:*
  In der Wiederbelebung der fallanalytischen Tradition steckt vielleicht eine große Chance für die Unterrichtsforschung. Vor allem Entwicklungsverläufe werden durch eingehende Fallbeobachtungen farbig und detailliert beschrieben. An einzelnen Lebensgeschichten konnte man oft soziale Strukturen besser herausarbeiten als an groß angelegten Survey-Studien. Die Logik von Fallanalysen in der Unterrichtsforschung wäre, am einzelnen Fall genaue Beobachtungen über biographischen Werdegang und Ausgangsbedingungen des Lerners festzuhalten, den unterrichtsbezogenen Eingriff zu registrieren und die weitere biographische Entwicklung zu beobachten. Beim Vergleich mehrerer ähnlicher Fälle lassen sich diese dann auch verallgemeinern.
- *Handlungsforschung in der Schulklasse:*
  Pädagogische Handlungsforschung ist seit der Bildungsreform in der Bundesrepublik fast bedeutungslos geworden, erfährt derzeit jedoch international einen Aufschwung. Grundgedanke ist, dass die Betroffenen im gleichberechtigten Diskurs in die Forschung mit eingreifen können. Dazu wird ein Phasenmodell mit Datensammlung, Diskurs mit den Betroffenen und Praxisveränderung zugrunde gelegt. Für die Zusammenarbeit von Wissenschaft-

lern mit Lehrern aus der Praxis zur Lösung von Unterrichtsproblemen bietet sich die Handlungsforschung an. So hat Altrichter (Altrichter & Posch 1990) in Fortsetzung der englischen Tradition ein Programm einer von Lehrern und Wissenschaftlern getragenen Handlungsforschung zur Verbesserung von Unterrichtspraxis und Lehrerbildung entworfen. Es geht zwar bei diesen Projekten um spezifische Problemlösungen, jedoch ist auch der Anspruch vorhanden, aus dem Vergleich verschiedener Projekte verallgemeinerbare, für die Unterrichtswissenschaft verwertbare Erkenntnisse zu gewinnen. Der Vorteil dieser Erkenntnisse liegt dabei in ihrer Praxisrelevanz.

- *Qualitativ orientierte Unterrichtsbeobachtung*:
  Für die Unterrichtsforschung ist der Ansatz einer offenen, wenig strukturierten Unterrichtsbeobachtung interessant. Diese Beobachtung entstand aus der Unzufriedenheit rigider quantitativer Beobachtungssysteme. Der qualitative Beobachtungsansatz sieht vor allem den Beobachter in seinem einfühlenden Verstehen und pädagogischen Sehen im Vordergrund. Die wichtigste Tradition stellt die amerikanische ethnographische Unterrichtsforschung dar. Hier geht es darum, mit dem anthropologischen Ansatz des methodisch kontrollierten Fremdverstehens einen deskriptiven Zugang zum Unterrichtsgeschehen zu bekommen. Studien über Ausländerkinder in der Regelschule, über Slumschulen und Kulturvergleiche sind vielfach dokumentiert. Die wichtigste Methode ist dabei die Teilnehmende Beobachtung. Die Forscher gehen in die Schule, unterrichten dort möglichst über ein Jahr und verwenden dann Interviews, biographische Daten etc.

- *Weitere Ansätze qualitativer Unterrichtsforschung*:
  - Konversationsanalysen lassen sich zur Analyse von Unterrichtsgesprächen einsetzen. Hier geht es weniger darum, Kommunikationsanteile auszuzählen, als vielmehr Strukturen zu rekonstruieren.
  - Pädagogische Evaluationsforschung, bezogen auf die Beschreibung und Bewertung von Unterrichtsversuchen, ist heute verstärkt qualitativ.
  - Qualitative Dokumentenanalyse, also Interpretation von fertigem Material im Zusammenhang mit Unterricht (Schülertagebücher, Klassenbücher, Curriculumanalysen) können wichtig sein. Hier lässt sich die qualitative Inhaltsanalyse gut verwenden.

Es geht nicht darum, bisherige (vor allem quantitative) Unterrichtsforschung zu verwerfen und durch qualitative Alternativen zu ersetzen, sondern Verbindungslinien und Integrationsmöglichkeiten zu finden. Gerade durch ihren interdisziplinären Charakter hat die Unterrichtsforschung die große Chance zu kompetenter Methodenintegration.

3.4 Zum hermeneutisch-empirischen Forschungsparadigma: Verbindung von qualitativen und quantitativen Methoden

Die Verbindung von hermeneutischen und empirischen Methoden (vgl. u.a.: Röhrs 1971, 1973, 1993; Röhrs & Scheuerl 1989; Schnaitmann 1991, S 40-44) stellt in der Wissenschaftstheoriegeschichte der Pädagogik ein wichtiges Verfahren dar.

Auseinandersetzungen um unterschiedliche wissenschaftstheoretische Ansätze beginnen dort, wo Methoden zur Anwendung kommen, und zwar schon bei der Frage, ob es nur eine Methode oder mehrere Methoden gibt. So hat zum Beispiel die Vorherrschaft geisteswissenschaftlicher Methoden bis in die 60er Jahre sehr deutliche wissenschafts-, aber auch bildungstheoretische Konsequenzen gehabt.

Hermann Röhrs hat schon in den frühen 70er Jahren mit der hermeneutisch-empirischen Forschungsmethode einen Weg der Mitte beschritten, um damit die vorherrschende Gegensätzlichkeit zu überwinden.

Das hermeneutisch-empirische Verfahren von Hermann Röhrs (1993, S. 84ff) geht über das pragmatische Verfahren Wilhelm Flitners, das den bewussten Vollzug auf die Erziehungswirklichkeit befürwortet, und den Forschungsansatz von Aloys Fischer hinaus, der noch weitgreifender als Flitner die geisteswissenschaftlich-hermeneutischen Vorgehensweisen und die empirischen Methoden - bis hin zur experimentellen Vorgehensweise - zur Aufhellung der Erziehungswirklichkeit verbunden hat.

Bereits vor über 20 Jahren hat Hermann Röhrs die Methodenfrage zwischen hermeneutischen und empirisch-analytischen Theorieansätzen erörtert und betont, dass "eine wirklichkeitsnahe und wirklichkeitserschließende Forschung (...) beide Verfahrensweisen nutzen müsse: die empirisch ausgerichtete Aufdeckung des Tatsachenfeldes und die geisteswissenschaftlich orientierte Deutung der Wirkungszusammenhänge und ihrer Aussagekraft." (Röhrs 1971, S. 145)

Für den pädagogischen Rahmen bestand seiner Meinung nach damals "eine Vorliebe für die qualitativen Methoden gegenüber den quantitativen Verfahrensweisen" (Röhrs ebd.). Die Gründe hierfür lagen darin, dass qualitative Methoden an typischen oder exemplarischen Fällen unter Einbezug der besonderen Lebensgeschichte und Lebenslage Aufschluss über die inneren und äußeren Zusammenhänge suchen. Quantitative Verfahren sind eher durch die genaue Erfassung bestimmter Merkmale bei umfangreichen Probandenzahlen gekennzeichnet, als dass sie mit Blick auf die einmalige Situation individualisierend beschreiben. So werden in quantitativen Verfahren einzelne Merkmale mit standardisierten Testverfahren erhoben, die Daten korrelationsstatistisch oder modelltestend (z.B. nach der LISREL-Methode) ausgewertet.

Die Vorliebe für qualitative Methoden hängt in erster Linie mit einer dem Geisteswissenschaftler eigenen Neigung zur ganzheitlichen Deutung, unter Wahrung des sozialen Kontextes des Forschungsfeldes, zusammen. Die Ergebnisse der quantitativ orientierten Forschung lassen oft durch ihr variablenbezogenes, zergliederndes Vorgehen die Erziehungssituation in ihrer Ganzheit nicht mehr erkennen, die natürliche Erziehungssituation mit ihren komplexen Zusammenhängen ist zu wenig berücksichtigt.

Röhrs verband diesen Wissenschaftsdualismus durch die sogenannte dritte selbständige Richtung des hermeneutisch-empirischen Verfahrens.

Die geisteswissenschaftliche Position will als hermeneutische Wissenschaft die Wirklichkeitsebene nach dem Modell der Textinterpretation auslegen. Der positivistischen Richtung schwebt eine empirisch-analytische Sozialwissenschaft vor, die nach naturwissenschaftlichen Grundlagen arbeitet.

Den hermeneutischen Verfahren (Dialektik, Phänomenologie) steht die empirische Richtung gegenüber, die Methoden wie Beobachtung, Befragung und die oben genannten statistisch-quantitativen Analysen anwendet. Nach Röhrs gehören der quantitative und qualitative Aspekt bei der Deutung sozialer Vorgänge immer zusammen. Für die Sozialwissenschaften ist es daher wichtig, nicht nach Belieben die Empirie einzubeziehen, "sondern die empirisch strukturierte Erfassung der Wirklichkeit als konstitutiven Bestandteil der Theorie zu begreifen. Die Sozialwissenschaft wird in kritisch-positivistischer Auslegung zu einer rationalen Disziplin argumentativer Problemlösung, die in ihrer Theoriebildung Wertfreiheit anstrebt." (Röhrs 1971, S. 14). Im Rahmen dieses wissenschaftstheoretischen Konzepts werden empirische Methoden eingesetzt, wobei die philosophisch-hermeneutische Reflexion eine erkenntnisleitende Funktion ausübt.

Für die Kooperation geisteswissenschaftlicher mit empirischen Methoden nennt Röhrs folgende Prinzipien:

- Eindeutigkeit der wissenschaftlichen Aussagen durch logisch widerspruchsfreie Anlage
- Intersubjektive Nachprüfbarkeit aufgrund erfahrungswissenschaftlicher Orientierung
- Logisch einsichtige Begründung
- Einfachheit und Wahrscheinlichkeit (Röhrs 1971, S. 19).

Für eine derartige Konzeption ist ein Methodenpluralismus und nicht - monismus eine wichtige Voraussetzung.

Dieser Methodenpluralismus darf nach Röhrs keine Methodenpriorität einschließen, im Gegenteil, es sind harte Auseinandersetzungen um methodologische Relevanz und forscherische Effizienz der Methoden fortlaufend notwendig. Hierzu nimmt das hermeneutisch-empirische Verfahren eine vermittelnde Position zwischen einem naiven Empirismus und einer wirklichkeitsfernen geisteswissenschaftlichen Pädagogik ein (Röhrs 1971, ebd.). Dies bedeutet, dass Vertreter der hermeneutischen Richtung den Einbezug der Erfahrung in ihr Verfahren betonen und Empiriker die Notwendigkeit einer hermeneutisch orientierten Aufbereitung der Hypothesen und der Auswertung der Forschungsergebnisse zum Ausdruck bringen.

Auch in späteren Publikationen betont Röhrs (1979, 1989) den Pluralitätsaspekt der Erziehungswissenschaft und die Prinzipien und Bedeutung einer hermeneutisch-empirischen Forschungsmethodologie. Das intendierte Pluralitätskonzept soll durch das Aufweisen des Gemeinsamen die Integrationsbasis für die weitere Entwicklung der erziehungswissenschaftlichen Methodendiskussion stärken (vgl. Röhrs 1979, S. 81). Die Pluralität schließt die kritische Auseinandersetzung und Abgrenzung ein. Im Sinne Poppers bildet daher der theoretische Pluralismus die optimale Voraussetzung für eine Wissenschaft und die Entfaltung ihres notwendigerweise offenen Systems. Diese systematisch-heuristische Erziehungswissenschaft trägt die bereits oben angeführten Merkmale:

- begriffliche Klarheit
- Sprachanalyse
- Ideologiekritik
- Eindeutigkeit der wissenschaftlichen Aussagen durch logisch widerspruchsfreie Anlage der Argumentation
- intersubjektive Nachprüfbarkeit aufgrund erfahrungswissenschaftlicher Orientierung
- Falsifizierbarkeit und
- logisch einsichtige Begründung (Röhrs 1979, S.87).

Ihr entspricht das hermeneutisch-empirische Verfahren, das einen in sich begründeten Ansatz darstellt, der sich aus der inneren Logik beider Methoden ergibt. Der hermeneutisch-empirische Zugang erweist sich insofern als angemessen, als die methodologische Aufgabe der speziellen Forschungsrichtungen und ihre leitende Fragestellung in einem pluralistischen Konzept bei methodenstrategischer Orientierung gelöst werden kann.

Wie sich dieser Methodenpluralismus, die Abgrenzung der verschiedenen Forschungsparadigmata und insbesondere die Anwendung des hermeneutisch-empirischen Verfahrens in der Erziehungswissenschaft, vor allem bei der Erforschung von Lernprozessen und Lernstrategien, zeigen, soll im Folgenden dargestellt werden.

4 ZUR ENTWICKLUNG DER LERNFORSCHUNG IN DER ERZIEHUNGSWISSENSCHAFT

4.1 Zum Konzept des Lernens

Es geht in dem Forschungsvorhaben darum, zentrale Denk- und Lernprozesse systematisch zu analysieren, unter Berücksichtigung kognitiver und metakognitiver Prozesse, insbesondere bereichsspezifischer statt globaler Art. Bei diesem besonders zentralen Bereich intellektueller Denk- und Lernprozesse handelt es sich insbesondere um das induktive Denken. Hier geht es darum, Regelhaftigkeiten oder Ordnungen auch im scheinbar Ungeordneten zu erkennen, aber auch darum, Störungen der Regel zu entdecken, Elemente von Unordnung im scheinbar Geordneten herauszufinden. Nach Klauer (1993, S. 143) nennt man "Induktiv das Denken, das in der Entdeckung von Regelhaftigkeiten durch Feststellung der Gleichheit, Verschiedenheit (und Gleichheit und Verschiedenheit) von Merkmalen und Relationen bei verbalem, bildhaftem, geometrisch-figuralem, numerischem und sonstigem Material besteht." Diese Definition lehnt sich an die Technik des *Mapping sentence* im Umkreis von Guttman an. In der vorliegenden Forschungsarbeit geht es um die Aufklärung der speziellen Informationsverarbeitungsprozesse, die insbesondere bei der Lösung intellektuell anspruchsvoller Aufgaben (vgl. z. B. von Rhöneck et al 1994) wirksam werden.

Das Forschungsprogramm stützt sich insbesondere auf
- eine Theorie des paradigmatischen Transfers
- eine Theorie des induktiven Denkens
- Grundgedanken exemplarischen Lehrens und Lernens.

Die Transfertheorie steht immer noch unter dem Einfluss von Thorndikes Theorem der identischen Elemente. Danach hängt der Transfer von dem Ausmaß ab, in dem beim Training wie im Test dieselben Elemente beansprucht werden. Art und Ausmaß der Lernübertragung, also des Lernerfolgs, sind abhängig von der Ähnlichkeit zwischen Lern- und Transferaufgabe (vgl. Weinert 1974). Inzwischen gibt es in neueren kognitiven Ansätzen Versuche, die identische Elemente zwischen Trainings- und Testaufgaben annehmen, wenn die Aufgaben (in unserem Fall z.B. zwischen den Teiltests in den einzelnen Fächern) miteinander korrelieren.

Durch die kognitive Wende und insbesondere den lerntheoretischen Ansatz der Informationsverarbeitung wurden in den Lernprozessen und Strategien der Informationsverarbeitung jene Elemente gesehen, die Trainings- und Testaufgaben gemeinsam haben können (vgl. hierzu im Modell der Informationsverarbeitung den Aspekt der Bearbeitung).

47

Dabei wird zwischen den kognitiven Prozessen im engeren Sinne, die bei der Bearbeitung einer Aufgabe ablaufen, und den metakognitiven Prozessen und Strategien unterschieden, die die eigentlichen Bearbeitungsprozesse steuernd begleiten (vgl. Sternberg 1985; Weinert & Kluwe 1984; Segal, Chipman & Glaser 1985).

Viele Erziehungswissenschaftler versprechen sich besonders viel vom Training metakognitiver Strategien, weil deren Anwendungsbereich sehr groß ist. Demgegenüber sind die im engeren Sinne kognitiven Prozesse meist sehr aufgabenspezifisch, so dass deren Transferwirkung zwar bei speziellen Aufgaben groß, ansonsten aber zwangsläufig gering bleiben muss.

Klauer (1993) mahnt zur Vorsicht beim Training metakognitiver Komponenten und Strategien, weil viele Probanden schon entsprechende Strategien erworben haben und die Umstellung auf eine neue Strategie entweder nichts hilft oder sogar schadet (vgl. auch Clark 1987; Lohmann 1986; Klauer 1988a und b, 1991).

Seit der Infragestellung der Bedeutung des Behaviorismus für das schulische (kognitive) Lernen und dem verstärkten Interesse an der kognitiven Psychologie wird Lernen als aktiver Prozess begriffen, in welchem die Aufnahme und Verarbeitung von Wissen und Information der Selbststeuerung des aktiven Lerners in Auseinandersetzung mit der Umwelt unterliegt.

Im Kontext dieser Umorientierung von behavioristischen zu kognitiven Ansätzen stellte sich die Bedeutung der strategischen und kognitiven wie auch metakognitiven Fähigkeiten für den Aufbau komplexer Verstehensstrukturen als mitentscheidend heraus. So führt Brown (1984) Planung, Überwachung, Prüfung und Bewertung als exekutive Strategien an; über sie eröffnet sich der Lernende eine wichtige Möglichkeit, Einfluss auf die eigene Lernleistung zu nehmen (zusammenfassend: Schneider 1985; Friedrich & Mandl 1986; Haller, Child & Walberg 1986; Krapp 1993).

Gemäß der wissenspsychologischen und fachdidaktischen Orientierung der Forschung wird "Lernen", als "ein Verständnis von etwas entwickeln" oder "sich auf etwas verstehen, was man vorher nicht konnte" (v. Glasersfeld 1987), verstanden.

Lernen wird als eine umgebungsbezogene Verhaltensänderung verstanden (vgl. Klix, 1971) und bedeutet demnach, Informationen aufzunehmen, sie im Gedächtnis zu speichern bzw. zu verarbeiten und auf der Grundlage des Ergebnisses dieser Prozesse das Verhalten zu steuern. In diesem Sinn ist Lernen ein aktiver, konstruktiver und (wenigstens des Öfteren) zielorientierter Prozess (Shuell 1988), der auf den Erwerb von Wissen und Fertigkeiten abzielt. Diese Definition schließt also den allgemeinpsychologischen Aspekt des Lernens als Verhaltensänderung mit ein ("können"). Die Handlungsroutinen und Automatismen, wie sie beispielsweise in den Fertigkeiten (des alltäglichen Sprachgebrauchs oder der Aktivierung von Hintergrundwissen) präsent sind, bilden Basisvoraussetzungen auch für die höheren kognitiven Prozesse. Um den Aspekt der internen Verarbeitungsprozesse (die Verwendung von prozeduralem

Wissen oder von metakognitiven Kontrollstrategien usf.) zu betonen, wie sie dem Denken und Sprechen, Problemlösen und Einsichtslernen zugrunde liegen, wird auch von Verstehen gesprochen. Verstehen lässt sich jedoch nicht direkt beobachten. Daher werden auf indirektem Wege, über die Rekonstruktion der Schülerantworten, die Konzepte bzw. Vorstellungen zu ermitteln versucht, die ihre Lernleistungen fundieren.

Ein für die vorliegende Forschung brauchbares Lernmodell ist die *Vorstellung des Lernens als Informationsverarbeitung* (vgl. Lindsay & Norman 1977). Sie basiert auf Entwicklungen in der mathematischen Lerntheorie, in der Computersimulation intelligenten Verhaltens und in der Linguistik, insbesondere in Theorien zum Sprachenlernen und zur Sprachverwendung. Gegenstand dieser lerntheoretischen Konzeption sind die Prozesse der inneren Verarbeitung von Information. Es werden auf der Grundlage vielfältiger Befunde bestimmte innere Strukturen und diesen zugeordnete Transformations- oder Verarbeitungsprozesse postuliert (vgl. Abbildung; Quelle: Hilgard & Bower 1975, Abbildung in Skowronek 1991, S. 189)

Die kognitive und metakognitive Seite des Lernens, Denkens und Verstehens hervorzuheben, bedeutet aber nicht, sie als rein rationale Prozesse aufzufassen. Es ist Gemeingut der Lern- und Denkpsychologie und - wie Gardner (1989) zeigt - auch das paradoxe Resultat der kurzen Geschichte der Kognitionswissenschaft, dass emotional-motivationale und kognitive Prozesse sich ständig durchdringen. Die griffige Formel der Einheit von "will and skill" steht für diese Einsicht (z.B. Salomon & Globerson 1987; Mc Combs & Marzano 1990). Diese Ansicht wird auch durch die eigenen und durch weitere Forschungsarbeiten bestätigt, die zeigen, dass ein nicht geringer Varianzanteil der Schulleistung auf eine intentionale Komponente zurückgeführt werden kann (vgl. u.a. von Rhöneck & Grob 1991; Grob, von Rhöneck, Schnaitmann & Völker 1994; Nold & Schnaitmann 1994; Finkbeiner 1997a, 1997b, 2001a, 2001b).

Die Forschungslage der Wissenspsychologie hat in der Zwischenzeit zu einem differenzierten Bild darüber geführt, welche Bedeutung die höheren kognitiven Funktionen für das Erlernen komplizierter Sachverhalte und die Entwicklung intelligenter Verstehensstrukturen haben (vgl. die Sammelbände: Weinert & Kluwe 1984; Segal, Chipman & Glaser 1985; Mandl & Friedrich 1992; ferner: Brown et al. 1983; Weinstein & Mayer 1986). Obwohl man also den Einfluss, den die kognitiven und strategischen Fähigkeiten auf eine bestimmte Lernleistung nehmen, recht gut abschätzen kann, weiß man - trotz Piaget und seiner Schule - noch vergleichsweise wenig über die speziellen Entwicklungsbedingungen dieser Fähigkeiten (Lehtinen 1992).

Ein weiteres Resultat der Lern- und Instruktionsforschung verdient in diesem Zusammenhang verstärkt Beachtung: die Einsicht in die *Domänspezifität* der Verstehens- und Lernleistungen. Insbesondere in vielen Experten-Novizen-

Vergleichen wurde die herausragende Rolle bereichsspezifischen Wissens für effektives Lernen herausgestellt. Weder Strategiewissen (Polson & Jeffries 1985) noch Intelligenz (Schneider & Weinert 1990) stellen allein hinreichende Bedingungen dar, semantisch komplexe und vernetzte Probleme zu lösen, wenn nicht bereichsspezifisches Wissen hinzutritt (vgl. Dörner & Reither 1978; Dörner 1989; Putz-Osterloh 1988). Verstehensprozesse lassen sich nur angemessen analysieren, wenn außer den psychologischen Voraussetzungen auf Seiten des Lerners (Lernstile, Fähigkeiten usf.) zugleich auch die bereichsspezifischen Wissensanteile (die Sachgesetzlichkeiten des Lerngegenstandes) in Rechnung gestellt werden (vgl. Finkbeiner 1995b, 1996a).

Schülernahe Entwicklungsbedingungen von Verstehensstrukturen und deren Lernbereichsspezifität sind anerkanntermaßen Desiderate der gegenwärtigen Lehr- und Lernforschung. Beide Gesichtspunkte bilden für das vorliegende Vorhaben die Stichworte, sich in psychologischer wie fachdidaktischer Hinsicht mit der Analyse und Entwicklung von kognitiven Verstehensstrukturen im Zusammenhang des schulischen Lernens zu befassen.

In der vorliegenden Forschungsarbeit wird danach gefragt, wie Lernende in verschiedenen Lernbereichen ihre Verstehensleistungen organisieren bzw. welche Lern- und Verstehensschritte Schüler gehen, wenn sie eine Aufgabe lösen oder ein Problem als Problem wahrnehmen, strukturieren und bearbeiten. Hierbei spielen folgende Fragen eine wichtige Rolle:

- Über welche Sequenzen läuft der Verstehensprozess der Schüler?
- Gibt es allgemeine Muster von Verstehens- und Lernleistungen?
- Gibt es verschiedene Verstehensmodi, mit denen Lernende ihr(e) Ziel(e) erreichen?
- Welche Schüler mit welchen Lernpräferenzen folgen welchen Verstehensstrategien?
- Wie kann das einmal entwickelte Verständnis von einer Sache ausgebaut (differenziert) und stabilisiert werden?

4.2 Zum Stand der erziehungswissenschaftlichen Erforschung von Lernprozessen, insbesondere von Lernstrategien

4.2.1 Bibliographische Darstellung zum Stand der Forschungsmethoden in der Erziehungswissenschaft am Beispiel der Lernforschung

Im Folgenden wird der bibliographische Stand der letzten zehn Jahre zur Diskussion von Forschungsmethoden aus der Sicht der Erziehungswissenschaften bei der Erforschung von Lernstrategien und -prozessen im Überblick dargestellt.

Noch 1990 wurde die Lernforschung in der Erziehungswissenschaft zumindest dem Namen nach als relativ junger Forschungsbereich der Unterrichtsforschung bezeichnet (Baumert 1990). Der Begriff Lernforschung wurde Mitte der siebziger Jahre für ein Schwerpunktprogramm der Deutschen Forschungsgemeinschaft gewählt, das der empirischen Unterrichtsforschung Anschluss an den internationalen Forschungsstand vermitteln sollte. Auch heute noch befasst sich die Erforschung von Lernprozessen "mit der systematischen Vermittlung und Aneignung fachbezogener Kompetenzen, allgemeiner kognitiver Fähigkeiten, heuristischer Strategien und selbstregulativer Fähigkeiten sowie mit der Entwicklung personaler Selbstbewertungssysteme (Baumert 1990, S. 5).

Der Lernforschung wurde damals vorgeworfen, dass sie - gemessen an einem einigermaßen anspruchsvollen Theoriebegriff - theoriearm und das methodologische Reflexionsniveau unterentwickelt ist (vgl. Beck 1990) bzw. dass die Lehr-Lernforschung kein einheitliches theoretisches Konzept des analytischen bzw. konstruktiven Zugriffs auf die Realität institutionalisierter Lehr-Lernsituationen und -prozesse darstellt (van Buer 1990). Dennoch kann man annehmen, dass theoretische Anstöße, die zu einer Erweiterung des Prozessmodells der Unterrichtsforschung geführt haben, von der Motivations-, Attributions- und Metakognitionsforschung ausgegangen sind, die mittlerweile ein eigenes Forschungsprogramm gebildet haben. Ausgehend von der Lehr-Lernforschung der 80er Jahre werden vier Desiderate für die 90er Jahre formuliert:

(1) Der Gegenstandsbereich der Lehr-Lernforschung sollte auf andere Bereiche institutionalisierter Lehr-Lernprozesse erweitert werden, etwa auf solche in der berufsbildenden Schule.

(2) Unterricht ist als Prozess zu begreifen. Dementsprechend sind die Erfassungs- und vor allem die Auswertungsmethoden zu wählen bzw. zu konstruieren.

(3) Vorhandene empirische Studien sollten reanalysiert werden.

(4) Bei empirischen Studien sollten "harte" und "weiche" Verfahren der Datenerhebung und -auswertung kombiniert werden.

Hinzu kamen in den letzten Jahren Forschungsprojekte zur Entwicklung von Expertise (Ziegler & Ziegler 1991) und insbesondere zur Rolle des bereichsspezifischen Wissens (Faber 1992) in Relation zu kontextunabhängigen Strategien und Fähigkeiten (vgl. Mandl & Friedrich 1992; Lompscher 1992; Kratochwill 1992; Nold 1992; Kowalczyk & Behrends 1991).

Des Weiteren werden die Beziehungen zwischen den Produktionsfaktoren und den kognitiven Unterrichtseffekten hervorgehoben, wobei auf der einen Seite nach wie vor der Mangel an theoretischen Modellen nachdenklich stimmt. Auf der anderen Seite finden sich Fortschritte im methodischen Bereich vor allem bei der Modellierung linearer Veränderungen und kausaler Analysen. Dazu zählen multiple Regressionsmodelle, Pfadmodelle und Strukturgleichungsmodelle (vgl. Jöreskog & Sörbom 1989, 1993).

Im Folgenden seien vor allem Veröffentlichungen genannt, die sich mit Forschungsansätzen und dem Theorie- und Praxisverhältnis in der Unterrichtsforschung, insbesondere der Lern-(-prozess und -strategien)forschung befassen. Aus einer bibliographischen Recherche mit der CD-ROM PSYNDEXplus (mit Publikationen von 1977 bis März 1997) werden insgesamt 120 Titel zur *Unterrichtsforschung*, 80 Titel zur *Lernforschung* und 59 Records zur *Lehrforschung* aufgeführt. Bei der Verknüpfung der Schlagwörter *Unterrichtsforschung und quantitat** werden 9 Titel genannt. Hier geht es beispielsweise um eine Untersuchung zu den Strukturen und lernkontextabhängigen Varianten des Dozentenhabitus in Erwachsenenbildung und Weiterbildung (vgl. Harney, Jütting & Koring 1990) oder um Methoden des Messens und Deutens in der fachdidaktischen Unterrichtsforschung (vgl. Oomen-Welke & Rhöneck 1990); oder um die empirischen Grundlagen der Unterrichtsforschung (vgl. Beck 1987).

In den 80er Jahren wurden, wie bereits oben angedeutet, insbesondere die kontroversen qualitativen und quantitativen Ansätze der Unterrichtsforschung diskutiert.

Aus den 80er Jahren ist beispielsweise eine Veröffentlichung von Heymann (1990) zur Kontroverse zwischen den Vertretern einer qualitativen und einer quantitativen Unterrichtsforschung zu nennen. Diese Kontroverse wird dadurch zu entschärfen versucht, dass nach der Gegenstandsangemessenheit der zugrunde liegenden Modellierungen gefragt wird, die ohne interpretative Akte nicht zu ermitteln ist.

Auch Nussbaum (1984) befasst sich in einer Literaturübersicht mit der Gegenüberstellung des quantitativen und qualitativen Ansatzes der empirischen Unterrichtsforschung unter Bezugnahme auf verschiedene Teilaspekte des Forschungsprozesses. Zwei sich als qualitativ verstehende Forschungsansätze werden als Hauptkonkurrenten der quantitativen empirisch-analytischen Arbeitsrichtung diskutiert: die ethnographische Schul- und Unterrichtsforschung in den Vereinigten Staaten von Amerika und die Handlungsforschung in Deutschland (siehe Kapitel 1.2.7).

Achtenhagen (1984) zeigt in seinem Aufsatz über qualitative Unterrichtsforschung, dass sich der Gegensatz zwischen qualitativ und quantitativ in vier Punkten nicht bestätigt:

- bei der Deskription sozialer Felder
- bei der Gewinnung von Theorien
- bei der Prüfung von Theorien und
- bei der Umsetzung von Theorien in Technologien

Zum Theorie-Praxis-Verhältnis der Unterrichtsforschung hat sich vor rund zehn Jahren vor allem Harald Riedel (1984) in seinem Aufsatz zum Verhältnis von Zielen, Gegenständen und Verfahren der Unterrichtsforschung geäußert. Er stellt dem üblichen bipolaren Schema "Theorie-Praxis" ein tripolares Modell gegenüber, das die Zielbereiche "Theorie", "Technologie" und "Praxis" berücksichtigt, wobei der Stellenwert des Zielbereiches "Technologie" der eines Mittlers ist. Anders formuliert wird dem Paar "Denken-Handeln" die Dreiheit "Denken-Können-Handeln" gegenübergestellt. Theorie umfasst Wissen und Denkmodelle, die objektiv und regelhaft sind, Technologie umfasst Verfahren, die angewendet werden können, um Veränderungen zu schaffen. Diese sind auf den von der Theorie gelieferten Gesetzmäßigkeiten aufgebaut. Die Praxis umfasst mehr als die Technologie. Sie bezieht aus der Theorie Inhalte, Ziele und Wertvorstellungen und aus der Technologie Verfahren zur Veränderung gegebener Situationen. Das Handeln, das in der Praxis geschieht, ist bestimmt durch Ziel- und Wertvorstellungen, im Bereich des Unterrichts durch Lehrende und Lernende.

Wo noch 1984 von kontroversen Standpunkten zwischen quantitativer und qualitativer Unterrichtsforschung die Rede war (Nußbaum 1984), wird in zwei neueren Veröffentlichungen nicht mehr von gegensätzlichen Methoden, sondern eher von der Verbindung quantitativer und qualitativer Verfahren gesprochen. So z.B. bei Martin Fromm (1990), der in diesem Zusammenhang von Triangulation, also der Verbindung mehrerer Verfahren spricht. Er schlägt vor, dass erst einmal eine intersubjektiv kontrollierte und plausible hermeneutische Informationsreduktion erfolgt, bevor man noch zusätzliche Klärung von quantitativen Verfahren erwartet. Durch eine solche Verbindung qualitativer Verfahren mit quantitativen sollen:

* qualitative Daten 'härter' und Befunde klarer gemacht
* verallgemeinerungsfähigere Befunde formuliert
* vermehrte Anerkennung/Förderung in der *scientific community* erlangt werden.

Von Saldern (1992) hält in einer Veröffentlichung einen "*Nekrolog*" auf den Gegensatz zwischen qualitativer und quantitativer Forschung, weil die immer wieder formulierte Dichotomie von qualitativer vs. quantitativer Forschung nicht nur unfruchtbar, sondern sogar hemmend für eine weitere methodologische Diskussion sei. Er argumentiert mit Blick auf die Phasen eines Forschungsprozesses, der nicht linear zu verstehen ist, und zwar nicht in metatheoretischer Argumentation, sondern im Sinne des aktiv handelnden Forschers. Hier werden qualitative und quantitative Aspekte gleichermaßen berücksichtigt. Des Weiteren sind neben Veröffentlichungen zur Unterrichtsforschung aus den vergangenen Jahren insbesondere die Arbeiten vom Max-Planck-Institut für Psychologische Forschung München (Weinert 1990) zu erwähnen, in denen u.a. in diesem Zusammenhang der Versuch dargelegt wird, die Lücke zwischen der Unterrichtspraxis und der Unterrichtsforschung zu schließen. Hier wird gezeigt, dass die bisherige Unterrichtsforschung durch eine Vielzahl schwacher und inkonsistenter Befunde mit geringer Relevanz für die Schulpsychologie gekennzeichnet ist. Als Weiterführung werden der sogenannte Experten-Lehrer-Ansatz und das Konzept eines allgemeinen Unterrichtsmodells vorgeschlagen, die sich an analytisch-funktionale Beziehungen zwischen Variablen orientieren und sich damit dem Lehrerverhalten annähern. Die Integration beider Ansätze geschieht durch das Konzept der Unterrichtsexpertise, in dem verschiedene Wissenskomponenten des Lehrers zu Schülervariablen aus der traditionellen Unterrichtsforschung in Beziehung gesetzt werden. Im Bereich der Lernforschung findet sich eine Vielzahl von Forschungen und Publikationen (vgl. zur *Interessenforschung* u.a. Krapp & Prenzel 1992; Renninger, Hidi & Krapp 1992; Prenzel 1988; Krapp 1992; Schiefele, Krapp & Schreyer 1993; Häußler, Frey, Hoffmann, Rost & Spada 1980; Hoffmann & Lehrke 1986; Häußler 1987; Häußler & Hoffmann 1995; Gräber 1995. Zur *Lernstrategienforschung* vgl. u.a. Weinstein & Mayer 1986; Weinstein, Goetz & Alexander 1988; Lompscher 1992; Mandl & Friedrich 1992; Strittmatter 1990; Nold 1992; Klauer 1993; Baumert 1993; Biggs 1993; Entwistle 1993; Pintrich, Smith & McKeachie 1989; Pintrich & DeGroot 1990; Krapp 1993; Baumert 1993; Schiefele & Schreyer 1994; Wild & Schiefele 1993; Nold & Schnaitmann 1994).

Neuere Titel zur Verknüpfung der Begriffe Theorie und Lernprozesse mit der Datenbank PSYNDEX enthält die Veröffentlichung zum prädiktiven und diagnostischen Lernen innerhalb von Kausalmodellen (Waldmann & Holyoak 1992). Hier wird die These überprüft, dass höhere Lernprozesse wie Begriffslernen und Kausallernen auf niedere assoziative Lernprozesse reduziert werden können. Assoziationstheorien sagen nach diesen Befunden identisches Lernen vorher, da die Hinweisreize und die zu lernenden Reaktionen in allen Lernbedingungen identisch waren. Kompetitionsprozesse konnten nur beim prädiktiven Lernen gefunden werden, wenn die Hinweisreize Ursachen entsprachen, aber nicht beim diagnostischen Lernen, wenn sie Effekte repräsentierten.

In einer weiteren auf das Thema dieser Arbeit bezogenen Veröffentlichung geht es um die Theorie und Praxis der non-direktiven Pädagogik (Hinte 1990). Hier wird die Theorie des selbstbestimmten Lernens (gesellschaftliche Situation in der Bundesrepublik, das Lernen in einer sich wandelnden Gesellschaft, traditionelle Erziehungswissenschaft) der Praxis gegenübergestellt (freies Lernen, die Rolle des Pädagogen, die integrierte Persönlichkeit, Selbstverwirklichung, politische Relevanz freien Lernens). In dem Aufsatz von Schmidt (1989) geht es um die 'Theorie der Selbstorganisation des menschlichen Geistes', sowohl nach innen, im Sinne der Selbstbeobachtung, als auch nach außen, in der Anwendung des Prinzips der Selbststeuerung.

In keiner weiteren in PSYNDEX aufgeführten Veröffentlichung der letzten 10 Jahre geht es um allgemeine Theorie- oder Praxisaspekte von Lernprozessen. Beispielhaft lassen sich folgende inhaltliche thematische Zusammenhänge zu den Schlagwörtern *Lernforschung* und *Lernprozesse* aufzählen:

- *Lernforschung in Informationsnetzen* (Astleitner 1995)
- *Feedback in education and in research on teaching in learning* (In Olechowski & Khan-Svik 1995, 32-43)
- *Zur Rolle der konstruktivistischen Sichtweise in der naturwissenschaftsdidaktischen Lehr- und Lernforschung* (Duit 1995)

- *Lernen als subjektwissenschaftliche Grundlegung.* (Holzkamp 1993) Hier wird auf der Grundlage des subjektwissenschaftlichen Ansatzes der Kritischen Psychologie eine Lernkonzeption entwickelt, der der bisher in der Lernforschung ausgeklammerte Standpunkt des Lernsubjekts zugrunde liegt. Im Mittelpunkt der Darstellung steht die Erarbeitung der allgemeinen Grundbegriffe einer Lerntheorie des Lernsubjekts und seiner genuinen Lerninteressen. Dieser Ansatz ist auch grundlegend für den im Kapitel 4.3 dargestellten Ansatz der subjektiven Lerntheorie.
- Publikationen der *Projektgruppe Lern- und Lehrforschung* an der Humboldt-Universität zu Berlin seit 1992 *(LIF reports)* und
- Publikationen des *Interdisziplinären Zentrums für Lern- und Lehrforschung Potsdam* seit 1992 *(LLF-Berichte)*
- Bestandsaufnahme der empirischen Pädagogik in Deutschland von 1970 bis 1990 (Ingenkamp et al. 1992)
- *Lernprozesse und Theorie im Computer* (Klix 1992)
- *Lernprozesse und Theorie des Spracherwerbs* (Rodenwaldt 1989)
- *Lernprozesse und Theorie des kommunikativen Handelns* (Richter 1989)
- *Lernprozesse und Curricular-Theorie für die Entwicklung intelligenter Unterrichtssysteme* (Mandl, & Lesgold 1988)
- *Lernprozesse und Theorie und Praxis der Kreativität* (Mörschner 1988)
- *Lernprozesse und eine soziologische Theorie der Konstitution des Subjekts* (Asmus 1983)
- *Lernprozesse und Theorie der kognitiven Komplexität* (Heidbrink 1983)
- *Lernprozesse und Theorie über die strukturellen und funktionalen Grundlagen perzeptiver Erkennungsprozesse* (Prinz 1983)
- *Lernprozesse und Theorie von Codes schulisch vermittelten Wissens* (Pfeiffer 1982).

Eine bibliographische Recherche mit der deutschen Online-Datenbank DIMDI (Deutsches Institut für Medizinische und Sozialwissenschaftliche Dokumentation und Information) Köln lieferte zu den Themenbereichen Unterrichtsforschung und Forschungsmethoden, insbesondere zu Lernprozessen und Lernstrategien folgende Ergebnisse:
73 Einträge in FORIS (Forschungsinformationssystem Sozialwissenschaften, FI78), 419 Einträge in SOLIS (Sozialwissenschaftliches Literatursystem, SI45) und 369 Einträge in PSYNDEX (Psychologischer Index, PY81) zum Begriff Lernprozesse; 17 Einträge in FORIS, 13 Einträge in SOLIS und 172 Einträge in PSYNDEX zum Begriff Lernstrategien; 27 Einträge in FORIS, 19 Einträge in SOLIS und 71 Einträge in PSYNDEX zum Begriff Unterrichtsforschung; 39 Einträge in FORIS, 176 Einträge in SOLIS und 3076 Einträge in PSYNDEX zu Forschungsmethoden; 3 Einträge in FORIS, 4 Einträge in SOLIS und 6 Einträge in PSYNDEX zu qualitativen Forschungsmethoden; 1 Eintrag in FORIS, 1 Eintrag in SOLIS und 2 Einträge in PSYNDEX zu quantitativen Forschungsmethoden; 8 Einträge in FORIS, 41 Einträge in SOLIS, 17 Einträge in PSYNDEX und

5 Einträge in PSYTKOM zur Verknüpfung der Begriffe Forschung and Lernprozesse (Forschungen zu Geschichtswissenschaft, Sprachwissenschaft, Psycholinguistik, Das Differentielle in der Forschung bei F. Krueger und Th. Ziehen - zwei Vertretern der akademischen Psychologie an der Halleschen Universität - H. Giest 1991; Koedel, R. & I. 1988; Weinert 1984).

In der zuletzt angeführten Publikation wird ein Überblick über den Erkenntnisstand in Bezug auf den Einfluss von Metakognition und Motivation auf Lernen und Verständnis gegeben unter den Fragestellungen:

- Was sind Metakognitionen und welche Effekte haben sie auf Lernverhalten und Lernleistung?

- Gibt es einen Zusammenhang zwischen Metakognition und Motivation, der auf ihrem Einfluss auf Lernverhalten und Lernleistung basiert?

- Lässt sich im Bereich der Forschung zu Metakognition, Motivation und Lernen ein Fortschritt bei der Integration unterschiedlicher Forschungsparadigmata erkennen?

Zu der Verknüpfung der Begriffe Forschungsmethoden und Lernprozesse gibt es keine bibliographischen Einträge.

Zu der Verknüpfung Theorie und Lernprozesse gibt es 5 Einträge in FORIS, 80 Einträge in SOLIS und 41 Einträge in PSYNDEX. Zur Verknüpfung der Begriffe Praxis and Lernprozesse gibt es 6 Einträge in FORIS, 42 Einträge in SOLIS und 24 Einträge in PSYNDEX.

Bei bereits früher durchgeführten bibliographischen Recherchen mit der CD-Rom von PSYNDEX zu diesen Begriffen war ebenfalls auffallend, dass zum Stichwort "qualitative Forschungsmethoden" mehr Einträge vorhanden sind als zum Stichwort "quantitative Methoden". So ist der einzige Titel zu quantitativen Forschungsmethoden ein Beitrag zum Thema qualitative und quantitative Forschungsmethoden der Psychologie von Aschenbach (1987) zu wissenschaftstheoretischen Hintergründen, Anwendungsbereichen und Unterscheidungskriterien qualitativer und quantitativer Forschungsmethoden. Ein ausdrücklicher Bezug zur Unterrichts- oder Lernforschung wird nicht genannt. Zum Begriff qualitativer Forschungsmethoden werden sechs Titel genannt, die sich ebenso in keiner der Veröffentlichungen auf Unterrichts- oder Lernforschung beziehen. Die Titel befassen sich mit der Verbindung quantitativer und qualitativer Methoden (vgl. Fromm 1990) und damit, wie die Konfrontation dieser beiden Methoden beendet werden kann. Des Weiteren sind Veröffentlichungen kriminologischer Forschung, der ganzheitlichen Dimensionierung des Stress-Begriffs und zwei Veröffentlichungen von Vogel (1983) zu nennen, in der die Vor- und Nachteile der Hauptformen qualitativer Verfahren und wichtige Aspekte qualitativer Forschung für die Marktforschung diskutiert werden.

Erwähnenswert ist weiter die Tatsache, dass in der Bibliographie CD-ROM PSYNDEXplus von 1997 insgesamt 83 Titel in den 80er Jahren und 27 Titel in den Jahren 1990 bis 1996 zum Stichwort Unterrichtsforschung genannt sind. Das würde auf 10 Jahre umgerechnet 38 Titel bedeuten, das heißt, es würden in den 90er Jahren weniger als die Hälfte von empirischen Beiträgen zur Unterrichtsforschung zuzuordnen sein als in den 80er Jahren.

Aus der Bibliographie der Beiträge zur *Lernforschung* (insgesamt lagen in der CD-ROM PSYNDEX 80 Titel vor) gibt es 3 Titel zur Verknüpfung der Schlagwörter *Lernforschung and quantitat** (hier sind inbesondere zu erwähnen die Publikation von Olechowski & Khan-Svik 1995 und von Schnotz 1992). Zur Verknüpfung der Stichworte *Lernforschung and qualitat** werden 7 Publikationen genannt, von denen 3 bereits in der vorigen Recherche enthalten sind. Hier ist neben den oben genannten Veröffentlichungen die Publikation von Tergan (1989) zu erwähnen. Nach einer allgemeinen Diskussion über mentale Repräsentationen werden relevante psychologische Annahmen für die Entwicklung eines theorieorientierten Ansatzes qualitativer Wissensdiagnose erörtert. Es geht bei Symbolverarbeitungsmodellen und konnektionistischen Modellen um die Nützlichkeit für die Modellierung individuellen Wissens und als zentrale Grundlage der Entwicklung einer adäquaten Methodologie individueller Wissensdiagnose.

4.2.2 Zum Konzept der Lernstrategien

Bei der Anwendung empirischer Methoden in der Lernforschung kommt einer Reihe von Konstrukten eine wichtige Bedeutung zu. Hierzu zählen insbesondere die Lernstrategien.

Lernstrategien bilden seit längerer Zeit einen Schwerpunkt der fachdidaktischen und psychologischen Forschung. Einer älteren Auffassung zufolge wurden sie vorwiegend als technisch-praktische Hilfen zur zeitlichen und sachlichen Organisation (Strukturierung) von Lernprozessen begriffen. In den letzten Jahren zeichnet sich ein Wandel ab. So ist seit einiger Zeit ein wachsendes Interesse an einem vertieften Verständnis selbstgesteuerten, intentionalen Lernens festzustellen.

In diesem Sinne ist kompetentes, selbstgesteuertes Lernen als reflexiver Prozess zu verstehen, in dem der Lerner den interaktiven Zusammenhang von Lernaktivitäten, Lerngegenstand, spezifischer Zielsetzung und persönlichen Voraussetzungen hinsichtlich Wissen und Motiven aktiv steuert. Daraus lassen sich zentrale Merkmale aktiven Lernens ableiten: planvolle und adaptive Nutzung kognitiver, metakognitiver, motivationaler und verhaltensbezogener Strategien. Der erfahrene Lerner zeichnet sich durch proaktives Selektionsverhalten bei wenig strukturiertem Informationsmaterial aus. Eine seiner Hauptstärken bei der Informationsauswahl und -verarbeitung besteht in dem Bemühen um die Konstruktion von Sinn. Ein weiteres Merkmal ist die Selbstaufmerksamkeit: Der kompetente Lerner ist in der Lage, den eigenen Lernprozess zu beobachten und zu überwachen und sein Vorgehen bei auftretenden Schwierigkeiten zu korrigieren. Lernstrategien werden unter Berücksichtigung der individuellen motivationalen und wissensmäßigen Voraussetzungen und der spezifischen Aufgabenstrukturen flexibel eingesetzt, um den Wissenserwerb ökonomisch zu strukturieren. Mit der Entwicklung der Wissensbasis werden gleichzeitig Erwerb und Verfügbarkeit adaptiver Lernstrategien erleichtert. Dazu gehört auch das konditionale Wissen über die Angemessenheit der Verwendung einzelner Strategien. In jüngster Zeit wird außerdem als Merkmal kompetenten Lernens das Verantwortungsbewusstsein für den eigenen Lernprozess herausgestellt.

Häufig wird zwischen *Lernstrategie* und *Lernstil* unterschieden. *Lernstrategie* ist als kognitiv-handlungstheoretisches Paradigma zu verstehen, in welchem Strategien als Komponenten der informationsbasierten Handlungssteuerung aufgefasst werden. Hier handelt es sich um eine Kombination von Taktiken, die zusammen einen Plan zur Bewältigung eines bestimmten Problems ergeben. (vgl. Krapp 1993, S. 291-311).

Lernstile werden dagegen als generalisierte Merkmale oder Eigenschaften einer Person aufgefasst, hinter denen das Denkmodell der differentiellen Persönlichkeitspsychologie steht.

In Anlehnung an das kognitionspsychologische Konzept der Verarbeitungstiefe wird von Tiefenverarbeitungsstrategien und Oberflächenverarbeitungsstrategien gesprochen.

Im ersten Fall versucht der Lerner einen Sachverhalt in seiner tieferen Bedeutung zu begreifen, indem er ihn aus verschiedenen Perspektiven beleuchtet, Beziehungen zu anderen Wissensgebieten herstellt, Probleme identifiziert und selbstständig Problemlösungen ausfindig macht. Im Fall der Oberflächenverarbeitungsstrategien begnügt sich der Lerner mit dem Auswendiglernen des Prüfungsstoffes und dem Einprägen von Faktenwissen (vgl. Krapp 1993).

Neben den sogenannten "Oberflächenaspekten" der Lernstrategien (Maximierung der aktiven Lernzeit, Bereitstellung geeigneter Hilfsmittel, direkte Rückmeldung etc.) haben in besonderem Maße die kognitiven Verstehensprozesse und -strategien die Aufmerksamkeit auf sich gezogen. Mit ihrer Hilfe sucht der Lernende eine metakognitive Kontrolle über sein eigenes Lernen zu erlangen (Brown 1978, 1984; Weinert & Kluwe 1984; Hasselhorn & Körkel 1986). Die Frage nach dem, was sich konkret 'im' Schüler abspielt, wenn er lernt oder sich mit bestimmten Lerngegenständen konfrontiert sieht, hat auch mit dem letzten Denkverbot des Behaviorismus gebrochen und die Forschungsrichtung dahingehend bestimmt, die mentalen Modelle (Johnson-Laird 1991), propositionalen Netzwerke (Anderson 1985), kognitiven Schemata (Rumelhart & Norman 1981) etc. zu rekonstruieren, die dem Lernen zugrunde liegen und zu den entsprechenden guten oder weniger guten Lernleistungen führen. Es wird davon ausgegangen, dass die Analyse und Förderung von Lern- und Verstehensprozessen beide Aspekte berücksichtigen muss.

Lernstrategien sind teils implizite, teils explizite 'Methoden' oder auch mental repräsentierte 'Pläne', die für Lernen und Verstehen bedeutsame Handlungsschritte zusammenfassen (vgl. Finkbeiner 2000). Keine einheitliche Auffassung hat sich darüber herausgebildet, ob der Einsatz von Lernstrategien unbedingt vom Bewusstsein begleitet sein muss oder auch automatisch oder teilautomatisiert ablaufen kann (vgl. Mandl & Friedrich 1992). Im Unterschied zur Lerntechnik gilt die Lernstrategie als der hierarchiehöhere Prozess. In Übereinstimmung mit Weinstein & Mayer (1986) lassen sich Lernstrategien als innere und äußere Verhaltensweisen auffassen, mit denen der Lernende (mehr oder weniger bewusst) verschiedene Aspekte des eigenen Lernens wie Motivation, Aufmerksamkeit, Informationsauswahl usf. zu beeinflussen sucht (Über die Taxonomisierung von Lernstrategien: Dansereau, 1978, Weinstein & Mayer 1986; Thomas & Rohwer 1986; Mandl & Friedrich 1992; im Überblick: Lompscher 1993).

Bei Lompscher, der sich vor allem seit der Gründung des Vereins "Bildungsinnovation und individuelle Lernförderung" (Lompscher 1992, S. 110-111) bzw. seit der Einrichtung eines "Interdisziplinären Zentrums für Lern- und Lehrforschung der Universität Potsdam" (Lompscher 1994a) sehr intensiv mit der Analyse und Entwicklung von Lernstrategien befasst, werden Lernstrategien als mehr oder weniger komplexe, bewusst oder unbewusst eingesetzte Vorgehensweisen zur Erreichung von Lernzielen verstanden, die Sequenzen von Lernhandlungen unter dem Aspekt ihrer Verlaufsqualitäten kennzeichnen (vgl. Lompscher 1993). Kognitive, metakognitive, emotionale und Interessenskomponenten bilden dabei eine Einheit.

Eine aktuelle Klassifikation von Lernstrategienkonzepten mit den dazugehörigen Fragebogenverfahren findet sich bei *Baumert* (1993, S. 331-338).

Inventare/ Strategien	KSI[1] (Baumert, Heyn u. Köller)	SKILS[2] (Winteler u.a.)	MSLQ[3] (Pintrich u.a./ Nenniger)	GSSS[4] (Nolen u. Haladyna)	LASSI[5] (Weinstein u.a.)	ASI/PPSST/SPQ[6] (Entwistle u.a./Biggs)
Kognitive Strategien	Memorieren	Wiederholen	Rehearsal	Memorizing		Surface Approach (Reproducing)
	Elaboration - Konstruktion - Integration - Übertragung	Verbindungen herstellen Kritisches Denken	Elaboration Critical Thinking	Elaborating	Selecting Main Ideas Information Processing	Deep Approach (Meaning)
	Transformation	Hauptgedanken identifizieren Strukturieren	Organization	Transforming	Organizing Study Aids	
Metakognitive Strategien	Planung Überwachung Regulation	Metakognitive Strategien	Metacognitive Self-Regulation	Monitoring	Self-Testing	
Ressourcen- management		Interne Ressourcen - Anstrengung - Aufmerksamkeit - Zeit	Effort Management		Concentration	
	Zeitmanagement		Time Management		Time Management	
		Externe Ressourcen -Studienumgebung - Zusammenarbeit - Personale Hilfe - Sachliche Hilfe	Study Enviroment Peer Learning Help Seeking			Strategic Approach (Achieving)

1) Baumert, Heyn und Köller, Kieler Lernstrategien-Inventar, 1992.
2) Winteler, Schiefele, Krapp und Wild, Skalen zu Interesse und Lernstrategien im Studium, 1992.
3) Pintrich, Smith und McKeachie, Motivated Strategies for Learning Questionnaire, 1989; Nenniger, Motivated Learning Strategies Questionnaire, 1992.
4) Nolen und Haladyna, Goals and Strategies for Studying Science, 1990.
5) Weinstein, Zimmermann und Palmer, Learning and Study Strategies Inventory, 1988.
6) Entwistle und Waterston, Approaches to Studying Inventory, 1988; Entwistle, Pupils' Perceptions of Self, School and Teachers, 1990; Biggs, The Study Process Questionnaire, 1987.

Abbildung: *Klassifikation von Lernstrategiekonzepten* (Quelle: Baumert 1993, S. 333)

Hier wird betont (Baumert 1993, S. 331-338), dass die Forschung zu Lernstrategien auf zwei *theoretischen Ansätzen* beruht:

* **Modelle der Informationsverarbeitung** (hier werden Lernstrategien in ihrer funktionalen Bedeutung für den Informationsverarbeitungsprozess gesehen)
* **Phänomenologie des realen Lern-(Studien-)verhaltens** in Institutionen (kontextorientierte Arbeiten)

Im Rahmen theoretischer Traditionen hat der Informationsverarbeitungsansatz bei der Analyse der Lernstrategien größere Resonanz gefunden. Entsprechend dieser Modellannahmen werden drei große Gruppen von Strategien unterschieden:

(1) **kognitive Strategien** (Memorier-, Elaborations- und Transformationsstrategien)

(2) **metakognitive Strategien** (Überwachung und Regulation bei Planung und Auswahl der Strategien).

Elaborations-, Transformations- und metakognitive Strategien werden auch zusammengefasst **unter Tiefenverarbeitungsstrategien.**

Dieser Strategienklasse stehen **Wiederholungs- oder Oberflächenstrategien** gegenüber.

Die dritte große Gruppe von Strategien bilden die

(3) **Strategien des Ressourcenmanagements.** Sie gelten als Stützstrategien (Überwachung von Anstrengung und Aufmerksamkeit sowie planvolle Nutzung der Lernzeit sind internes Ressourcenmanagement; Ausgestaltungen der personalen und sächlichen Lernumwelten sind externes Ressourcenmmanagement).

Zu diesen Strategieklassifizierungen zählen drei verfügbare deutschsprachige Lernstrategieninventare als Übersetzungen oder Adaptionen des: *Motivated Strategies for Learning Questionnaire (MSLQ)*, der nach Baumert die differenzierteste Fragebogenform des IP-Ansatzes darstellt (Pintrich, Smith, Garcia & McKeachie 1991, Heyn, Baumert & Köller 1994, Nenninger 1992; Wild, Schiefele & Winteler 1992).

4.2.3 Zu Verfahren der Erfassung von Lernstrategien

Da in dieser Forschungsarbeit die Frage, wie sich Lernprozesse, insbesondere Lernstrategien, angemessen erfassen lassen, im Mittelpunkt steht, soll im folgenden auf Verfahren der Erfassung von Lernstrategien eingegangen werden. In Veröffentlichungen zur Erfassung von Lernstrategien und Verstehensprozessen in den neunziger Jahren (vgl. Wicher 1991; Lehtinen 1992; Baumert 1993; Krapp 1993; Wild, & Schiefele 1993) wird nicht ausdrücklich die Frage nach der Verwendung der Forschungsmethode(n) diskutiert (außer bei der Entwicklung von Erhebungsverfahren selbst). Folgende Beiträge, die sich mit der Analyse von Lernstrategien befassen, seien aus dem Bereich der Erziehungswissenschaften beispielhaft angeführt:

Bei *Krapp* (1993) werden "Verfahrensweisen zur Messung oder Diagnose von Lernstrategien" mit Forschungsgebieten der empirischen Pädagogik (Krapp 1993, S. 295) verknüpft.

Im Einzelnen unterscheidet er folgende Verfahrensweisen:

- "Theoriegeleitete Interviews über die Bewältigung spezifischer Lernaufgaben" (ebd., S. 297),
- "Schriftliche Befragung im Anschluss an reale Lernsituationen" (ebd.),
- "Befragungen über Lernverhalten im Unterricht" (ebd.),
- "Deskriptive und explanative/funktionale Analysen" (ebd.),
- "Untersuchungen über die Bedeutung von Lernstrategien für den Lernerfolg" (ebd.),
- "Untersuchungen zur Realisierung von Lernstrategien" (ebd.) und
- "Untersuchungen zur Entwicklung und Förderung von Lernstrategien" (ebd.).

Er spricht in dem Zusammenhang von Schwierigkeiten bei der Erforschung der genauen Wirkungsweise von Lernstrategien und ihrer Abhängigkeit von anderen Bedingungsfaktoren des Lernens. Diese Schwierigkeiten haben ihre Ursachen zum einen darin, dass viele Bereiche hierzu wenig erforscht sind und dass die Forschung sich häufig auf zwei gegensätzlichen Polen bewegt. Einige Ansätze stehen in der Tradition kognitions- und gedächtnispsychologischer Forschung. Auf der anderen Seite stehen Survey- und Korrelationsstudien, die die Bedingungen des Lernens auf der Ebene dispositionaler Faktoren (allgemeine Präferenzen, Gewohnheiten, Stile, Orientierungen) festlegen. Bei dieser Art von Forschung erhält man nur Anhaltspunkte für durchschnittliche Relationen in der untersuchten Population.

Bei Wild & Schiefele (1993) werden bei der Erfassung von Lernstrategien, Lernstilen und Lernorientierungen Verfahren genannt, die auf qualitative bzw. quantitative Vorgehensweisen zurückzuführen sind. Sie unterscheiden bei ihrer Darstellung der Entwicklung von Lernstrategienfragebögen zwischen

- *induktiv* konstruierten Verfahren (auf der Grundlage von qualitativen Analysen von Interviews mit Schülern) und
- *deduktiven* Verfahren, die von kognitionspsychologischen Modellen des Lernprozesses sowie verschiedenen Motivationstheorien ausgehen.

Induktive Verfahren haben ihren Ausgangspunkt in qualitativen Analysen auf der Basis von Interviews mit Schülern und Studenten. Diese Analysen führen zur Spezifizierung relativ globaler kognitiver und motivationaler Kategorien des Lernverhaltens. Bei den *deduktiven Verfahren* wird dagegen von kognitionspsychologischen Lernmodellen und Motivationsansätzen ausgegangen. Auf der Grundlage dieser Verfahren wird eine relativ große Zahl spezifischer Lernstrategien und motivationaler Merkmale postuliert.

Zu beiden Verfahren wäre Kritik zu äußern. Die induktiven Fragebögen reflektieren in größerem Ausmaß den realen Lernkontext und das tatsächliche Lernverhalten, sie beziehen sich jedoch kaum auf vorhandene Theorien des Lernprozesses und der Lernmotivation.

Die deduktiven Fragebögen wurden wohl mehr oder weniger stringent aus empirisch gestützten Modellen abgeleitet, sie lassen jedoch offen, in welchem Ausmaß die von ihnen erfassten Konstrukte für das reale Lernen in der Schule relevant sind (siehe Kapitel 5.).

Zu den **induktiv gewonnen Fragebögen** zählen die von Biggs (1978) und Entwistle (1988) entwickelten Fragebögen:

Der *Study Process Questionaire* (SPQ) von Biggs entstand unter der Absicht, solche Prozessvariablen des Lernens zu identifizieren, die zur Erklärung qualitativ unterschiedlicher Lernleistungen herangezogen werden können. Er geht von der Annahme aus, dass Lernende über relativ stabile Kombinationen von Lernmotiven und Lernstrategien verfügen. Der SPQ besitzt eine hierarchische dimensionale Struktur aus sechs Faktoren erster Ordnung (Motiv- und Lernstrategiefaktoren) und drei Faktoren zweiter Ordnung.

Das Ziel der Studien von Entwistle (1988) war die Analyse und Identifizierung typischer motivationaler und kognitiver Orientierungen von Studierenden und deren Zusammenhänge zu ihren Studienleistungen. Aufgrund von qualitativen Studien kam es zur Unterscheidung eines "Deep Approach" (Tiefenlernen) und eines "Surface Approach" (Oberflächenlernen). Mit der Entwicklung des *Approaches To Studying Inventory* (*ASI*) sollten diese qualitativ gewonnenen Skalen auch in größeren Stichproben erfasst werden. Der *ASI* besteht aus 16 Subskalen, die drei Lernorientierungen und einem Lernstilfaktor zugeordnet werden.

Die *Lernorientierungen* heißen:

- *Bedeutungs-Orientierung* (*'Meaning'* - diese Subskala setzt sich aus intrinsischer Lernmotivation, zwei Lernstrategienskalen und einer Skala zum Tiefenlernen zusammen; die Lernstrategien sind 'relating ideas' und 'use of evidence')
- *Reproduktions-Orientierung* (*'Reproducing'* - zwei Motivationsskalen: extrinsische Lernmotivation und Furcht vor Misserfolg und zwei Strategienskalen: Oberflächenlernen (auswendig lernen) und Skala 'Syllabus-Boundness' (Lehrplanabhängigkeit)
- *Leistungs-Orientierung* ('Achieving' - sie umfasst habituelle Leistungsmotivation, Study Methods, eine Skala zu negativen Einstellungen bezüglich des Studiums und die Skala 'Strategic Approach': Strategisches Lernen)

Neben diesen Lernorientierungen gibt es noch zwei **Lernstilskalen**:

- *'Comprehension Learning'* (Verständnislernen - es werden viele eigene Ideen und Gedanken produziert, die nicht mit dem Inhalt zusammenhängen müssen)

- *'Operation Learning'* (Detaillernen - ein Lernstil, bei dem man analytisch, logisch oder einem bestimmten Schema folgend an den Lernstoff herangeht)

In neueren Untersuchungen haben sich nur die Bedeutungs- und Reproduktions-Orientierung als replizierbare Faktoren erwiesen.

Zu den **deduktiv gewonnenen Fragebögen** zählen das

- *Learning and Study Strategies Inventory (LASSI)* von Weinstein (1986, 1987, 1988)
- *Motivated Strategies for Learning Questionnaire (MLSQ)* von Pintrich et al. 1991).

Beiden Fragebögen liegt ein *Informationsverarbeitungsmodell* des Lernprozesses zugrunde (vgl. Graphik von Hilgard & Bower). Die vier Hauptkomponenten des Lernprozesses, die von Lernstrategien beeinflusst werden, sind:

- *Selektion* - dies bezeichnet die Steuerung der Aufmerksamkeit gegenüber bestimmten Informationen und die Übertragung dieser Informationen in das Arbeitsgedächtnis.
- *Konstruktion* - hier werden Beziehungen zwischen den einzelnen Informationseinheiten im Arbeitsgedächtnis hergestellt.
- *Erwerb* - die Erwerbsphase betrifft die Übertragung der Information vom Arbeits- ins Langzeitgedächtnis.
- *Integration* - sie bezeichnet die Verbindung zwischen der aufgenommenen Information und dem Vorwissen einer Person.

Weinstein und Mayer (1986) unterscheiden fünf Gruppen von Lernstrategien, die vor allem für die qualitative Analyse der offenen Lernstrategienerhebung von großer Bedeutung sind:

- *Wiederholung:* die Wiederholungsstrategien dienen vor allem dem Einprägen neuer Informationen.
- *Elaborationsstrategien:* damit werden Verbindungen zwischen dem neuen Wissen und dem Vorwissen des Lerners hergestellt, eine Art 'Anreicherung' von Information.
- *Organisationsstrategien:* hier werden wichtige Informationen selektiert, der Lernstoff strukturiert und Verbindungen zwischen den verschiedenen Teilen des Lernstoffs hergestellt (Zusammenfassungen, Unterstreichungen, Gliederungen).
- *Metakognition*: Metakognitive Strategien dienen der übergeordneten Steuerung des Lernprozesses: Planung (Ziele setzen, Formulierung von Lernfragen und Feststellen der Aufgabenanforderungen), Überwachung (Kontrolle des eigenen Lernvorganges) und Regulation (ist auf die Überwachung angewiesen, alle jene Aktivitäten, die die aktuelle Lerntätigkeit den Aufgabenanforderungen anpassen).
- *Ressourcen-Management*: es werden Ressourcen bereitgestellt, die direkt den Lernprozess beeinflussen: Gestaltung der Lernumgebung, gemeinsames Lernen, Hilfe suchen bei anderen, Problemlösen mittels Verwendung zusätz-

licher Literatur, Anstrengungs-Einsatz für kognitive und metakognitive Strategien und effektive Zeitplanung.

In dem diesem Lernstrategienkonzept zugeordneten Fragebogen **LASSI** *(Learning and Study Strategies Inventory)* sind neben den Lernstrategien auch Skalen zu affektiven Lernmerkmalen enthalten. Zur Erstellung des Itempools wurden auch andere Fragebögen zum Lernverhalten herangezogen. Der LASSI besteht aus 10 Skalen, wovon sich sieben auf Lernaktivitäten und drei Skalen auf affektive Lernermerkmale (Prüfungsangst, Einstellung zur Schule und Lern- und Arbeitsmotivation) beziehen. Sechs der sieben kognitiven Skalen erfassen Lernstrategien i.e.s., die verbleibende Skala beinhaltet prüfungsbezogene Strategien. Die Lernstrategieskalen sind im Einzelnen:

*   *Selecting the main Idea*
*   *Informationsverarbeitung* (Bildung von Analogien, Verknüpfung des neuen Stoffs mit bereits bekanntem)
*   *Self-Testing* (Selbstbefragen)
*   *Konzentration, Aufmerksamkeit effektiv steuern*
*   *Studienhilfen* (Anwendung von Lernhilfen)
*   *Zeitplanung* (Umgang mit der Lernzeit)

Wiederholungsstrategien sind im LASSI explizit nicht enthalten.

Der **MSLQ** von Pintrich et al. (1991) geht weit über den LASSI hinaus und basiert auf Expertenurteilen.

Es werden folgende *motivationalen Lernermerkmale* spezifiziert:

*   *instrinsische* und *extrinsische Zielorientierung*
*   *Aufgabenvalenz*
*   *Kontrollüberzeugungen*
*   *Selbstwirksamkeit*
*   *Erfolgserwartung*

Die *kognitiven Skalen* gliedern sich in

*   *kognitive Strategien*: Wiederholungsstrategien, Elaborationsstrategien und Organisationsstrategien
*   *metakognitive Strategien*: Planung, Überwachung und Regulation
*   *Ressourcebezogene Strategien*: Zeitplanung und Lernortgestaltung, Anstrengungsmanagement und Lernen mit anderen und Hilfesuchen

Dieser Lernstrategienansatz ist vor allem in dem KSI (Kieler Strategien Inventar; siehe Anhang Nr. I.) realisiert und angewandt worden.

Im Folgenden soll auf das Verhältnis qualitativer und quantitativer Analysen von Lernstrategien näher eingegangen werden.

4.2.4 Qualitative und quantitative Analyse von Lernstrategien

In Arbeiten zur Lernforschung (vgl. Grob, Rhöneck, Schnaitmann & Völker, 1993; Nold, 1992b, 1993; Nold & Schnaitmann, 1994; 1995, 1996, 1997; Finkbeiner 1995b, 1996c, 1997a, 2001a) wurden neben empirisch-quantitativen, multivariaten Analyseverfahren wie beispielsweise Korrelationsanalysen zwischen Lernstrategienklassen, den Leistungsvariablen aus verschiedenen Fächern, dem Fähigkeitsselbstkonzept in den einzelnen Fächern, Motiven, Interessen und sozialen Einstellungen, Regressionsanalysen, LISREL-Analysen etc. auch qualitative, interpretative, einzelfallbezogene Vorgehensweisen angewandt. Dabei liegen aus diversen Forschungsprojekten (Mayring 1993a und 1993c) konkrete Erfahrungen zu offenen fallintensiven Interviews und auch zur Tagebuchmethode vor (Mayring & König 1993; Schneider, Dobler & Mayring 1993). Bei diesen Studien lag gerade auch ein Schwerpunkt in der Verbindung qualitativer und quantitativer Analyseansätze. Methodische Vorarbeiten zur Auswertung des offenen Materials liegen in der Entwicklung von Techniken qualitativer Inhaltsanalyse mit darauf bezogenen Computerauswertungsprogrammen (Mayring 1993b) vor.

Auch bei einer hochstandardisierten Interviewerhebung und der Analyse offener Befragungen an einer großen Stichprobe ist es besonders wichtig, Zusatzmaterial zur Validierung, Vertiefung und Ergebnisinterpretation durch eine offene, qualitativ orientierte Erhebung zu gewinnen. So wird vor allem eine Feinanalyse der ablaufenden Prozesse möglich. Für diesen letzten Aspekt kamen in einem fachdidaktischen Unterrichtsforschungsprojekt (vgl. Kapitel 7.4) Tagebuchmethoden zur Anwendung und Auswertung. Bisher wurden die Lerntagebücher der Schüler weniger als Datenerhebungsinstrument eingesetzt, sie sollten vielmehr die Umsetzung der Lernstrategien in die Praxis begleiten. Sie enthielten Vorgaben (Strategiebeschreibungen), allgemeine Fragen zur abgelaufenen Stunde (Worum ging es in der Stunde? Was solltest Du lernen? Welche Probleme sind Dir dabei aufgefallen?) oder zur Hausarbeit.

Diese Verfahren der Tagebuchmethoden stellen ein zentrales Mittel der Interventionsvertiefung und -kontrolle dar.

Die Tagebücher wurden zusammen mit den offenen schriftlichen und mündlichen Befragungen zu den Lernstrategien als qualitativ orientierte zusätzliche Datenerhebung eingesetzt. Dies diente der Validierung und Vertiefung der quantitativen Daten.

Aus den offenen Befragungen zu Lernstrategien in den einzelnen Fächern (Deutsch, Englisch, Mathematik und Physik) wurden induktive Antwortkategorien entwickelt. Schrittweise wurden solche Kategorien entworfen und überarbeitet.

Die Auswertung erfolgte, nach Transkription, mit inhaltsanalytischen Mitteln (z.B. mit TEXTPACK PC, vgl. Zuell, Mohler & Geis 1991) und mit dem ATLAS/TI-Programm (vgl. Muhr, 1993). Aus den offenen Antworten wurden schrittweise induktiv Kategorien formuliert. Bei jedem neuen Material wurde geprüft, ob bisher vorgegebene Kategorien passen oder neu gebildet werden müssen. Nach ca. 25 Prozent des Materials wurden die Kategorien insgesamt auf ihre Stringenz, Logik, Angemessenheit überarbeitet, und mit diesen neuen Kategorien wurde dann nochmals begonnen. In dem endgültigen Durchgang können nur noch neue Kategorien formuliert werden. Bei Veränderungen müssen die alten Kategorien ebenfalls verändert werden.

Obwohl bereits jetzt schon viele Möglichkeiten in den Lerntagebüchern stecken, soll ein intensiveres, mehr auf Prozesse bezogenes Vorgehen empfohlen werden, jedoch nur bei einer begrenzten Anzahl von Schülern. Hierzu sollen Schüler ausgewählt werden, die sich als typisch für die Stichprobe oder als Extremfälle (Schüler mit hohen vs. Schüler mit niedrigen Strategiesummenwerten) erweisen (vgl. Mayring 1993a, 97-99).

Es wäre verfehlt zu glauben, mit den Lern- und Verstehensstrategien allein ein Patentrezept gefunden zu haben, die Leistung beliebig zu steigern. Aber das Training der Strategien eröffnet eine gute Chance, den Prozess der Wissensaneignung zu verbessern und zu steigern. Es hat darüber hinaus den Vorteil, die psychologisch-wissenschaftliche mit der didaktischen Seite zu verbinden (vgl. hierzu auch das Kapitel 6). Mittels der Einübung von Strategien können die Lernwege identifiziert werden, die Schüler gehen, wenn sie eine Aufgabe lösen; sie bietet auch die Möglichkeit, Lern- und Verstehensprozesse erfolgreich zu fördern. Die methodisch eingesetzten Interventionen werden damit sowohl als Instrumente der Forschung als auch als Wege zur Verbesserung der Lernleistungen betrachtet.

Klauer (1988) nennt fünf Gruppen von Faktoren, die Einfluss auf die Höhe der Lernleistung nehmen, von denen die Lernstrategien nur einen Faktor darstellen. Die Schwierigkeiten bestehen seiner Auffassung nach darin, dass die Faktorengruppen nicht unabhängig voneinander zu betrachten sind und die Verhältnisse zwischen ihnen nicht endgültig bestimmt werden können.

Neben dem *Vorwissen/Wissen*, das den größten Einfluss auf den Lernerfolg hat, nennt Klauer die *intellektuellen Fähigkeiten*, die *Umgebungskomponenten*, die *motivationalen Faktoren* und eben die *Lernstrategien*. Einige dieser Faktoren stehen im Verhältnis wechselseitiger Kompensation. So kann beispielsweise ein geeigneter Unterricht Lücken im Vorwissen teilweise wettmachen (vgl. Snow 1977; Snow et al. 1980). Anhand dieses konzeptuellen Rahmens wird ersichtlich, wo im Bereich der Lernforschung die Forschung angesiedelt ist: Schwerpunkte sind Lernstrategien und domänspezifische Wissensstrukturen.

In einer neueren Veröffentlichung von Wild, Schiefele & Winteler (1992) wird die Selbststeuerung der Lernprozesse durch den Lernenden im Rahmen von Modellen des selbstregulativen Lernens betont. Häufig wird, insbesondere in kognitionspsychologischen Konzeptionen, selbstregulatives Lernen und der Einsatz von Lernstrategien gleichgesetzt. 'Selbstregulatives Lernen' wird in diesem Zusammenhang als eine Sammlung von Lernstrategien definiert, das ein

Schüler nutzen kann, um effektiv und flexibel die Anforderungen einer Lernaufgabe zu bewältigen (vgl. Corno 1989; Pintrich et al 1991). Bei der Frage nach der für die Analyse von Lernprozessen angemessenen Forschungsmethode kommt dem Konzept der subjektiven Theorien eine wichtige Bedeutung zu. Dieser Zusammenhang zwischen subjektiven Theorien und der Lernforschung soll im folgenden Teilkapitel näher erläutert werden.

4.3 Zum Konzept der subjektiven Lerntheorien und ihrer Bedeutung für die Lernforschung

4.3.1 Diskussion und Kritik an den bisher dargestellten Verfahren der Analyse von Lernprozessen

Es geht in aktuellen Arbeiten der Lernforschung häufig um die Frage, wie Lernprozesse gestaltet sein sollten, um Lernen motivational und prozessual zu erleichtern. Dabei ist festzustellen, dass in der Mehrzahl der Arbeiten zum *self-regulated learning* Lernprozesse im tertiären Bildungsbereich untersucht werden. Zur Analyse des autonomen, selbstregulierten Lernens in der Schule finden sich bislang wenig Forschungsarbeiten.

Selbstgesteuertes Lernen, das den Lernenden auch die Verantwortung für Stoffauswahl und Aufrechterhaltung der Lernmotivation überlässt, setzt vieles voraus, und der Erwerb der Lernexpertise ist entsprechend langwierig. Viele Schulen haben sich die Vermittlung der Fähigkeiten zum autonomen Lernen bei ihren Schülerinnen und Schülern im Rahmen von Schulreform, Schulentwicklung und Schulprogrammen zur Aufgabe gemacht.

Als Modellvorstellung hat sich mittlerweile die Vorstellung des *kompetenten Lernens - expert learning* - als reflexiver Prozess herauskristallisiert, in dem die Lernenden den aktiven Zusammenhang von Lernaktivitäten, Gegenstand, spezifischer Zielsetzung und persönlichen Voraussetzungen hinsichtlich kognitiver Fähigkeiten, Wissen und Motiven aktiv steuert. Die zentralen Merkmale des kompetenten Lernens sind die planvolle und adaptive Nutzung kognitiver, metakognitiver, motivationaler und verhaltensbezogener Strategien.

Die kompetenten Lerner und Lernerinnen sind also in der Lage, den eigenen Lernprozess zu beobachten und zu überwachen und ihr Vorgehen bei auftretenden Schwierigkeiten zu korrigieren. Dabei werden individuelle motivationale und wissensmäßige Voraussetzungen zusammen mit den spezifischen fachlichen Aufgaben und ihren Strukturen berücksichtigt. Hierzu werden Lernstrategien flexibel eingesetzt, um den Wissenserwerb ökonomisch zu strukturieren. Gleichzeitig wird mit der Entwicklung der Wissensbasis der Erwerb und die Verfügbarkeit adaptiver Lernstrategien erleichtert. Außerdem zählt auch das

Wissen über die Angemessenheit der Verwendung der Strategien und das Verantwortungsbewusstsein für den eigenen Lernprozess.

Ein solches Modell kompetenten Lernens soll im Folgenden der theoretische Hintergrund für die Analyse des Zusammenhangs von kognitiven Fähigkeiten, motivationaler Orientierung, sozialen Einstellungen und Nutzung von Lernstrategien im Kontext von schulischen Leistungen in verschiedenen Fächern bilden. Im schulischen Lernen gehen (vgl. Baumert 1993; Grob et al. 1994; Nold & Schnaitmann 1994; Finkbeiner 1997a, 2001a) kognitive, motivationale, soziale und volitionale Prozesse eine enge Verbindung ein. Es hat sich als sinnvoll herausgestellt, diese Prozesse zumindest analytisch zu trennen, um im Rahmen nichtrekursiver Modellvorstellungen nach möglichen pädagogischen Interventionsansätzen zu suchen.

Dementsprechend werden in diesem Zusammenhang *multivariate methodische Verfahren* angewandt, um die Vielzahl von erfassten Merkmalen auf eine überschaubare Zahl von grundlegenden Dimensionen zu reduzieren.

Dazu zählen Varianten der *multiplen Regressionsanalyse,* die auf beobachteten Merkmalen basieren und gerade in der schulischen Erziehungs- und Lernstrategienforschung sehr verbreitet sind.

Zum anderen werden *Strukturgleichungsmodelle* mit latenten Variablen angewandt, die eine Verknüpfung des faktoren- und regressionsanalytischen Ansatzes darstellen.

Bei den meisten der hier diskutierten (quantitativen) Analysen zu Lernstrategien werden standardisierte Fragebogenverfahren (vgl. *Study Process Questionaire* (SPQ) von Biggs 1978; *Approaches To Studying Inventory* (ASI) von Entwistle 1988; *Learning and Study Strategies Inventory (LASSI)* von Weinstein 1986, 1987, 1988; und der *Motivated Strategies for Learning Questionnaire (MLSQ)* von Pintrich et al.1991) eingesetzt, die mit einigen Problemen behaftet sind. Diese seien hier stichwortartig aufgezählt:

- Die Skalen sind wegen ihrer Generalität meist wenig an alltäglichen Lernprozessen eines bestimmten Unterrichtsfaches orientiert. Es wird in den Fragebögen von allgemeinen Lernstrategien ausgegangen, die über alle Fächer und alle Lernsituationen hinweg gelten. Wie die Schüler tatsächlich lernen, was ihnen beim Lernen in der Schule und zuhause 'alles durch den Kopf geht', bleibt durch diese Quantifizierungen völlig unberücksichtigt. Viele Schüler haben sicherlich solche allgemeinen Überlegungen nur selten vollzogen. Viele der Items fordern von den Schülern Generalisierungen über das eigene Lernverhalten. Das können sie von der Sache und vom Alter her kaum leisten.

- Häufig werden in der Schule Lernprozesse durch den Lehrer oder durch das Schulbuch zu einem großen Teil vorstrukturiert. So werden in den Fragebögen nicht Lernstrategien der Schüler, sondern didaktische Maßnahmen der Lehrer bzw. der Schulbücher erfasst.

- Auch die soziale Erwünschtheit spielt eine große Rolle. Die Schüler beantworten Fragebögen meist so, wie sie es vom Schulalltag gewohnt sind, vor allem, wenn sie im Unterricht, in der Schulklasse ausgefüllt werden. Sie überlegen, was die richtige, die gewünschte Antwort sein könnte, und versuchen so, ein gutes Ergebnis zu erreichen. Bei Items wie "Wenn ich ein Thema durcharbeite, versuche ich, den Stoff logisch zu ordnen und verständlich zu machen" (LASSI-Item 25) wird kaum ein Schüler mit "Trifft nie oder selten zu" antworten.

- Durch die Datenreduktion (z.B. bei Faktoren- und Regressionsanalysen) wird die Kontextabhängigkeit des Lernens bei den einzelnen Schülern in einer konkreten Lernsituation völlig vernachlässigt. Es wird in den Fragebögen meist nicht darauf Bezug genommen, was in der Schule täglich geschieht, wie Lehrer und Eltern den Lernprozess beeinflussen, wie Lernende mit Gefühlen und Gedanken verbunden sind und welche außerschulischen Erfahrungen Schüler mit den jeweiligen Lerngegenständen haben. "Muss man nicht vielmehr annehmen, dass kompetente Lerner ihre Anstrengungen und Arbeitstechniken sorgfältig der jeweiligen Lernsituation anpassen?" (Krapp 1993, S. 296).

Aus diesen Gründen wird immer häufiger gefordert, näher an das konkrete, fachspezifische Lerngeschehen, vor allem auch an die subjektiven Lernkonzepte der Schüler heranzukommen.

Inzwischen nehmen in der Lernforschung empirisch-qualitative Verfahren einen zunehmend bedeutenden Schwerpunkt ein. Sie werden u.a. bei der qualitativen Analyse subjektiver Lernkonzepte von Schülern eingesetzt. Subjektive Lernkonzepte beruhen auf der Grundlage der *Subjektiven Theorien.*

Zum Thema *Subjektive Theorien* gibt es eine relativ umfangreiche Bibliographie von 1993 (Zentralstelle für Psychologische Information und Dokumentation (ZPID), 1993). Hier findet sich ein Vielzahl von Publikationen zu Subjektiven Theorien (methodische, entwicklungspsychologische Aspekte, Theorien von Eltern, Lehrern, Schülern und Publikationen aus dem medizinischen, psychotherapeutischen Bereich und zu Arbeit und Freizeit).

Zu dem hier relevanten Bereich subjektiver Lerntheorien von Schülern gibt es jedoch kaum Publikationen oder sie liegen zehn und mehr Jahre zurück (vgl. Arbeitsgruppe Schulforschung: Leistung und Versagen. Alltagstheorien von Schülern und Lehrern. München 1980).

Die meisten Veröffentlichungen zu subjektiven Theorien aus dem Bereich Schule befassen sich mit (den subjektiven) Theorien (Alltagstheorien, naive Verhaltenstheorien, implizite Persönlichkeitstheorien, implizite Unterrichtstheorien, Lehrerkognition, Alltagspsychologie) der Lehrer (vgl. Dann 1989; Dann & Humpert 1987; Koch-Priewe 1986).

Das folgende Kapitel stellt den Versuch dar, das Konzept der Subjektiven Theorien auf subjektive Lerntheorien von Schülerinnen und Schülern zu übertragen und bei der Analyse von Lernprozessen anzuwenden.

4.3.2 Theoretische Grundlegung subjektiver Lerntheorien

Bei der Analyse subjektiver Lernkonzepte von Schülern bildet das Konzept **Subjektive Theorien** eine wichtige theoretische Fundierung. Dies ist für die empirische Lernforschung vor allem deshalb besonders bedeutsam, weil behauptet wird, "mit den Subjektiven Theorien sei ein Schlüssel zur Praxis gefunden; dadurch sei eine besondere Verknüpfung von theoretisch-empirischer Forschung mit pädagogisch-psychologischer Praxis möglich" (Dann 1994, S. 164). Auch die hier zu diskutierende Forschungsarbeit legt wie viele andere größere Projekte, die in den letzten Jahren im deutschsprachigen Raum seit der 'Naiven Verhaltenstheorie' von *Laucken* (1974) in diesem Bereich entstanden sind, besonderen Wert einen Beitrag für die Praxis zu leisten.

Das Konzept Subjektiver Theorien sei hier kurz erläutert.

Es wird davon ausgegangen, dass auch der Alltagsmensch auf der Basis von (Subjektiven) Theorien handelt. Er besitzt über seine Umwelt und sich selbst mehr oder minder differenzierte Konzeptsysteme.

Man kann nun unter formalen Gesichtspunkten nicht alle Wissensformen als Subjektive Theorien bezeichnen. In Anlehnung an *Dann* (1983, 1990) werden folgende Definitionsmerkmale als wichtige Bestandteile des - noch vorläufigen - Erkenntnisinteresses der Lernkonzeptforschung festgehalten:

*   **Subjektive Theorien** werden als **relativ stabile kognitive Strukturen (mentale Repräsentationen)** aufgefasst, die durch Erfahrung veränderbar sind. Sie sind damit abgegrenzt gegen momentane, bewusste Kognitionen (wie sie beispielsweise in Lernstrategiefragebögen erfasst werden), die allenfalls aktuelle Manifestationen oder Vergegenwärtigungen Subjektiver Theorien wie auch anderer Wissensbestände sein können.

Auch Norbert Groeben (1988, S. 17f.) grenzt den Begriff Subjektive Theorie vom Konstrukt der Kognition ab, indem er Kognitionen als vergleichsweise einfache Phänomene (z.B. Begriffe, Konzepte, semantisches Gedächtnis, Metakognitionen) und Subjektive Theorien als "komplexere Aggregate von Konzepten bezeichnet, deren Struktur und Funktion in Parallelität zu wissenschaftlichen Theorien konzipiert bzw. postuliert werden" (ebd., S.18).

*   **Subjektive Theorien** sind **teilweise implizit** (z.B. nicht-bewusstseinsfähige oder unreflektierte Überzeugungen und Selbstverständlichkeiten) und **teilweise dem Bewusstsein des Handelnden zugänglich.**

Berichte oder schriftliche Fixierungen darüber sind unter spezifischen Bedingungen möglich, vor allem wenn sich eine Subjektive Theorie auf hinreichend bedeutsame und häufige Ereignisse bezieht. Eine weitere Bedingung der Selbstreflexion über Subjektive Theorien (dies gilt auch für die Reflexion über subjektive Lernkonzepte) besteht darin, dass ihre Aktivierung im Rahmen zielgerichteten Handelns nicht zu lange zurückliegt und geeignete Explizierungshilfen angeboten werden. Diese Bedingungen wurden in den qualitativen Einzelfallanalysen durch die Methode des Nachträglichen Lauten Denkens unmittelbar nach der Lösung einer Mathematikaufgabe erfüllt.

• **Subjektive Theorien** erfüllen als **komplexes Aggregat mit impliziter Argumentationsstruktur** (z.b. Wenn-dann-Beziehungen) die zu objektiven (wissenschaftlichen) Theorien parallelen Funktionen der Erklärung, Prognose und Technologie.

Sie besitzen damit ähnliche strukturelle Eigenschaften wie wissenschaftliche Theorien. Damit sind Subjektive Theorien gegen Einzelkognitionen oder isolierte Wissenselemente zumindest akzentuierend abgegrenzt.

• Die zu **wissenschaftlichen Theorien analogen Funktionen** der **Subjektiven Theorien** sind:
- die *Situationsdefinition im Sinne einer Realitätskonstituierung*
- die *nachträgliche Erklärung* (und oft die Rechtfertigung) eingetretener Ereignisse
- die *Vorhersage und die Erwartung künftiger Ereignisse* (Prognose)
- die *Generierung von Handlungsentwürfen oder Handlungsempfehlungen* zur Herbeiführung oder zur Vermeidung unerwünschter Ereignisse

• Den **Subjektiven Theorien** kommt über die Funktionen wissenschaftlicher Theorien hinaus eine **handlungsleitende** oder **handlungssteuernde Funktion** zu.

Zusammen mit anderen (z.B. emotionalen, motivationalen) Faktoren beeinflussen sie das beobachtbare Verhalten im Rahmen zielgerichteten Handelns.

Bei der Analyse subjektiver Lerntheorien geht es ganz zentral um die Frage nach dem angemessenen methodischen Vorgehen, im vorliegenden Fall um die Rekonstruierbarkeit von (subjektiven) Lernkonzepten.

Wie sollen also in diesem Zusammenhang die für den Lernprozess spezifischen Merkmale, die der Beobachtung nicht direkt zugänglich sind, erfasst werden? Es sind zumindest zwei Wege (die zum Teil auch schon beschritten wurden) denkbar:

1. Der Forscher erschließt die Subjektiven Theorien des Erkenntnis-Objekts aus **Beobachtungsdaten** (z.B. **Fragebögen, Lautes Denken**) oder

2. Das Erkenntnis-Objekt berichtet dem Forscher über seine **Selbstinterpraation** in Form von **subjektiv-theoretischen Vorstellungen** und **Überzeugungen**.

Dies geschieht insbesondere im Dialog-Konsens (vgl. Groeben 1988, S. 22ff.). Diese Methode wurde in den durchgeführten Interviews angewandt.

Wenn es gelingt, bei der Erhebung von Subjektiven Theorien nicht gegen die programmatischen Forderungen zu verstoßen und entsprechend bei der dialogischen Rekonstruktion das Erkenntnis-Objekt in seiner Reflexivität und Rationalität sowie in seiner Sprachfähigkeit nicht zu beeinträchtigen, wird auf diese Weise durch den Dialog-Konsens die Rekonstruktionsangemessenheit geprüft und ein deskriptives Konstrukt, nämlich das subjektive Lernkonzept, aufgestellt, das nicht in erster Linie auf Außenbeobachtung und/oder Interpretation des Forschers beruht.

Es ist dann vielmehr gelungen, ein theoretisches Konstrukt zu erhalten, dessen Beschreibung und Qualität auf der Innensicht eines Erkenntnis-Objekts basiert und somit auch dessen Sinnbezüge und Intentionen einschließt. Die Überprüfung der Rekonstruktionsadäquanz der so gewonnenen subjektiven Lernkonzepte durch den Dialog-Konsens zwischen Forscher und Erforschtem ist zu verstehen als "kommunikative Validierung" (Groeben 1988, S. 27).

Nach *Groeben* handelt es sich bei solcherart rekonstruierten Subjektiven Theorien "um eine (rekonstruierend-verstehende) Beschreibung der Subjektiven Theorien des Erkenntnis-Objekts, der dieses als adäquate Formulierung seiner Innensicht zustimmen kann und die zugleich als wissenschaftssprachliche Fassung des deskriptiven Konstrukts 'Subjektive Theorie' für das Erkenntnis-Subjekt akzeptabel und brauchbar ist" (Groeben 1988, S. 28).

4.3.3 Zu den Forschungsanliegen und Forschungsverfahren bei der Erforschung von Subjektiven Lernkonzepten

Im Hinblick auf die Erforschung Subjektiver Lernkonzepte bei Lernenden in der Schule geht es um die Bearbeitung folgender zentraler Fragestellungen (in Anlehnung an Dann 1994):

- **Wissensorganisation**: die **Struktur Subjektiver Lernkonzepte**
  Hier sind vor allem folgende Fragestellungen relevant:
  - Wie ist das subjektiv-theoretische Wissen von Lernenden im Einzelnen beschaffen und organisiert?
  - Welche Lernkonzepte, -formen oder Prototypen domänspezifischen (fachspezifischen) Wissens lassen sich hier unterscheiden?
  - Welche Methoden müssen entwickelt werden, mit denen sich Subjektive Theorien erfassen und darstellen lassen?
- **Wissensanwendung** - die **Funktion Subjektiver Theorien**
  Hier soll folgenden Fragen nachgegangen werden:
  - Wie wird das subjektiv-theoretische Wissen der Lernenden in der alltäglichen Lernpraxis konkret angewandt und eingesetzt?
  - Welche Bedingungen beeinflussen diese Wissensanwendung (bzw. haben sie bisher beeinflusst)?
  - Welche unterschiedlichen Funktionen erfüllen Subjektive Theorien im Alltag der Lernenden?
  - Wie werden Subjektive Theorien zur Handlungssteuerung herangezogen? (Wie unterscheiden sich diesbezüglich erfolgreiche Lerner von weniger (nicht) erfolgreichen Lernern?)

- **Wissenserwerb** - die **Genese Subjektiver Lernkonzepte**
  Für die Lernforschung lassen sich folgende relevante Fragestellungen formulieren:
  - Wie wird das subjektiv-theoretische Wissen zu Lernkonzepten und Lernstrategien erworben, ausgebaut und entwickelt?
  - Welche Bedingungen beeinflussen diesen Wissenserwerb?
  - Wie lässt sich schließlich dieses Wissen gezielt modifizieren und im Interesse einer besseren (erfolgreicheren, zufriedenstellenderen) Lernpraxis vervollkommnen?

Es ist nicht Absicht dieser Arbeit, diese Fragen vollständig zu beantworten und zu bearbeiten. Ihre Beantwortung ist jedoch für die Weiterentwicklung der Allgemeinen Didaktik und der einzelnen Bereichsdidaktiken von großer Bedeutung.

5 EMPIRISCHE ANALYSEVERFAHREN BEI DER ERFORSCHUNG VON LERNSTRATEGIEN

5.1 Empirisch-quantitative Verfahren

Im Folgenden werden verschiedene empirisch-quantitative Verfahren beschrieben, die bei empirischen Arbeiten zur Lernforschung (vgl. u.a. Wild et al. 1992; Baumert 1993; Lompscher 1996) zur Anwendung kommen. Insbesondere soll eine Forschungsmethode beschrieben werden, die eine Verbindung qualitativer und quantitativer Methoden darstellt, nämlich Pfadanalysen nach dem LISREL-Modell.

Entsprechend ausgewählten Fragestellungen, wie beispielsweise die Frage nach dem Zusammenhang von Lernleistungen, Motivation, Interesse, Selbstkonzept und der Anwendung von Lernstrategien, werden vor allem *multivariate methodische* Verfahren (vgl. Nold & Schnaitmann 1994; Pintrich et al. 1991) angewandt, um die Vielzahl von erfassten Merkmalen (kognitive Fähigkeiten, Motive, Interessen, Lernstrategien, soziale Einstellungen, schulische Leistungen etc.) auf eine überschaubare Zahl von grundlegenden Dimensionen zu reduzieren. Diese multivariaten methodischen Verfahren sollen hier nicht vollständig beschrieben werden, sondern es soll vor allem auf Regressions-, Pfad- und LISREL-Analysen eingegangen werden, die eine zentrale Bedeutung bei der Frage nach den Zusammenhängen zwischen quantiativen und qualitativen Verfahren haben.

Zu den multivariaten methodischen Verfahren zählen in erster Linie Varianten der multiplen Regressionsanalyse, die auf beobachteten Merkmalen basieren und gerade in der schulischen Erziehungs- und Lernstrategienforschung sehr verbreitet sind. Multiple Regressionsanalysen stellen nach wie vor die Standardprozedur für Fragestellungen dar, die sich auf die Analyse der Ursachen für interindividuelle Unterschiede in intraindividuellen Veränderungsraten beziehen.

Der Einsatz solcher multipler Regressionsanalysen empfiehlt sich vor allem dann, wenn individuelle Unterschiede in einem bestimmten Merkmalsbereich (z.B. Schulleistungen) durch individuelle Unterschiede in einem anderen Bereich (z.b. Intelligenz oder Lernstrategien) erklärt werden sollen. Durch diese Technik können sowohl die Vorhersage und die Erklärung von Zusammenhängen gleichermaßen realisiert werden. Für die Erklärung des Zusammenhangs von z.b. Schulleistungen und Lernstrategien spielt das Modell der multiplen linearen Regression eine wichtige Rolle. Dies soll im Folgenden kurz dargestellt werden.

Im Modell der multiplen linearen Regression wird der Wert einer abhängigen Variablen (Kriterium, z.B. Schulleistung in Form einer Zeugnisnote in einem

Fach oder eines Summenwertes in einem Schulleistungstest) durch die gewichtete Summe von N unabhängigen Variablen (den Prädiktoren, z. B. Lernstrategien, Interesse, Motivation) so zu schätzen versucht, dass die Summe der quadrierten *Residuen* (Differenzen zwischen dem aktuellen Kriteriumswert und seinem Schätzwert) ein Minimum ergibt. Die standardisierten Regressionskoeffizienten oder beta-Gewichte geben den relativen Vorhersagewert der Prädiktorvariablen für das *Kriterium* wieder.

Der entscheidende Unterschied zwischen multiplen Regressionsmodellen und Pfadmodellen mit manifesten (beobachteten) Variablen besteht darin, dass man im Fall der multiplen Regression die Prädiktoren allesamt als exogene Variablen behandelt. Man liefert keine Erklärung für die Interkorrelationen dieser Merkmale, während man in der Pfadanalyse zwischen exogenen und endogenen Merkmalen differenziert.

Obwohl die Technik der Regressionsanalyse im pädagogisch-psychologischen Bereich häufig und flexibel eingesetzt wird, gibt es dennoch eine Reihe ernst zu nehmender Probleme. Das erste Problem besteht darin, dass in den Modellannahmen lediglich das Kriterium als messbehaftete Zufallsvariable verankert ist, während für die Prädiktoren fehlerfreie Messungen unterstellt werden. Dies führt häufig dazu, dass die Varianzschätzungen der Prädiktoren verzerrt ausfallen, was sich in fehlerbehafteten multiplen Korrelationskoeffizienten niederschlägt ('upward'- oder 'downward'-bias).

Ein weiteres Problem ist darin zu sehen, dass die spezifischen Anteile von Prädiktoren an der Kriteriumsvariablen nur dann exakt bestimmbar sind, wenn die Prädiktoren unabhängig voneinander sind.

Diese Forderung ist in den meisten sozialwissenschaftlichen Anwendungen nicht erfüllt und führt zu Verzerrungen in den Regressions-Schätzparametern. Ernsthafte Probleme für die Schätzung resultieren auch aus hohen Interkorrelationen zwischen den Prädiktoren. Dies wirkt sich extrem negativ auf die Schätzung der Standardfehler der Regressionskoeffizienten aus (vgl. Berry & Feldman 1985, Pedhazur 1982[2]). Die Verzerrung in den Schätzwerten der multiplen Regressionsanalyse fällt umso größer aus, je geringer die Reliabilität der Prädiktoren und je höher die Korrelation zwischen den Prädiktoren ausfällt.

Diese sogenannten Kollinearitätsprobleme haben auch Folgen für Versuche, die relative Bedeutsamkeit (also den Erklärungsgehalt) von Einzel-Prädiktoren und Prädiktor-Gruppen für Kriteriumsmerkmale zu bestimmen. In der pädagogisch-psychologischen Forschung sind diese als Varianzpartitionsierungsverfahren bekannt geworden. Dazu zählt beispielsweise die Kommunalitätenanalyse, die in der schulischen Forschung große Bedeutung erlangt hat (Helmke 1992a).

Eine Weiterentwicklung der Regressionsanalyse, die insbesondere dem Zweck dient, Abhängigkeitsbeziehungen zwischen Prädiktoren (so zum Beispiel zwischen Fähigkeiten, Lernstrategien, Interessen, Motiven und Englischleistungen) genauer zu modellieren, sind *Strukturgleichungsmodelle* (Kausalmodelle mit manifesten und mit latenten Variablen). Diese stellen eine Verknüpfung des faktoren- und regressionsanalystischen Ansatzes dar (vgl. Nold & Schnaitmann 1994).

Ein weiterer wesentlicher Unterschied zwischen multiplen Regressionsmodellen und Kausal- (oder Pfad-) modellen mit manifesten (beobachteten) Variablen besteht darin, dass in der Pfadanalyse die Prädiktoren in exogene (unabhängige) und endogene (abhängige) Variablen unterschieden werden. Die Pfadanalyse bietet also zusätzlich die Möglichkeit, theoretisch postulierte Zusammenhänge zwischen Prädiktorvariablen in ihrer Einwirkung auf ein gegebenes Kriterium genauer zu überprüfen. So können die Variablen-Interkorrelationen in direkte und indirekte Einflüsse zerlegt werden. Die Pfadkoeffizienten geben das Ausmaß der Effekte von theoretisch vorgeordneten auf nachgeordnete Modellvariablen wieder.

In der sozialwissenschaftlichen Literatur werden solche Pfadmodelle oft auch als 'Kausalmodelle' bezeichnet. Man darf jedoch nicht davon ausgehen, wie vielfach angenommen, dass sich aus korrelativen Ausgangswerten 'kausale' Effekte dieses Typs ableiten lassen. Bei Pfad- und Strukturgleichungsmodellen ist es für die Einordnung des Kausalitätsbegriffs wichtig, dass es sich hier nicht um die Überprüfung deterministischer Kausalprinzipien, sondern um die Annahme zeitlicher Sukzessionsgesetze handelt. Nun bieten Pfadanalysen mit manifesten Variablen gegenüber traditionellen regressionsstatistischen Verfahren den Vorteil, dass konkurrierende Hypothesen getestet werden können.

Inzwischen spricht man bei neuen methodischen Konzepten zu Pfadanalysen auch schon seit einiger Zeit *von Strukturgleichungsmodellen der 'zweiten Generation'*, die sich von den multiplen Regressionsmodellen und den pfadanalytischen Modellen darin unterscheiden, dass zwischen latenten (nicht beobachteten) und gemessenen Variablen unterschieden wird.

Bei Strukturgleichungsmodellen mit latenten Variablen werden über ein faktorenanalytisches Messmodell die Beziehungen zwischen den gemessenen Indikatoren und den latenten Konstrukten definiert und im Strukturgleichungsmodell die Abhängigkeitsbeziehungen zwischen den latenten Variablen bestimmt.

In jüngster Zeit werden hauptsächlich solche Analysen für Strukturgleichungsmodelle mit Hilfe des **LISREL-** (**L**inear **S**tructural **Rel**ationship) Ansatzes gerechnet (vgl. Hayduk 1989, Jöreskog & Sörbom 1989, 1993).

LISREL-Analysen haben zum Ziel, komplexe theoretische Zusammenhänge zwischen verschiedenen Größen und Konstrukten an Beobachtungen zu prüfen, bzw. anhand der Beobachtungen Parameter zu bestimmen. Dabei ist es vielfach nötig, auch nicht beobachtete, hypothetische Größen in die Theorie einzubeziehen.

Im LISREL-Modell werden also die aufgrund theoretischer Überlegungen aufgestellten Beziehungen zwischen hypothetischen Konstrukten abgebildet. Diese hypothetischen Konstrukte heißen im LISREL-Modell latente Variablen, weil sie sich einer direkten Messbarkeit entziehen und durch abstrakte Inhalte gegekennzeichnet sind. Die abhängigen latenten Variablen werden als endogene, die unabhängigen Variablen als exogene Größen bezeichnet. Auf der Basis der Indikatorvariablen x und y können nun Kovarianzen oder Korrelationen zwischen den Indikatoren berechnet werden. Diese Kovarianz- oder Korrelationsmatrizen sind die sogenannten 'Eingabedaten' für die LIS-REL-Analyse und können auch als Kovarianz- (Korrelations-) - Strukturanalyse bezeichnet werden.

Im Gegensatz zur klassischen Regressionsanalyse ermöglichen Strukturgleichungsmodelle, wie der angewandte LISREL-Ansatz (Jöreskog & Sörbom 1989; Hayduk 1989), Theorien als Ganzes zu prüfen und freie Parameter darin zu bestimmen, sofern sie sich in einem Strukturgleichungsmodell mit beobachteten und latenten Variablen formulieren lassen. Das LISREL-Modell stellt auf der anderen Seite eine Kombination faktorenanalytischer Theorie mit dem Regressionsansatz dar.

Zu den wichtigsten *Vorteilen* des LISREL-Ansatzes zählen:

(1) Implizite Annahmen über Ursache-Wirkungs-Verhältnisse werden in ein Modell transferiert, das sich anhand empirischer Daten schätzen lässt.

(2) Es wird zwischen einem Mess- und Strukturmodell unterschieden. Dies erlaubt eine vergleichsweise ökonomische Spezifikation des Gesamtmodells, da jedes der theoretisch interessanten Konstrukte meist über mehrere gemessene Variablen repräsentiert wird.

(3) Die Unterscheidung zwischen Mess- und Strukturmodell ermöglicht außerdem die getrennte Schätzung von Messfehlern in den manifesten Variablen und Spezifikations- bzw. Gleichungsfehlern im Strukturmodell.

(4) Strukturmodelle lassen sich über LISREL nicht nur schätzen, sondern auch im Hinblick auf ihre Anpassung an die Ausgangsdaten überprüfen. Wenn zum Beispiel alternative Modellkonzeptionen existieren, so können diese in unterschiedliche Strukturmodelle umgesetzt und im Hinblick auf ihre Anpassungsgüte direkt miteinander verglichen werden (vgl. Nold & Schnaitmann, 1994b).

(5) Obwohl Strukturgleichungsmodelle auf Korrelations- oder Kovarianzmatrizen basieren, lassen sich zusätzlich auch Mittelwertstrukturen analysieren. Das bedeutet, dass immer dann, wenn Modelle für mehrere Gruppen (z.B. Schüler unterschiedlicher Klassenstufen, Jungen und Mädchen) miteinander verglichen werden, Unterschiede in den geschätzten Mittelwerten von latenten Variablen erfasst werden.

Nicht unerwähnt bleiben dürfen auch einige Probleme von Strukturgleichungsansätzen mit latenten Variablen:

• Gerade für Fragen der Pädagogischen Psychologie und der Lernprozess- und Lernstrategienforschung lassen sich Interaktionen zwischen einzelnen Merkmalen über diese Verfahren nicht immer angemessen modellieren.

• Es bestehen nicht unerhebliche Probleme bei der Modellbewertung insbesondere dadurch, dass fast alle verfügbaren Indizes zur Beurteilung der Anpassung des Modells an die Daten von der Stichprobengröße abhängig sind: je größer die verfügbare Stichprobe, desto größer auch die Wahrscheinlichkeit, dass die Bewertung des Modells negativ ausfällt.

• Probleme liegen auch im Auffinden geeigneter Modelle, mit denen eine Analyse oder ein Modifikationsprozess begonnen werden kann und die bereits möglichst nahe am, für die Population gültigen, Modell liegen.

5.2 Empirisch-qualitative Verfahren

5.2.1 Einzelfallanalyse als Untersuchungsdesign

In der Geschichte der empirischen Sozialforschung hat sich, noch in den 70er und bis zu Beginn der 80er Jahre von vielen mit großer Skepsis betrachtet, die qualitative Forschung insbesondere im Umfeld der Erziehungswissenschaften zu einem wissenschaftlichen Paradigma entwickelt, das über eigene theoretische Konzepte, anerkannte Forschungsmethoden und über ein breites Anwendungsfeld verfügt. Die Etablierung qualitativer Forschung war in der Erziehungswissenschaft und ihren Nachbardisziplinen auch dadurch begünstigt, dass die Erziehungswissenschaft immer schon eine hermeneutische Tradition besaß, an die qualitative Forschungsansätze anknüpfen konnten.

Die Wiederbelebung und Neuentwicklung qualitativer Ansätze in den letzten Jahrzehnten hat die Methodendiskussion in den Human- und Sozialwissenschaften enorm belebt (vgl. zum Überblick Flick, v. Kardorff & Steinke 2000; Mayring 1999; Denzin & Lincoln 1998). Gleichzeitig mit der Forderung nach einer verstärkten Öffnung für qualitative Methoden wurde die Forderung nach Integration mit quantitativen Ansätzen verstärkt erhoben. (vgl. Mayring, 2001, S. 1) Einzelfallanalysen nehmen in qualitativen Ansätzen eine zentrale Stellung ein. "Das qualitative Paradigma ist bemüht, den Objektbereich (Mensch) in seinem konkreten Kontext und seiner Individualität zu verstehen, und dazu ist ein 'idiographischer', auf einzelne Fälle bezogener Ansatz nötig" (Mayring 1993a, S. 27). Normalerweise handelt es sich bei den Untersuchungsobjekten von Fallstudien um einzelne Personen. Es können aber auch andere, komplexere soziale Einheiten, wie z.B. Familie, Klasse, Betrieb usw., Gegenstand einer fallanalytischen Untersuchung sein.

In der Fallanalyse geht es darum, ein ganzheitliches und damit realistisches Bild der sozialen, aber auch der personalen Welt eines Individuums darzustellen.

Wie bereits erwähnt, wird in der qualitativen Sozialforschung auf Kommunikativität und Natürlichkeit der Erhebungssituation und damit auf möglichst große Wirklichkeitsnähe geachtet. Die Einzelfallstudie als zentraler Untersuchungsplan qualitativer Forschung orientiert sich an diesen Grundsätzen. Das Problem der quantitativen Sozialforschung liegt darin, dass Ergebnisse, die anhand statistischer Ankreuztabellen ermittelt werden, ohne Berücksichtigung der einzelnen Untersuchungspersonen und ihres spezifischen Hintergrundes interpretiert werden. Genau hier setzt die qualitative Einzelfallstudie an. "Erst die Einzelfallstudie macht Interpretation - also Nachvollzug individueller Bedeutungszuweisungen - im Einzelfall möglich" (Lamnek 1989, Bd. 2, S. 21). Außerdem sollen die Komplexität des ganzen Falles, die Zusammenhänge der Funktions- und Lebensbereiche in der Ganzheit der Person und der lebensgeschichtliche Hintergrund besonders betont werden. Für die Untersuchung des Einzelfalles sind möglichst alle relevanten Aspekte in die Analyse mit einzubeziehen. Dieser Anspruch, weitestgehend alles Bedeutsame zu erfassen, verbietet den Einsatz nur einer einzigen Erhebungsmethode. Daher ist die Fallstudie oftmals multimethodisch angelegt (Lamnek 1989 Bd. 2; Roth 1991b; Mayring 1993a). Eine solche sogenannte *Methodentriangulation* erlaubt es, diesen Anspruch zu realisieren. Zudem wird gewährleistet, dass Methodenfehler durch eine vergleichende Überprüfung erkannt und damit vermieden werden können.

Betrachtet man das Material für Fallanalysen, so besteht hier eine große Vielfalt. Es können z.B. Autobiographien, Tagebücher, Briefe, Interviews, Lebensläufe, Akten, Laufbahnen und Lebensentwürfe einzelner Personen, aber auch ganzer Gruppen und Institutionen verwendet werden. Da die Einzelfallstudie gründliche und ganzheitliche Erhebung und Analyse betreiben will, schlägt sich dies im konkreten Forschungsprozess nieder. Ein bestimmter Vorgehensplan muss dabei eingehalten werden, um die wissenschaftliche Verwertbarkeit sicherzustellen. Mayring spricht in diesem Zusammenhang von fünf Analyseschritten, die auch der vorliegenden Forschungsarbeit zugrunde gelegt wurden (Mayring 1993a, S. 28-29):

1. Fragestellung:
Um die Zielsetzung und Absicht einer Fallanalyse anzugeben, muss die damit verbundene Fragestellung formuliert werden.

2. Falldefinition:
Die Bestimmung des Falles hängt von der Fragestellung ab, ebenso das verwendete Material. Als Fall können Extremfälle, Idealtypen, häufige Fälle, aber auch seltene Fälle gelten. Die Falldefinition ist ein Kernpunkt der Analyse.

3. Methoden:
Es müssen im Hinblick auf die Fragestellung und den Fall geeignete Methoden bestimmt werden, mit denen das Material erhoben werden kann.

4. Aufbereitung des Materials:
Zu diesem Analyseschritt gehören die *Fixierung* des Materials mit Tonband, Protokoll u.ä., sowie die *Kommentierung* (Eindrücke, Kontext) des Materials.

Diese Teilschritte ermöglichen die *Fallinterpretation*, d.h. es werden schrittweise Erklärungen des Materials möglich.

5. Falleinordnung:
Der einzelne Fall wird mit anderen Fällen verglichen und in einen größeren *Zusammenhang* eingeordnet.

Das grundlegende Verfahren von Fallanalysen ist in dem nachfolgenden Schaubild dargestellt:

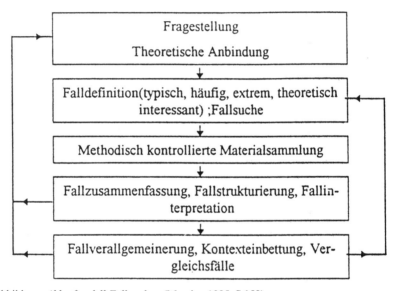

Abbildung: *Ablaufmodell Fallanalyse* (Mayring 1995, S.159)

Eine der grundlegenden Methoden in der empirisch-qualitativen Forschung ist die Inhaltsanalyse, auf die im Folgenden näher eingegangen werden soll. Dabei soll ihre geschichtliche Entwicklung nicht Gegenstand dieser Darstellung sein, sondern es geht hier um die Bedeutung und die Anwendung dieses qualitativen Verfahrens im Rahmen der Diskussion um die Forschungsmethoden in der Lernforschung.

5.2.2 Qualitative Inhaltsanalyse

Aus der Kritik an quantitativen Forschungsverfahren heraus entstanden in den letzten Jahren zahlreiche qualitative Ansätze, die offenere Vorgehensweisen

80

und mehr sprachlich orientierte Methoden entwickelten und wiederentdeckten, wie z.b. narratives Interview, offenes Interview, Lautes Denken usw. Diese neuen methodischen Ansätze haben aber alle das Problem der Auswertung des erhobenen Materials. "Dies ist vor allem darauf zurückzuführen, dass es bisher in der sozialwissenschaftlichen Methodenliteratur keine systematische, umfassende Anleitung zur Auswertung komplexeren sprachlichen Materials gibt, aus der man klare Interpretationsregeln ableiten könnte" (Mayring 1993b, S. 10). Die qualitative Inhaltsanalyse ist nun ein Weg, um diese Problematik zu beheben. Versucht man, diese definitorisch zu fassen, so ist zunächst zu klären, worum es sich bei dem Begriff Inhaltsanalyse handelt. Sicher ist, dass sie *Kommunikation* zum Gegenstand hat. Es kann sich hierbei um Sprache, aber auch Musik oder Bilder handeln. Die Inhaltsanalyse arbeitet mit Texten, Bildern u.ä., d.h. mit symbolischem Material. Es geht folglich um eine Analyse *fixierter* Kommunikation.

Dem häufig vorgebrachten Kritikpunkt, in qualitativer Sozialforschung werde das Material ganz frei interpretiert, setzt die Inhaltsanalyse ein *systematisches* Vorgehen entgegen. Diese Systematik zeigt sich dabei in einem *regelgeleiteten* Ablauf, der ermöglicht, dass die Analyse von anderen auch nachvollzogen und überprüft werden kann. "Erst dadurch kann Inhaltsanalyse sozialwissenschaftlichen Methodenstandards (intersubjektive Nachprüfbarkeit) genügen" (Mayring 1993b, S.12). Das systematische Vorgehen zeigt sich außerdem darin, dass sich die Inhaltsanalyse an einer Theorie orientiert, nach der das Material unter einer theoretischen Fragestellung ausgewertet wird. Die Inhaltsanalyse als Teil des Kommunikationsprozesses will mit Hilfe des Datenmaterials *Rückschlüsse auf bestimmte Aspekte der Kommunikation* ziehen. Es werden also Aussagen über den Sender (und dessen Absichten), über Wirkungen beim Empfänger usw. gemacht und interpretiert.

Wie bereits einleitend gesagt, lässt sich gegenwärtig ein starker Trend in Richtung eher qualitativer Methoden beobachten, der auf fast alle sozialwissenschaftlichen Bereiche übergegriffen hat. Um den Begriff *qualitative Analyse* fassen zu können, soll hier nochmals kurz auf die formale Unterscheidung "qualitativ - quantitativ" eingegangen werden.

Es kann zunächst festgehalten werden, dass qualitative Begriffe klassifizieren, indem sie den Inhalt von Klassennamen oder Klassenbezeichnungen, wie z.B. Haus, Mensch usw. bilden. So sind die meisten Alltagsbegriffe qualitative Begriffe. Werden hingegen numerische Funktionen in die Sprache eingeführt, spricht man von quantitativen oder auch metrischen Begriffen, d.h. bestimmte Untersuchungsgegenstände werden zahlenmäßig erfasst und dadurch zu quantitativen Begriffen.

Des Weiteren soll die Eigenschaft betont und hervorgehoben werden, dass man durch die qualitative Analyse Gegenstände und Zusammenhänge nicht nur analysieren will, sondern dass man auch bestrebt ist, sich in sie hineinzuversetzen, sie nach zu erleben und somit zu verstehen. Es geht bei der qualitativen Analyse immer darum, das Besondere, das Einmalige, Individuelle in seiner Ganzheit zu verstehen. Im Folgenden sollen die wichtigsten Grundsätze qualitativer Inhaltsanalyse zusammengefasst werden, um darauf aufbauend im nächsten Abschnitt das konkrete empirische Vorgehen zu erläutern. In der *qualitativen Inhaltsanalyse* ist das zu untersuchende Material als Teil eines *Kommunikationsprozesses* zu verstehen. Es wird dabei insofern *systematisch* vorgegangen, als die *Entstehungsbedingungen des Materials*, das Aufstellen von *Kategorien* als Zentrum der Analyse sowie die *Explikation des Vorverständnisses* berücksichtigt werden. Es ist von zentraler Bedeutung, dass sich qualitative Inhaltsanalyse insbesondere an alltäglichen Prozessen des *Verstehens* und *Interpretierens* orientiert, und neben der Möglichkeit zur Reinterpretation eine Überprüfung anhand von *Gütekriterien* wie Validität und Reliabilität mit einschließt (vgl. Mayring 1993b, S.103ff.). Wie eine qualitative Inhaltsanalyse nun konkret abläuft, und welche Techniken hierbei zum Einsatz kommen, soll im folgenden Abschnitt vorgestellt werden.

5.2.2.1 Bestimmung des Ausgangsmaterials

Die Inhaltsanalyse ist eine Auswertungsmethode, die es mit bereits fertigem sprachlichem Material zu tun hat. Um zu entscheiden, was aus dem jeweiligen Material heraus interpretiert werden kann, ist am Anfang eine genaue Analyse dieses Materials notwendig. Das Material muss zunächst *festgelegt* werden, d.h. die Grundgesamtheit, über die Aussagen gemacht werden sollen, wird genau definiert, und die Anzahl der zu analysierenden Objekte wird nach theoretischen und ökonomischen Erwägungen festgesetzt. Des Weiteren muss genau beschrieben werden, unter welchen Bedingungen und von wem das betreffende Material produziert wurde, es geht also um die *Entstehungssituation*. Dabei spielen der kognitive, motivationale und emotionale Handlungshintergrund des Verfassers, der soziokulturelle Hintergrund und die konkrete Entstehungssituation eine wichtige Rolle. Schließlich müssen die *formalen Charakteristika* des Materials angegeben werden, also z.B., dass ein Interview auf Tonband aufgenommen und zu einem geschriebenen Text *transkribiert* wurde.

5.2.2.2 Fragestellung der Analyse

Nach der Beschreibung des Ausgangsmaterials ist zu fragen, was aus dem Material interpretiert werden soll, das meist als Text vorliegt. Eine spezifische Fragestellung und damit eine bestimmte *Richtung der Analyse* sind für die Inhaltsanalyse notwendig. Der im Text behandelte Gegenstand kann beschrieben werden, aber auch die Absicht des Verfassers oder die Wirkung des Textes bei einer Zielgruppe: der Text wird als Teil einer Kommunikationskette begriffen. "Durch die Lasswell`sche Formel zur Analyse von Kommunikation: 'Wer sagt was, mit welchen Mitteln, zu wem, mit welcher Wirkung'? ist hier ein Ansatzpunkt gegeben" (Mayring 1993b, S. 46). Da qualitative Inhaltsanalyse außer durch Regelgeleitetheit auch durch *Theoriegeleitetheit* gekennzeichnet ist, bedeutet dies konkret, "dass die Fragestellung der Analyse vorab genau geklärt sein muss, theoretisch an die bisherige Forschung über den Gegenstand angebunden und in aller Regel in Unterfragestellungen differenziert werden muss" (Mayring 1993b, S.48). Dabei wird Theorie als System allgemeiner Sätze über den zu untersuchenden Gegenstand begriffen.

5.2.2.3 Ablaufmodell der Analyse

Nach Bestimmung des Ausgangsmaterials und der Fragestellung der Analyse geht es nun um die speziellen Analysetechniken und den gesamten Ablauf der Inhaltsanalyse. Durch ein genau vorgegebenes Ablaufmodell, das die Analyse in einzelne Interpretationsschritte zerlegt, wird die Inhaltsanalyse für andere nachvollziehbar, intersubjektiv überprüfbar, somit übertragbar und benutzbar, also zur wissenschaftlichen Methode.
Ein allgemeines Modell, das der Orientierung dient, lässt sich aufstellen. Je nach Material und Fragestellung wird dieses Modell modifiziert. Die bereits besprochenen Gesichtspunkte finden sich am Anfang des Analyseablaufs. Als weiterer Schritt werden die *Analyseeinheiten* (Kodier-, Kontext- und Auswertungseinheit) festgelegt, um die Genauigkeit der Inhaltsanalyse zu erhöhen. Eine Kodiereinheit meint den kleinsten, auszuwertenden Materialbestandteil, z.B. eine Proposition. Die Kontexteinheit ist der maximale Textbestandteil, z.B. ein ganzer Fall. Die Auswertungseinheit legt fest, welche Textteile ausgewertet werden, z.B. eine bestimmte Zahl von Einzelfällen.
Nach diesem Schritt kommen die qualitativen Techniken zur Anwendung, um das Material mittels eines Kategoriensystems zu analysieren. "Diese Kategorien werden in einem Wechselverhältnis zwischen der Theorie (der Fragestellung) und dem konkreten Material entwickelt, durch Konstruktions- und Zuordnungsregeln definiert und während der Analyse überarbeitet und *rücküberprüft*" (Mayring 1993b, S.49). Schließlich erfolgt die Interpretation der Ergebnisse im Hinblick auf die Fragestellung, und die Analyse wird anhand inhaltsanalytischer Gütekriterien eingeschätzt. Das Ablaufmodell qualitativer Inhaltsanalyse sieht folgendermaßen aus:

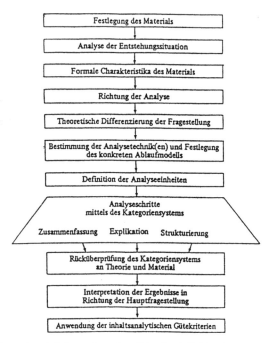

Abbildung: *Allgemeines inhaltsanalytisches Ablaufmodell* (Mayring 1993b, S.50)

5.2.2.4 Spezielle Techniken qualitativer Inhaltsanalyse

Qualitative Techniken sollen ein systematisches Vorgehen bei der Analyse ermöglichen. Das bedeutet, dass sie auf ein theorie- und regelgeleitetes Textverstehen und -interpretieren abzielen, wobei Texte auf ihre *Grundstruktur* hin
überprüft werden. Aus zahlreichen Ansätzen, wie z.b. der Hermeneutik und der
Psychologie der Textverarbeitung, sind viele Techniken systematischer Interpretation bekannt. Es fällt auf, dass diese eigentlich nicht so verschieden sind,
denn sie lassen sich auf einige Grundformen zurückführen (vgl. Mayring 1993b,
S. 53). Aus dieser Feststellung heraus, und auch aus Überlegungen zum alltäglichen Umgang mit sprachlichem Material lassen sich *drei Grundformen des Interpretierens* unterscheiden:
- *Zusammenfassung*
- *Explikation*
- *Strukturierung*

Diese Grundtechniken des Interpretierens lassen sich im einzelnen folgendermaßen charakterisieren:

- Durch die *Zusammenfassung* eines Textes wird beabsichtigt, das Material auf die wesentlichen Inhalte zu reduzieren. Ziel ist es, so weit zu abstrahieren, bis man ein überschaubares Abbild des ursprünglichen Textes erhält.
- Bei der *Explikation* wird zu einzelnen unklaren Textstellen zusätzliches Material hinzugezogen. Dies soll das Verständnis erweitern, indem es die betreffende Textstelle erklärt.
- Das Ziel der *Strukturierung* ist es, bestimmte Aspekte aus dem Material herauszufiltern, d.h. anhand vorher festgesetzter Kriterien den Text zu ordnen.

5.2.2.5 Zusammenfassung in qualitativen Verfahren

Am Beispiel der ersten qualitativen Technik, der Zusammenfassung, soll das Vorgehen der qualitativen Inhaltsanalyse konkretisiert werden, zumal sich diese Technik für die Auswertung der durchgeführten Interviews angeboten hat. In der Psychologie der Textverarbeitung ist bereits genau beschrieben worden, wie Zusammenfassungen im Alltag normalerweise realisiert werden. "Zentral dabei war die Differenzierung einer aufsteigenden (textgeleiteten) und einer absteigenden (schemageleiteten) Verarbeitung sowie das Formulieren von Makrooperatoren der Reduktion (Auslassen, Generalisation, Konstruktion, Integration, Selektion, Bündelung)" (Mayring 1993b, S. 55). Dieser Zusammenhang lässt sich in folgender Graphik verdeutlichen:

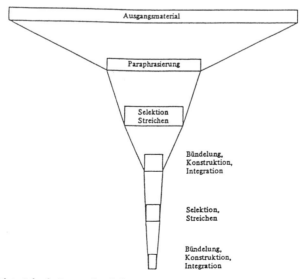

Abbildung: *Materialreduzierung durch die Zusammenfassung* (Mayring 1993b, S.70)

Die Absicht der Zusammenfassung ist Reduzierung einer großen Materialmenge auf ein überschaubares Maß und so die Erhaltung der wesentlichen Inhalte. Sie geht dabei so vor, dass das Material auf zunehmend abstraktere Ebenen gebündelt werden soll. Das Material wird hierbei anhand von Interpretationsregeln bearbeitet (vgl. Mayring 1993b, S. 58).

5.2.2.6 Fragebogenerhebung von Lernstrategien (geschlossene versus offene Items) aus der Sicht der qualitativen Forschung

Um Lernstrategien von Schülern zu analysieren, werden, wie bereits angedeutet und in empirisch-quantitativen Verfahren oft anzutreffen, standardisierte Fragebogenverfahren eingesetzt (Mandl & Friedrich 1992; Krapp 1993; Wild & Schiefele 1993, vgl. Kapitel 4.2.3). "Bei diesen Verfahrensweisen werden den Probanden bestimmte Verhaltensmuster oder Einstellungen in Form von Statements vorgestellt, und sie sollen angeben, inwieweit die jeweilige Aussage auf das eigene Lernverhalten zutrifft" (Krapp 1993, S. 269). Die einzelnen Items im Fragebogen wurden aus einer Theorie entwickelt oder aus Interviews herausgezogen und verallgemeinert. In diesem Zusammenhang bleibt auf die Grenzen von Fragebogenverfahren hinzuweisen, wenn eine prozessnahe Erfassung von Lernstrategien angestrebt wird (vgl. Wild & Schiefele 1993; siehe Kapitel 4.2.4).

In Lernstrategiefragebögen finden sich häufig generelle Aussagen zum Lernverhalten einer Person. Ein solches Verfahren, generelle Aussagen über kognitive und metakognitive Lernstrategiekategorien in einem Fragebogenverfahren 14- bzw. 15-jährigen Schülern vorzulegen, ist sehr problematisch. Dies hat der Einsatz der Fragebögen in einer Vielzahl von Klassen sowohl bei Realschülern wie Gymnasiasten gezeigt. Die meisten Schüler konnten die Items zu ihren verwendeten Lernstrategien beispielsweise nicht über alle Schulfächer verallgemeinernd einstufen.

Vor dem Hintergrund dieser Überlegungen lässt sich die eigentliche Fragestellung dieser Forschungsarbeit, nämlich die Frage nach dem Verhältnis von qualitativen zu quantitativen Methoden in der Lernforschung, erklären. Zum einen bildet die Erhebung mit Hilfe von Interviews die Möglichkeit, näher an das *konkrete, fachspezifische* (Fach Mathematik) *Lerngeschehen* heranzukommen. Zum anderen ist es bei einer standardisierten Erhebung an einer großen Stichprobe sehr wichtig, Zusatzmaterial zur *Validierung, Vertiefung* und *Ergebnisinterpretation* durch eine offenere, qualitativ orientierte Erhebung zu gewinnen.

Zum Nachweis der Validität der Fragebogenverfahren wären somit Techniken notwendig, die räumlich und zeitlich näher am Lernprozess liegen.

Mit Hilfe der Ergebnisse aus den offenen, aber auch der geschlossenen Fragen in standardisierten Fragebögen (vgl. hierzu vor allem den LOMPSCHER-

Lernstrategie-Fragebogen "Wie lernst Du?" im Anhang!) und den zentralen Aussagen in den Interviews werden systematisch *Fallanalysen* erstellt, wobei die Fallauswahl sorgfältig vorgenommen wird. Es werden Schüler ausgewählt, die einerseits in den geschlossenen Fragebögen, andererseits in den offenen Befragungen hohe versus niedrige Werte erzielten, bzw. in den Interviews differenzierte versus undifferenzierte Aussagen zu ihren Lernstrategien und subjektiven Lernkonzepten äußerten. Dies entspricht einer Gegenüberstellung von Kontrastfällen in den offenen und geschlossenen Verfahren.

Die *Fallanalysen* in dieser Studie erfüllen somit mehrere *Funktionen*:

- Sie beschreiben konkret Lernstrategien, die sich auf das Fach Mathematik sowie allgemein auf das Lernen beziehen (*Deskription*).
- Durch einen Vergleich mit den Kategorien aus verschiedenen Fragebögen von Lompscher, KSI und LASSI geben sie Auskunft darüber, ob sich Gemeinsamkeiten und Unterschiede zwischen dem standardisierten Verfahren und den in den Interviews erhobenen Lernstrategien ermitteln lassen (*kommunikative Validierung*).

Ein zentrales Verfahren im Bereich empirisch-qualitativer Forschung in dieser Arbeit war das Interview. In den Interviews mussten die Schülerinnen und Schüler retrospektiv (nach der Methode des 'Nachträglichen Lauten Denkens') ihre Vorgehensweise, aber auch ihre Probleme und Fragen bei der Lösung von Mathematikaufgaben beschreiben. Die Darstellung und Auswertung dieser Interviews wird nun im Folgenden beschrieben.

5.2.2.7 Auswertung der Interviews mit Hilfe qualitativer Inhaltsanalyseverfahren

5.2.2.7.1 Zur Technik der Zusammenfassung

Für die inhaltsanalytische Auswertung von transkribierten Interviews (wie sie hier durchgeführt wurden) bietet sich die Technik der Zusammenfassung an. Da sich die Angaben in den Interviews meist auf kurze Sätze beschränken, muss eine ausführliche Zusammenfassung der Aussagen der befragten und interviewten Schüler nicht durchgeführt werden. Das Material wird deshalb mittels induktiver inhaltsanalytischer Kategorienbildung auf die wesentlichen inhaltstragenden Aussagen reduziert.

5.2.2.7.2 Induktive inhaltsanalytische Kategorienbildung

Durch die Vorgehensweise der induktiven inhaltsanalytischen Kategorienbildung werden aus den Interviews inhaltstragende Aussagen zu den Lernaktivitäten der Schüler herausgefiltert. Der Ablauf lässt sich folgendermaßen darstellen (vgl. Mayring 1993b, S.56):

1. *Bestimmung der Analyseeinheiten* (dazu zählen die *Kodiereinheit*, i.e. der kleinste Textteil, der unter eine Kategorie fallen kann; die *Kontexteinheit*: i.e. der größte Textbestandteil, der unter eine Kategorie fallen kann, und die *Auswertungseinheit*, diese legt fest, welche Textteile jeweils nacheinander ausgewertet werden)

2. *Paraphrasierung der inhaltstragenden Angaben* (hier werden die einzelnen Kodiereinheitem in eine knappe, nur auf den Inhalt beschränkte, beschreibende Form umgeschrieben; nichtinhaltstragende Textbestandteile werden weggelassen)

3. *Bestimmung des Abstraktionsniveaus* (Generalisierung der Paraphrasen durch Streichung bedeutungsgleicher Paraphrasen und durch Bündelung, Konstruktion und Integration von Paraphrasen)

4. *Zusammenstellung der Aussagen als Kategoriensystem* (Strategieklassen nach Weinstein & Mayer 1986, Pintrich 1988, Lompscher 1992)

5. *Rücküberprüfung des Kategoriensystems am Ausgangsmaterial*

Zunächst werden alle Interviews gesichtet (1.), dann alle vorkommenden Lernaktivitäten notiert (2.). Anschließend werden bedeutungsgleiche Paraphrasen in einer Strichliste gezählt und nichtinhaltstragende Textbestandteile gestrichen (3.). Danach wird im Anschluss an die Strategieklassen vom Lompscher-Lernstrategiefragebogen (Lompscher 1992) bzw. des LASSI (Weinstein & Mayer 1986), bzw. des KSI (Kieler Strategien Inventar, nach Pintrich 1988) ein Kategoriensystem erstellt (4.), das numerisch geordnet ist (siehe Anhang Nr. VII.). In einem Hauptanalysedurchgang wird das erstellte Kategoriensystem am Ausgangsmaterial angewandt (5.).

Anhand dieses Kategoriensystems werden anschließend die für jede einzelne Lernstrategienkategorie auftretenden Lernaktivitäten auf einem Auswertungsblatt angegeben (siehe Auswertungsbögen im Anhang Nr. VII.)

6 EIN KONKRETES BEISPIEL ZUR ERFORSCHUNG DER LERNPROZESSE VON SCHÜLERN

Die zentrale Fragestellung dieser Forschungsarbeit ist die Frage nach dem Zusammenhang und Zusammenspiel und die Frage nach der Bedeutung von qualitativen und quantitativen Methoden bei der Analyse von Lernprozessen und Lernvorstellungen bei Schülerinnen und Schülern.

In empirischen Studien werden Verhaltensweisen zumeist durch Instrumente erfasst, die global nach dem intendierten Verhalten fragen. Ein derartiges Vorgehen, das ganz offensichtlich sehr ökonomisch ist, geht von der Annahme aus, dass die Verhaltensweisen im Wesentlichen unabhängig von Ort und Zeit sind. Es stellt sich jedoch die Frage, ob die Bequemlichkeit und Einfachheit der Erhebung mit reliablen und validen Aussagen einhergeht. Konkret wurde dies am Beispiel von Lernstrategien untersucht. Lernstrategien werden zumeist durch Fragebögen erfasst, die allgemein nach der Häufigkeit des Einsatzes unterschiedlicher Lernstrategien fragen. Im deutschen Sprachraum erfreut sich das Inventar zur Erfassung von Lernstrategien im Studium (LIST, Wild; Schiefele & Winteler, 1992 u.a.), das auf dem amerikanischen Fragebogen MSLQ (Pintrich et al., 1991) basiert, eines regen und unserer Meinung nach unreflektierten Einsatzes. Ausgehend von der simplen Annahme „je mehr und je häufiger, desto besser" unterstellt dieses und ähnliche Instrumente neben der bereits angesprochenen Situationsunabhängigkeit auch, dass der „beste Lerner" derjenige ist, der möglichst viele Lernstrategien möglichst oft einsetzt. Wer eigene Lernhandlungen reflektiert, dem ist jedoch evident, dass das Lernmaterial den Einsatz der Lernstrategien beeinflusst und es auch eine gewisse individuelle Präferenz für bereits erprobte und bewährte Lernstrategien gibt. D.h. ein „guter Lerner" hat ganz offensichtlich ein begrenztes Repertoire an erfolgreichen Lernstrategien, die er/sie adaptiv für die jeweilige Lernaufgabe einsetzt.

Zur Prüfung der formulierten Kritikpunkte wurde im ersten Schritt folgendermaßen vorgegangen: Ausgehend vom Konzept und den Dimensionen des LIST wurde die Situationsspezifische Lernstrategie Analyse (SILA) entwickelt, in der in Form kurzer Vignetten vier schulische Lernsituationen vorgegeben wurden. Die angewandten Lernstrategien (adaptierte Kurzform des LIST) wurden zur Vermeidung von sozial erwünschten Antworten und um das Ausmaß des Einsatzes adäquat zu erfassen prozentual erhoben. Die Datenerhebung erfolgte in einer Pilotstudie an 115 Gymnasialschüler der 9. bis 11. Schulstufe, denen sowohl der LIST als auch der SILA vorgegeben wurde. Die Ergebnisse bestätigten die Annahme situationsspezifischer Unterschiede bei der Verwendung von Lernstrategien. Darüber hinaus zeigten sich auch globale Unterschiede, wonach ressourcenbezogene Strategien extrem selten angewandt wurden.

Den Ausgangspunkt und ersten Analyseteil bilden dabei quantitative (standardisierte Fragebögen) und qualitative Erhebungen (offene Befragungen und Interviews) zu Lernstrategien bei Schülerinnen und Schülern. Innerhalb eines konkreten Lernprozesses (Lösen von Mathematikaufgaben) und im Anschluss an ein Interview nach dem Lösen der Aufgaben wird ein Profil von Lernenden erstellt und zu erklären versucht. Dies geschieht anhand deklarativ erhobener Kriterien (das sind die Lernstrategiekategorien der standardisierten Fragebögen und die Interessens- und Motivationskriterien). Anschließend werden "extreme" Subgruppen gebildet (vgl. Kapitel 6.3.2, Anhang VII. und Kapitel 7.4): Lernende mit hohen Lernstrategienwerten versus Lernende niedrigen Strategienwerten (das sind die Summenwerte der Strategieklassen in den Strategiefragebögen). Diese quantitativen Werte werden mit geschlossenen Lernstrategiefragebögen ermittelt und innerhalb eines qualitativen Verfahrens (qualitatives Interview, in Anlehnung an Piagets klinischer Methode, vgl. die Interviewfragen im Anhang) nach einem konkreten Lernprozess kommunikativ validiert.

Es wird von folgender Prämisse ausgegangen: das Lernen ist ein aktiver Prozess, in welchem das Individuum von außen kommende perzeptuelle Stimuli in Beziehung setzt zu bereits im Gedächtnis verankerten kognitiven Wissensstrukturen und daraus Bedeutung konstruiert (vgl. das *Modell der Informationsverarbeitung* nach Hilgard & Bower in Skowronek 1991, S. 189; Finkbeiner 1995b; 1996c, 1997a). Schematisch organisiertem Weltwissen kommt dabei eine zentrale Rolle zu. Dieses wird über mehr oder weniger bewusst verlaufende 'naive' Hypothesenbildungen vom Lerner und von der Lernerin im Verstehensprozess aktualisiert. (vgl. Bruner & Postman 1951; Frey & Lilli 1993).

Wie oben schon angedeutet, finden individuelle, subjektive und epistemologische Konzepte und Vorstellungen immer mehr Bedeutung bei der Erforschung des Verstehens, wie Schüler konkret lernen.

Marton (1993) erforschte z.B. die Konzepte des Lernens von Studenten in sogenannten offenen Universitäten in England. Er unterschied sechs Typen von Lernkonzepten:

(1) Vergrößerung des Wissens; (2) Memorieren und Reproduzieren; (3) Anwenden; (4) Verstehen; (5) etwas auf unterschiedliche Weise sehen; (6) Rollenwechsel (changing as a person). Aus ihrer Studie ging hervor, dass die Konzepte (5) und (6) die am weitesten entwickelten Lernkonzepte waren, und dass einige Studenten, die eine dieser Konzepte internalisiert hatten, sich in ihrem Lernverhalten völlig veränderten. Für die vorliegende Forschung war es auch wichtig zu erfahren, wie Jugendliche über das Lernen in einem schulischen Kontext denken.

Marton zeigte, dass Jugendliche im Allgemeinen nicht sehr konzeptualisierte Vorstellungen von ihrer Metakognition haben. Sie benützen beim Sprechen über das Lernen eine Mischung aus ihrer Alltagssprache und den Konzepten, die sie in der Schule gelernt haben.

Das Hauptziel dieser Forschungsarbeit ist der methodische Vergleich von Messinstrumenten zur Analyse von Lernprozessen, Lernvorstellungen, insbesondere von Lernstrategien bei Schülerinnen und Schülern. Zur Validierung und zur Messung der Effizienz des jeweiligen Instruments wurden die Vorstellungen vom Lernen bei Schülern anhand verschiedener Fragebögen miteinander verglichen.

Im Folgenden wird das Forschungsdesign und das methodische Vorgehensweise näher beschrieben.

6.1 Zum Forschungsdesign

Im Forschungsprojekt wurde quantitativ mit Hilfe des Einsatzes von geschlossenen Lernstrategiefragebögen und qualitativ mit Hilfe von offenen Fragen und Interviews vorgegangen.

6.1.1 Quantitatives Verfahren

Bei einer Stichprobe von 322 Realschülern der 8.Klasse im Raum Stuttgart, Ludwigsburg und Heilbronn wurden im September 1994 alle Schüler zuerst in einer offenen Befragung mit folgenden Fragen konfrontiert:
1. Frage: "Wie lernst Du?"
2. Frage: "Welche Probleme hast Du beim Lernen?"
3. Frage: "Lernst Du in verschiedenen Fächern unterschiedlich?"
4. bis 6. Frage: "Wie lernst Du in Englisch, Physik, Mathematik und Deutsch?"
Anschließend wurden ihnen die Lernstrategienfragebögen von J. Lompscher ("Wie lernst Du?", siehe Anhang) und von C. Weinstein (LASSI, Learning and Studying Strategies Inventory, siehe Anhang) vorgelegt. Im Lompscher-Fragebogen waren außerdem auch offene Fragen als Ergänzungen zu den einzelnen Strategieklassen zu beantworten ("Was kannst Du noch zu diesen Fragen ergänzen?"). Außerdem wurden die Schüler bei den Strategieklassen des Lompscherfragebogens Textverstehen, Problemlösen und Kooperation gefragt, ob sie mit ihrem Lernverhalten zufrieden sind, und was sie tun könnten, um in den entsprechenden Aspekten (Textverstehen, Problemlösen, Kooperation) besser zu werden.

6.1.2 Qualitative Einzelfallanalysen

Bei einer zufällig gezogenen Stichprobe von 29 Schülern aus verschiedenen Schularten und Klassenstufen (Klasse 8 bis 12) wurden ebenfalls die offenen Fragen und die standardisierten Fragebögen eingesetzt: LOMPSCHER-Fragebogen, LASSI und KSI (Kieler-Strategien-Inventar, vgl. J. Baumert 1993). Anschließend mussten die Schüler Mathematikaufgaben lösen und wurden nach dieser Problemlösephase in Interviews mit Hilfe der Methode des Nachträglichen Lauten Denkens zu ihren Vorgehensweisen bei den Aufgaben, zu den konkreten Lernstrategien in Mathematik und zu ihren allgemeinen Strategien befragt. Im Einzelnen war dies in den Interviews folgende Fragen:

(1) Wie hast Du die Aufgaben gelöst? (Lösungsschritte, Rechenschritte, Schwierigkeiten) Schau Dir die Aufgabe(n) und Deinen Lösungsweg nochmals an und überlege Dir und sage, was Du Dir beim Lösen der Aufgabe gedacht hast!

(2) Hast Du Dich beim Lösen der Aufgaben an ein bestimmtes Vorwissen, an bestimmte Voraussetzungen erinnert?

(3) Hast Du bestimmte (spezielle, allgemeine) Strategien angewandt?

(4) Gelten für Dich spezielle (für spezielle Fächer, Bereiche) oder allgemeine Strategien?

(5) Wie und wann wendest Du Strategien an? (Falls Du welche kennst!)

(6) Wie groß sind Deine Interessen, Stärken in den Fächern, M, Phy, E, D? Welche Vorerfahrungen hast Du mit/in diesenFächern?

(7) Wie gehst Du vor, wenn Du etwas Neues, z.B. ein neues Computer-Programm lernst und damit arbeiten möchtest?

(8) Was verstehst Du unter Lernen/Verstehen?

(9) Als was für einen Lerner/eine Lernerin würdest Du Dich charakterisieren? (verbal, graphisch, auditiv, symbolisch, abstrakt)

(10) Zur kommunikative Validierung der einzelnen Lernstrategien wurden den Schülerinnen und Schülern folgende Strategiekategorien vorgelegt:
- kognitive Strategien (Tiefenverarbeitung)
- metakognitive Strategien (Planung, self-testing)
- Elaboration (Verknüpfung von Vorwissen mit neuem Wissen)
- soziale Strategien: ich frage jemanden, wenn ich nicht weiter weiß; ich lerne am liebsten mit anderen etc.)

Bei der Fragestellung nach geeigneten Methoden und Instrumenten zur Erfassung und Analyse von Lernprozessen ist es wichtig, sich eher in einer deskriptiven Weise zu nähern als in einer evaluativen, trotz der Benutzung von Fragebögen mit Einschätzungsskalen (vgl. Marton et al, 1993).

6.2 Ergebnisse aus der quantitativen Forschung: Empirische Erhebung mit Lernstrategiefragebögen

Im Folgenden werden die quantitativen Ergebnisse des Einsatzes der Lernstrategienfragebögen von Joachim Lompscher, des KSI (Kieler Strategieninventar, vgl. Baumert, 1993) und des LASSI (Leraning and Study Strategies Inventory, vgl. Weinstein 1987) dargestellt.
Die Fragebögen wurden in verschiedenen Klassen in Berlin von Joachim Lompscher (vgl. Lompscher 1993, 1996), in verschiedenen Klassen in Gymnasien in Kiel (vgl. Baumert, 1993) und in verschiedenen Stichproben in Realschulklassen des Stuttgarter/Ludwigsburger/Heilbronner Raumes eingesetzt, bevor sie für diese Arbeit angewandt wurden.
Es ging in der anfangs durchgeführten Erhebungsphase insbesondere um die interne Validität des Fragebogens selbst (diese wurde durch Cronbachs α ermittelt) und um die korrelativen Zusammenhänge der Strategienkonstrukte zu Lernleistungen, Fähigkeitsselbstkonzept, Arbeitsverhalten, Einstellungen (AVI) und (Leistungs-) Motivationen (LMT).
Insbesondere aber sollten die unterschiedlichen Fragebögen mit den inhaltlich gleichen Strategiekategorien verglichen werden (externe Validierungen):
- deskriptive Analysen
- Korrelationsstudien
- Regressionsanalysen
- Faktorenanalysen
- LISREL-Analysen (Konfirmatorische Faktorenanalysen und Kausalanalysen)
Mit Hilfe von Korrelationsstudien, multiplen Regressionen und linearen Strukturgleichungsmodellen (LISREL-Modell) wurde versucht, das komplexe Bedingungsgefüge von Aussagen über Lernstrategien, Selbstkonzept, Arbeitsverhalten und Motivation in verschiedenen geschlossenen Fragebögen (LASSI und LOMPSCHER) und in einer offenen Befragung (Wie lernst Du?) zu modellieren.
Diese Zusammenhänge werden nachfolgend aufgezeigt.

6.2.1 Deskriptive Analyse zur geschlossenen Befragung

6.2.1.1 Deskriptive Analyse zum LASSI (C. Weinstein, 1987)

Bei der Gesamtstichprobe von 322 Realschülern der 8. Klasse ergaben sich in den Kategorien des LASSI folgende Mittelwerte und Rangplätze (siehe Tabelle!):

93

n= 322

Kategorien	möglicher Höchstwert	Mittelwert	Normierung (auf 100)	Rangplatz
Motivation	40	34.2	85,5	3
Zeitplanung	32	24.8	76,8	5
Angst	32	25.5	79,6	4
Konzentration	32	24.8	76,8	5
Informationsaufnahme	32	24.2	75,6	6
Hauptideen herausfinden	20	17.4	87	1
Selbstkontrolle	40	29.1	72,7	7
Prüfungsstrategien	32	27.8	86,8	2

Den ersten Rangplatz in den Strategieklassen nehmen nach einer Normierung auf 100 die Strategiekategorie *Hauptideen herausfinden* ein, den zweiten Rangplatz die *Prüfungsstrategien*. Auf den nachfolgenden Rangplätzen (5 bis 7) der Strategien liegen *Zeitplanung, Informationsaufnahme* und die Strategieklasse *Selbstkontrolle*. Dazwischen liegen die (Nicht-Strategie-) Kategorien *Motivation, Angst* und *Konzentration* auf den Rangplätzen 3 bis 5.

Bei den Statistikprozeduren *Cronbach's alpha, Trennschärfe* und *mittlere Standardabweichungen* ergab sich der höchste alpha-Wert bei Strategiekategorie *Prüfungsstrategien* (α = .7378), der niedrigste alpha-Wert die Strategieklasse *Hauptideen herausfinden* (α = .5446). Diese Strategiekategorie weist also für die befragte Population der Realschüler der 8. Klasse die schwächste interne Konsistenz auf, wohingegen Prüfungsstrategien die höchste Position einnehmen.

6.2.1.2 Deskriptive Analysen zum LOMPSCER - Lernstrategie - Fragebogen "Wie lernst Du?"

Zu dem Lernstrategiefragebogen von Lompscher "Wie lernst Du?" ergaben sich folgende Mittelwerte und Rangplätze:

n= 322, Höchstwert pro Kategorie: 40

Kategorien	Mittelwert	Normierung (auf 100)	Rangplatz
Textverstehen	26.1	65,25	6
Kommunikation	28.5	71,25	3
Problemlösen	29.8	74,5	2
Organisation	26.7	66,8	5
Memorieren	28.2	70,5	4
Kooperation	30.1	75,3	1

Bei diesem Fragebogen nehmen die Items der *Kooperationsstrategieklasse* den ersten Rangplatz ein, gefolgt von der Strategieklasse *Problemlösen*, an dritter Stelle auf den Rangplätzen folgt die Strategieklasse *Kommunikation*. Die internen Konsistenzwerte (Cronbach's alpha) bewegen sich bei diesem Fragebogen zwischen α = .6250 (Kategorie: *Selbstorganisation des Lernens*) und α = .7497 (*Kooperation*). Interessant werden nun die korrelativen Zusammenhänge zwischen den einzelnen Strategieklassen innerhalb eines Fragebogens (diese werden *Intrakorrelationen* innerhalb eines Fragebogens genannt) und der Strategieklassen zwischen den beiden Fragebögen (diese werden als *Interkorrelationen* zwischen den jeweiligen Fragebögen bezeichnet).

6.2.2 Korrelationsanalysen zur geschlossenen Befragung

6.2.2.1 Intrakorrelationen zu den Strategieklassen des LASSI

In der folgenden Korrelationsmatrix finden sich die korrelativen Zusammenhänge zwischen den Strategieklassen des LASSI. Die höchsten Intrakorrelationen bestehen zwischen den Kategorien *Konzentration* (Aufmerksamkeit beim Lernen) und der Strategie *Zeitplanung* (r = .6886**). Am zweitstärksten sind die Korrelationen zwischen *Prüfungsstrategien* und *Hauptideen herausfinden* (r = .6393**). Diese Korrelationen sind auch jeweils höchst signifikant (** bedeutet: p< .001). Keine Korrelation besteht zwischen den Strategien *Informations-aufnahme* und *Prüfungsstrategie*. Die emotionalen (*Angst*) und motivationalen Kategorien (*Motivation* und *Konzentration*) korrelieren alle höchst signifikant positiv untereinander. Einen interessanten Zusammenhang zeigen auch die Korrelationen der Strategieklassen des LASSI mit den Fähigkeitsselbstkonzeptwerten für die Fächer Deutsch, Englisch und Physik und die Notensummenwerte für sprachliche Leistungen (NOTESPRA) und mathematisch-naturwissenschaftliche Leistungen (NOTEMNAT). Die höchsten Korrelationen weist das Fähigkeitsselbstkonzept Deutsch (SELBSDEU) zu den Strategieklassen auf. Ebenso korreliert der Notensummenwert NOTEMNAT insgesamt höher mit den Lernstrategien als der Notensummenwert aus den sprachlichen Leistungen (NOTESPRA).

Intra-Correlations zwischen den Lernstrategiekategorien des LASSI

n = 322

Correlations:	MOTIVATION	ZEITPLANUNG	ANGST	KONZENTRATION	INFORMATION
MOTIVATION	1.0000	.6336**	.2006**	.6184**	.2670**
ZEITPLANUNG	.6336**	1.0000	.2966**	.6886**	.1955**
ANGST	.2006**	-.2966**	1.0000	-.4275**	-.1059
KONZENTRATION	.6184**	.6886**	.4275**	1.0000	.0994
INFORMATION	.2670**	.1955**	-.1059	.0994	1.0000
HAUPTIDEEN	.5056**	.4367**	.4152**	.4406**	.1668*
SELBSTKONTROLLE	.4074**	.3263**	-.1246	.2683**	.5426**
PRUEFUNG	.5083**	.4906**	.5978**	.5322**	-.0460
SELBSPHYSIK	.0995	.0940	.2618**	.1472*	.1329
SELBSENGLISCH	.2025**	.1603*	.1313	.1734*	.0810
SELBSDEUTSCH	.2503**	.2240**	.1768*	.2479**	.1746*
NOTESPRACHEN	.2369**	.2284**	.1309	.2534**	.0576
NOTEMNATURWISS	.2696**	.2474**	.2941**	.2836**	.0483

Correlations:	HAUPTIDEEN	SELBSTKONTROLLE	PRUEFUNG
MOTIVATION	.5056**	.4074**	.5083**
ZEITPLANUNG	.4367**	.3263**	.4906**
ANGST	-.4152**	-.1246	-.5978**
KONZENTRATION	.4406**	.2683**	.5322**
INFORMATION	.1668*	.5426**	-.0460
HAUPTIDEEN	1.0000	.1877**	.6393**
SELBSTKONTROLLE	.1877**	1.0000	-.0115
PRUEFUNG	.6393**	-.0115	1.0000
SELBSPHYSIK	.2085**	.0097	.2197**
SELBSENGLISCH	.1470*	.0946	.1755**
SELBSDEUTSCH	.2246**	.1620*	.2138**
NOTESPRACHEN	.1705*	.0732	.1210
NOTEMNATURWISS	.2365**	.0317	.2228**

Legende: SELBSPHYSIK = Selbstkonzept Physik, SELBSENGLISCH = Selbstkonzept Englisch, SELBS-
DEUTSCH = Selbstkonzept Deutsch, NOTESPRACHEN = Notensumme sprachliche Fächer, NOTEMNA-
TURWISS = Notensumme Mathematik und naturwissenschaftliche Fächer

6.2.2.2 Intrakorrelationen zu den Strategieklassen des LOMPSCHER-Fragebogens

Im Folgenden ist die Intrakorrelationsmatrix für die Strategieklassen des LOMPSCHER-Lernstrategiefragebogens abgedruckt. Die höchsten Korrelationen sind zwischen den Problemlöse- und Memorierungsstrategien (r = .5756**) mit höchster Signifikanz. Am zweithöchsten sind die Korrelationen zwischen den Kooperations- und Kommunikationsstrategien (r = .5246**). Am niedrigsten korrelieren Kommunikations- und Organisationsstrategien (r = .3798**) bzw. Textverarbeitungs- und Kooperationsstrategien (r = .3936**). Alle Korrelationen sind höchst signifikant (**p < .001).

Intra-Correlations zwischen Strategieklassen des LOMPSCHER-Fragebogens

Correlations

	TEXTVER	KOMMUNI	PROBLEM	ORGANIS	MEMORIE	KOOPERA
TEXTVER	1.0000	.4441**	.5128**	.4041**	.5107**	.3936**
KOMMUNI	.4441**	1.0000	.5600**	.3798**	.5007**	.5246**
PROBLEM	.5128**	.5600**	1.0000	.5071**	.5756**	.4769**
ORGANIS	.4041**	.3798**	.5071**	1.0000	.5066**	.4112**
MEMORIE	.5107**	.5007**	.5756**	.5066**	1.0000	.4329**
KOOPERA	.3936**	.5246**	.4769**	.4112**	.4329**	1.0000

Legende: TEXTVER = Textverarbeitungsstrategie, KOMMUNI = Kommunikationsstrategie, PROBLEM = Problemlösestrategie, ORGANIS = Organisationsstrategie, MEMORIE = Memorierungsstrategie, KOOPERA = Kooperationsstrategie

6.2.2.3 Interkorrelationen zwischen den Strategiefragebögen LASSI und LOMPSCHER

Die folgende Matrix zeigt die Interkorrelationen zwischen den Strategiekategorien der Lernstrategiefragebögen LASSI und LOMPSCHER. Die Korrelationskoeffizienten bewegen sich im mittleren Bereich. Die höchste Interkorrelation liegt zwischen der Kategorie *Selbstkontrolle* (LASSI) und *Problemlösen* (LOMPSCHER) mit r = .4732**. Am zweithöchsten ist die Korrelation zwischen der Kategorie *Selbstkontrolle* und *Memorierungsstrategie* (LOMSCHER) mit r = .4685**, am dritthöchsten die Korrelation zwischen *Zeitplanung* (LASSI) und *Selbstorganisation* (LOMPSCHER) mit r = .4522**. Sehr niedrig (r < .1600) sind die Korrelationen zwischen den *Prüfungsstrategien* des LASSI und allen Strategieklassen des LOMPSCHER. Keine oder eher negative Korrelationen gibt es zwischen der emotionalen Kategorie des LASSI *Angst* und den LOMPSCHER-Kategorien:

Interkorrelationen zwischen den Strategiekategorien des LASSI und LOMPSCHER (Legende: siehe oben!)

Correlations	MOTIVAT	ZEITPLA	ANGST	KONZENT	INFORMA
MOTIVAT	1.0000	.6336**	.2006**	.6184**	.2670**
ZEITPLA	.6336**	1.0000	.2966**	.6886**	.1955**
ANGST	.2006**	.2966**	1.0000	.4275**	-.1059
KONZENT	.6184**	.6886**	.4275**	1.0000	.0994
INFORMA	.2670**	.1955**	-.1059	.0994	1.0000
HAUPTID	.5056**	.4367**	.4152**	.4406**	.1668*
SELBSTK	.4074**	.3263**	-.1246	.2683**	.5426**
PRUEFUN	.5083**	.4906**	.5978**	.5322**	-.0460
TEXTVER	.3153**	.2681**	-.1011	.1159	.4354**
KOMMUNI	.3005**	.1877**	-.0611	.1343	.3695**
PROBLEM	.3739**	.3522**	-.0254	.2445**	.3846**
ORGANIS	.4067**	.4522**	.0589	.3286**	.2392**
MEMORIE	.3308**	.3210**	-.1139	.1329	.3233**
KOOPERA	.3698**	.2513**	-.0605	.1900**	.3059**

Correlations:	HAUPTID	SELBSTK	PRUEFUN
MOTIVAT	.5056**	.4074**	.5083**
ZEITPLA	.4367**	.3263**	.4906**
ANGST	.4152**	-.1246	.5978**
KONZENT	.4406**	.2683**	.5322**
INFORMA	.1668*	.5426**	-.0460
HAUPTID	1.0000	.1877**	.6393**
SELBSTK	.1877**	1.0000	-.0115
PRUEFUN	.6393**	-.0115	1.0000
TEXTVER	.2242**	.4301**	.1090
KOMMUNI	.2267**	.4135**	.0139
PROBLEM	.2256**	.4732**	.0933
ORGANIS	.2113**	.3580**	.1624*

Correlations:	HAUPTID	SELBSTK	PRUEFUN
MEMORIE	.2263**	.4685**	.0379
KOOPERA	.1513*	.3911**	.1007

6.2.3 Deskriptive Analyse zur offenen Befragung

Wie bereits oben angesprochen, wurden nicht nur bei den Schülern der Einzel-fallanalysen sondern auch bei der Stichprobe der 322 Realschüler der 8. Klasse offene Fragen zum Lernen gestellt. Die Schüler sollten spontan alles aufschrei-ben, was ihnen zu der Frage "Wie lernst Du?" einfällt. Die Aussagen der Schü-ler wurden transkribiert und mit Hilfe einer qualitativen Inhaltsanalyse nach den Strategienklassen von Weinstein, Pintrich und Lompscher systematisiert. Dabei spielte nicht nur eine Rolle, welche allgemeine Lernstrategie genannt wurde, sondern auch, wie häufig in den Aussagen eine bestimmte Kategorie in der of-fenen Befragung auftritt und ob daneben auch in den Aussagen der Schüler As-pekte der Motivation, Emotion, des Interesses und des bereichsspezifischen Fä-higkeitsselbstkonzepts vorkamen.

In der folgenden Tabelle sind die absoluten und prozentualen (bezogen auf die Anzahl der Gesamtstichprobe) Häufigkeiten des Vorkommens von Strategie-klassen und ihre entsprechenden Rangplätze eingetragen. Dabei sind im ersten Teil die einzelnen Strategieklassen aufgeführt, im zweiten Teil ist das Vor-kommen der Strategiebereiche Kognitive -, Metakognitive- und Ressourcen - Management - Strategien (vgl. Kapitel 4.2.3) zusammengefasst.

Tabelle: Häufigkeiten der Kategorien (Strategien, Motivation, Interesse, Selbst-
            konzept) in der offenen Befragung

n= 322

Kategorie	Anzahl (abso-lut)	prozentual (auf Gesamt-population bezogen)	Rangplatz
Üben/ Wieder-holen	210	65.2	1
Elaboration	30	9.3	9
Organisation	91	28.3	2
Planung	11	3.4	11
Überwachung	38	11.8	8
Regulation	41	12.7	7
Lernumgebung	53	16.5	5
Gemeinsames Lernen	84	26.2	4
Beschaffung von zusätzli-chem Material	16	5.0	10
Anstrengungs-bereitschaft	49	15.2	6
Zeitplanung	90	28.0	3
Motivation	4	1.2	
Interesse	3	0.9	
Selbstkonzept	2	2.0	

Die am häufigsten auftretenden Strategien in den offenen Befragungen sind
Übungs- und Wiederholungsstrategien, an zweiter Stelle in der Häufigkeit der
Nennungen liegen Organisations- und an dritter Stelle Zeitplanungsstrategien.
Auf die drei Strategiebereiche Kognitive, Metakognitive und Ressourcen-
Management-Strategien bezogen kommen Kognitive Strategien am häufigsten,
und Aussagen mit Bezug zum Ressourcen-Management am zweithäufigsten und
Metakognitive Strategien am seltensten vor.

Tabelle: Häufigkeiten von Strategiebereichen in der offenen Befragung

n= 322

Kategoriebe-reich	Anzahl (abso-lut)	prozentual (auf Gesamt-zahl bezogen)	Rangplatz
Kognitive Strategien	331	46.4	1
Metakognitive Strategien	90	12.6	3
Ressourcen-Management	292	41.0	2

6.2.4 Korrelationsanalysen zwischen den Kategorien der geschlossenen und der offenen Befragungen

Im Hinblick auf die Beurteilung der Anwendung von Forschungsmethoden in der empirischen Lernforschung spielen Korrelationsstudien zwischen den Variablen und Kategorien der eingesetzten Instrumentarien eine nicht unbedeutende Rolle, wobei beobachtete Zusammenhänge häufig als Zufallsprodukte zu werten sind. Aus diesem Grund wurden auch Regressions- und LISREL-Analysen eingesetzt.

Auf den ersten Blick sind die korrelativen Zusammenhänge zwischen den offenen und geschlossenen Befragungen in dem vorliegenden Sample eher schwach bzw. negativ. Dies haben auch in der Brandenburger Studie Artelt & Schellhas, bezogen auf den Lompscher-Fragebogen und Interviewdaten, gezeigt (Artelt & Schellhas 1996, S. 290).

Lediglich zwischen den Kategorien des LASSI *Informationsaufnahme* und *Material-/Literaturbeschaffung* existiert ein signifikanter positiver Zusammenhang. Dieselbe Strategie des *Ressourcenmanagements* (Anwendung und Beschaffung von zusätzlicher Literatur und Material) korreliert signifikant positiv mit der Lompscher-Fragebogen-Kategorie *Textverstehen*. (siehe Anhang Nr. III.)

Auch zwischen den Strategieklassen des Lompscherfragebogens und den Kategorien der offenen Befragung existieren nur schwache bis negative Zusammenhänge. Die Strategieklasse *Textverstehen* im Lompscher-Fragebogen korreliert schwach positiv mit der Kategorie *Materialbeschaffung* ($p < 0.01$), die LOMPSCHER-Strategieklasse *Selbstorganisation* schwach negativ mit dem *metakognitiven Strategienbereich* (siehe Anhang Nr. III.).

Auch die sogenannten *Intrakorrelationen zwischen den Strategiekategorien der offenen Befragung* sind relativ schwach bis negativ. Zwischen den Kategorien *Anstrengungsbereitschaft, Zeitplanung* und *Motivation* liegen schwache positi-

ve (hochsignifikante) Korrelationen (r = .18**). Relativ stark positiv sind jedoch einige Korrelationen zwischen den einzelnen Strategiebereichen (Kognitive, Metakognitive und Ressourcenmanagement-Strategien): am stärksten ist der
Zusammenhang zwischen den *Organisationsstrategien* und dem Strategiebe-
reich *Kognitive Strategien* (r = .7103**), am zweitstärksten die Korrelation zwischen *Zeitplanung* und *Ressourcen-Management* (r = .6191**) und am drittstärksten der Einfluss der Strategie *gemeinsames Lernen* auf den Strategiebe-
reich *Ressourcen-Management* (r = .5038**).

Wie bereits oben schon angedeutet, wurden neben den Korrelationsanalysen
auch multiple Regressionen und Pfadanalysen durchgeführt. Hier konnten die
Ergebnisse der Korrelationen bestätigt, bekräftigt oder auch abgeschwächt werden. Es wird ein Regressionsmodell definiert, in dem davon ausgegangen wird,
dass die bei einer als erste durchgeführten offenen Befragung zum Lernen spontan ohne Einflüsse durch den Lehrer oder didaktischer Vorgaben des Unterrichts (in keiner der Klassen ist das Lernen lernen als Unterrichtsthema behandelt worden) geäußerten lernstrategisch relevanten Aussagen der Schüler als
unabhängige Größen angenommen, und die Items und Variablen der Lernstrategiefragebögen vom Theoriekonzept des Fragebogens als abhängige Größen angenommen werden. Im folgenden Kapitel werden die signifikantesten und
höchsten Regressionen zwischen den Kategorien der geschlossenen Befragung
(diese sind die abhängigen Variablen) und den Kategorien der offenen Befragung (diese sind die unabhängigen Variablen, die Prädiktoren) aus einem Regressionsmodell dargestellt:

6.2.5 Multiple Regressionen zwischen den Variablen der offenen und geschlossenen Befragungen zum Lernen

Hier geht es um den vermuteten Zusammenhang zwischen den Kategorien der
offenen Befragung zum Lernen und den Kategorien der geschlossenen Lernstrategiefragebögen LASSI und LOMPSCHER.

Den stärksten Einfluss hat, ausgehend von einzelnen Strategiekategorien in der
offenen Befragung, die metakognitive Strategie *Überwachung (Controlling)* auf
die LASSI-Strategie *Hauptideen herausfinden* (β = .38, p = 0.0001), den zweitstärksten Einfluss hat die Kategorie *Gemeinsames Lernen* auf die Strategie des
LASSI *Informationsaufnahme* (β = .35, p = 0.0013), am drittstärksten wirken
sich nach diesem Regressionsmodell *Regulationsstrategien* auf *Prüfungsstrategien* des LASSI (β = .32, p = 0.015) aus. Auf die Kategorien des Lompscher-
Fragebogens wirken sich die Kategorien des Brainstormings zum Lernen relativ
schwach aus: die beta-Werte liegen zwischen β = .20, p = 0.04 (zwischen der
unabhängigen Variablen *Lernumgebung* und der LOMPSCHER-Kategorie
Textverarbeitung) und β = .22, p = 0.026 (zwischen der unabhängigen Variab-

len *Anstrengungsbereitschaft* aus der offenen Befragung und der Kategrie *Problemlösen* im LOMPSCHER-Fragebogen). Die Signifikanzwerte sind hier auch relativ niedrig.

In Bezug auf die Strategiebereiche (bzw. Summenkategorien) haben *kognitive Strategien*, die in den Aussagen der offenen Befragung enthalten sind, den stärksten Einfluss auf die Strategie *Hauptideen herausfinden* (LASSI) mit $\beta = .45$, p = 0.0001 und den zweitstärksten Einfluss auf die Kategorie *Konzentration (Aufmerksamkeit beim Lernen)* mit $\beta = .31$, p = 0.0017.

Tabelle: Multiple Regressionen zwischen den Variablen der offenen und geschlossenen Befragungen zum Lernen (n = 322)
Unabhängige Variablen: Fragebogenkategorien der offenen Befragung
Abhängige Variablen: Kategorien der geschlossenen Befragung
(Fragebögen: LASSI und LOMPSCHER)

Unabhängige Variablen	Abhängige Variablen	Beta	Sig T
Kognitive Strategien (Summenkategorie)	Motivation (LASSI)	.24	0.018
	Zeitplanung (LASSI)	.20	0.044
	Konzentration (LASSI)	.31	0.0017
	Hauptideen (LASSI)	.45	0.0001
Regulation	Angst (LASSI)	.20	0.044
	Prüfungsstrategien	.32	0.015
Ressourcenmanagement	Informationsaufnahme (LASSI)	.25	0.013
Gemeinsames Lernen	Informationsaufnahme	.35	0.0013
	Kommunikation (LOMPSCHER)	.28	0.0038
Controlling	Hauptideen herausfinden (LASSI)	.38	0.0001
	Prüfungsstrategien	.26	0.0088
Lernumgebung	Textverarbeitung (LOMPSCHER)	.20	0.0447
Anstrengungsbereitschaft	Problemlösen	.22	0.0265
Organisation	Kooperation (LOMPSCHER)	.21	0.0373

6.2.6 Faktorenanalysen

In der Forschungsarbeit wurde eine Reihe von Faktorenanalysen durchgeführt:
- über alle Kategorien der geschlossenen Befragungen (bei beiden Fragebögen: LASSI und LOMPSCHER-Fragebogen zusammen)
- ausschließlich über alle Lernstrategiekategorien der geschlossenen Befragungen bei beiden Fragebögen
- über alle Lernstrategiekategorien der offenen Befragung.

Bei diesen Analysen interessierte vor allem die Frage, ob sich die Lernstrategiekategorien der Fragebögen und der offenen Befragung in den Faktoren der Faktorenanalyse widerspiegeln.

6.2.6.1 Faktorenanalysen für die geschlossenen Befragungen (Lernstrategienfragebögen)

Bei der Faktorenanalyse für die geschlossenen Fragebögen ergaben sich zwei Faktoren, die fast mit den Fragebogenkategorien identisch sind (bei 56,5% Varianzaufklärung):

Der Faktor 1 in der Faktormatrix wird bis auf zwei Kategorien des LASSI: INFORMA(tionsaufnahme) und SELBTSK(ontrolle, Selbstüberwachung) aus Kategorien des LOMPSCHER-Fragebogens gebildet. Der Faktor 2 besteht ausschließlich aus den restlichen Kategorien des LASSI. Der Kürze wegen sind hier nur die Ergebnisse der *Final Statistics* abgedruckt (die ausführlichen Factor-Analysis-Outputs befinden sich im Anhang Nr. IV.):

Matrix der Faktorenanalyse:

	FAKTOR 1	FAKTOR 2
PROBLEM	.77254	.14156
MEMORIE	.75850	.08206
KOMMUNI	.72907	.06096
SELBSTK	.71563	.09303
TEXTVER	.71319	.07545
KOOPERA	.68502	.07919
INFORMA	.62429	-.01270
ORGANIS	.61905	.29877
PRUEFUN	-.06254	.85729
KONZENT	.17276	.79726
ZEITPLA	.35282	.71892
HAUPTID	.18148	.71634
ANGST	-.26650	.70156
MOTIVAT	.44156	.67227

Legende: TEXTVER = Textverarbeitungsstrategie, KOMMUNI = Kommunikationsstrategie, PROBLEM = Problemlösestrategie, ORGANIS = Organisationsstrategie, MEMORIE = Memorierungsstrategie, KOOPERA = Kooperationsstrategie, SELBSTK = Selbstkontrolle, INFORMA = Informationsaufnahme, PRUEFUN = Prüfungsstrategie, KONZENT = Konzentration, ZEITPLA = Zeitplanung, HAUPTID = Hauptideen herausfinden, MOTIVAT = Motivation

6.2.6.2 Faktorenanalyse für die offene Befragung (für alle Kategorien)

Bei der Faktorenanalyse der Variablen der offenen Befragung ging es um die Frage, inwieweit die Einteilung der Aussagen der Schüler zu ihren Lernvorstellungen sich durch die Strategiekonzepte von P. Pintrich, C. Weinstein und J. Lompscher wiedergeben lassen. Eine Varimax-Rotation und Hauptkomponentenanalyse in den Final Statistics ergab 6 Faktoren (bei 61,3% Varianzaufklärung), die jedoch nicht mit den vorgegeben Kategoriekonzepten übereinstimmen:

Matrix der Faktorenanalyse

	FAKTOR 1	FAKTOR 2	FAKTOR 3	FAKTOR 4	FAKTOR 5
UEBUNG	.69948	-.24833	.02478	-.09557	-.15680
LERNUMGE	.62904	-.08844	-.07952	-.19959	-.35654
ORGANISA	.53660	.16010	-.26271	-.17302	-.03390
ZEITP	-.07369	.83382	-.05154	.02293	-.03688
MOTIVATP	.03616	-.20287	.79982	-.06741	-.17487
ANSTRENP	-.03267	.43603	.65762	-.03767	.27247
PLANUNG	.27481	-.07332	-.09245	.64637	-.04328
REGULAT	-.28385	.13491	-.05221	.62610	-.01743
ELABORAT	-.01807	.03460	-.02984	-.07795	.73840
MATERIAL	-.00095	-.31843	.06585	.39871	.42690
CONTROLL	.13190	-.35456	-.23377	-.37702	.37816
GEMEINP	.03865	.09461	-.10986	-.03022	-.11052

105

```
FAKTOR   6
```

```
UEBUNG     -.06520
LERNUMGE   -.17469
ORGANISA   -.49910
```

```
ZEITP       .07668
```

```
MOTIVATP   -.03803
ANSTRENP   -.03216
PLANUNG     .17021
REGULAT    -.13031
```

```
ELABORAT   -.14691
MATERIAL    .06012
CONTROLL    .16146
```

```
GEMEINP     .86687
```

Legende: UEBUNG = Übungsstrategien, LERNUMG = Lernumgebung, ORGANISA = Organisationsstrategien, ZEITP = Zeitplanung, MOTIVATP = positive Motivation, ANSTRENP = positive Anstrengungs-bereitschaft, PLANUNG = Planungsstrategie, REGULAT = Regulationsstrategie, E-LABORAT = Elaboration, MATERIAL = Materialbeschaffung, CONTROLL = Controlling (Überwachung), GEMEINP = positive Bereitschaft zum gemeinsamen Lernen

6.2.6.3 Faktorenanalyse für die offene Befragung (nur mit Lernstrategiekategorien)

Bei einer Faktorenanalyse zur offenen Befragung, in der ausschließlich Strategiekategorien als Variablen zugelassen waren, ergab sich folgende Faktorenbildung:

Den Faktor 1 bilden die Kategorien *Übungsstrategien* zusammen mit Strategien der *Zeitplanung, Überwachung (Controlling), positive Anstrengungsbereitschaft* und *Regulation* (hier dominieren zwei **metakognitive Strategien**).

Im Faktor 2 sind *Elaborations- Organisationsstrategien* und das *gemeinsame Lernen* zusammen aufgeführt (zwei **kognitive Strategien**).

Der Faktor 3 setzt sich aus **zwei Strategien des Ressourcenmanagements** (*Materialbeschaffung* und *Gestaltung der Lernumgebung*) und der *Planungsstrategie* zusammen.

Diese drei Faktoren erklären jedoch nur 37,4% Varianz für die Gesamtpopulation.

Matrix der Faktorenanalyse

	FAKTOR 1	FAKTOR 2	FAKTOR 3
UEBUNG	.60943	.13157	.08376
ZEITP	.55342	.13745	-.17713
CONTROLL	.50724	.01858	.09216
ANSTRENP	.50713	.49235	.07603
REGULAT	.45961	-.14376	.27402
GEMEINP	.02320	.60965	.11035
ORGANISA	-.40067	.47788	-.15165
ELABORAT	-.00233	.46131	.32370
MATERIAL	-.01130	.00420	.60283
LERNUMGE	.20757	-.25192	.56041
PLANUNG	-.00353	-.27988	.55275

Legende: siehe oben!

6.2.7 LISREL-Analysen

Die bisher vorgestellten multivariaten Analysen basieren zum großen Teil auf Korrelationsanalysen und geben letztlich (außer in der multiplen Regressions-analyse) keine statistisch abgesicherten Auskünfte über kausale Zusammenhänge. In dieser Forschungsarbeit geht es auch darum, kausale Abhängigkeiten zwischen bestimmten Merkmalen (Variablen, Kategorien) und vor allem Zusammenhänge zwischen verschiedenen Methoden (geschlossene und offene Befragung) zu untersuchen. Das LISREL-Verfahren selbst wurde bereits ausführlich dargestellt und ist von der üblichen Standardform der Pfadanalyse insofern abgehoben, als es auf der Basis von Hypothesen mit Hilfe von Kausalanalysen überprüft, ob die theoretisch aufgestellten Beziehungen zwischen den Variablen, Kategorien und methodischen Ansätzen mit dem empirisch gewonnenen Datenmaterial übereinstimmen. Diese Analysen haben damit *konfirmatorischen* Charakter. So wurden hier neben exploratorischen auch konfirmatorische Faktorenanalysen durchgeführt, die Beziehungen zwischen empirisch ermittelten Größen (Kovarianzen oder Korrelationen) und latenten, d.h. nicht direkt beobachtbaren Variablen oder Konstrukten (latent endogene Variablen und latent exogene Variablen) zeigen.

Die folgenden Analysen und Abbildungen legen den Gesamtzusammenhang dar zwischen den

- Strategiekategorien des LASSI (LASSISTR)
- Motivationskategorien des LASSI (LASSIMOT)
- Strategieklassen des LOMPSCHER (LOMPSCH)
- Strategiekategorien (kognitive (KOGNITIV), metakognitive (METAKOG) Strategien und Ressourcen-Management (RESSOURC))
- Motivations- Interessen- und Selbstkonzeptkategorien aus der offenen Befragung

6.2.7.1 Konfirmatorische Faktorenanalysen

Hier sollen beispielhaft eine konfirmatorische Faktorenanalyse mit allen hier angeführten Strategieklassen und eine Analyse ohne Motivationskategorien aufgeführt werden. In der Darstellung wird nicht der vollständige Analyse-Output, sondern lediglich das Modell (model-line) mit den entsprechenden Variablen (SE) und Konstrukten (LK), die standardisierte Lösung für Lamda-X, die PHI-Matrix und die Goodness-Of-Fit-Statistics abgedruckt.

In dem Gesamtmodell mit allen Kategorien (*Strategien, Motivation* und *Emotion*) sind die Zusammenhänge zwischen den Motivationskonstrukten (LASSI-MOT) und den Strategiekategorien des LASSI (LASSISTR) am stärksten (siehe PHI-Matrix: 0.95), zwischen den kognitiven (KOGNITIV) und metakognitiven (METAKOG) Strategien der offenen Befragung am zweitstärksten (0.64) und zwischen den LOMPSCHER (LOMPSCH)- und LASSI-Strategien (LASSISTR) am drittstärksten (0.57). (vgl. Anhang Nr. V.)

Konfirmatorische Faktoren-Analyse mit allen Kategorien (LISREL-Analyse)
STANDARDIZED SOLUTION

LAMBDA-X

	LASSISTR	LASSIMOT	LOMPSCH	KOGNITIV	METAKOG	RESSOURC
ZEITPLA	0.78	- -	- -	- -	- -	- -
INFORMA	0.27	- -	- -	- -	- -	- -
HAUPTID	0.55	- -	- -	- -	- -	- -
ANGST	- -	0.49	- -	- -	- -	- -
KONZENT	- -	0.87	- -	- -	- -	- -
TEXTVER	- -	- -	0.66	- -	- -	- -
KOMMUNI	- -	- -	0.72	- -	- -	- -
PROBLEM	- -	- -	0.79	- -	- -	- -
MEMORIE	- -	- -	0.74	- -	- -	- -
KOOPERA	- -	- -	0.63	- -	- -	- -
UEBUNG	- -	- -	- -	0.49	- -	- -
ELABORAT	- -	- -	- -	0.10	- -	- -
ORGANISA	- -	- -	- -	0.39	- -	- -
PLANUNG	- -	- -	- -	- -	0.06	- -
CONTROLL	- -	- -	- -	- -	0.34	- -

	LASSISTR	LASSIMOT	LOMPSCH	KOGNITIV	METAKOG	RESSOURC
REGULAT	- -	- -	- -	- -	0.43	- -
GEMEINP	- -	- -	- -	- -	- -	0.07
ANSTRENP	- -	- -	- -	- -	- -	0.23
MATERIAL	- -	- -	- -	- -	- -	0.12
ZEITP	- -	- -	- -	- -	- -	0.80

PHI

	LASSISTR	LASSIMOT	LOMPSCH	KOGNITIV	METAKOG	RESSOURC
LASSISTR	1.00					
LASSIMOT	0.95	1.00				
LOMPSCH	0.57	0.23	1.00			
KOGNITIV	0.14	0.29	0.05	1.00		
METAKOG	0.14	0.01	0.17	0.64	1.00	
RESSOURC	0.00	0.05	0.03	0.36	0.37	1.00

In dem zweiten Modell einer konfirmatorischen Faktorenanalyse ohne Motivationsvariablen ist der Zusammenhang zwischen den LASSI- und
LOMPSCHER-Fragebogenstrategien am stärksten (0.82), zwischen den kognitiven und metakognitiven Strategien der offenen Befragung am zweitstärksten
(0.58) und zwischen den Kategorien des Ressourcen-Managements und den
kognitiven (0.42) und den metakognitiven (0.44) am drittstärksten. Am stärksten ist der korrelative Zusammenhang in der PHI-Matrix zwischen den
Lompscher- und LASSI-Kategorien und den metakognitiven Kategorien der
offenen Befragung. Zwischen den LASSI-Strategien bzw. Lompscher-
Kategorien und den Kategorien des Ressourcen-Managements besteht keine
oder allenfalls nur eine sehr schwache Beziehung (0.03). Die Goodness-of-Fit-
Indizes liegen bei 0.91 (=GFI, bzw. 0.87=AGFI, p=0.98) in dem Gesamtmodell
und bei 0.86 (=GFI, AGFI=0.82, p=0.57) in dem Modell ohne Motivationsvariablen des LASSI (siehe ausführlicher LISREL-Output im Anhang Nr. V.).

**Konfirmatorische Faktoren-Analyse mit allen Strategiekategorien (ohne Motivations-
strategien) (LISRELanalyse)**

STANDARDIZED SOLUTION

LAMBDA-X

	LASSISTR	LOMPSCH	KOGNITIV	METAKOG	RESSOURC
ZEITPLA	0.53	- -	- -	- -	- -
INFORMA	0.60	- -	- -	- -	- -
SELBSTK	0.73	- -	- -	- -	- -
HAUPTID	0.40	- -	- -	- -	- -
PRUEFUN	0.22	- -	- -	- -	- -
TEXTVER	- -	0.67	- -	- -	- -
KOMMUNI	- -	0.70	- -	- -	- -
PROBLEM	- -	0.79	- -	- -	- -
ORGANIS	- -	0.64	- -	- -	- -
MEMORIE	- -	0.74	- -	- -	- -
KOOPERA	- -	0.64	- -	- -	- -
UEBUNG	- -	- -	0.57	- -	- -
ELABORAT	- -	- -	0.09	- -	- -
ORGANISA	- -	- -	0.33	- -	- -
PLANUNG	- -	- -	- -	0.04	- -
CONTROLL	- -	- -	- -	0.37	- -
REGULAT	- -	- -	- -	0.38	- -

	LASSISTR	LOMPSCH	KOGNITIV	METAKOG	RESSOURC
GEMEINP	- -	- -	- -	- -	0.06
ANSTRENP	- -	- -	- -	- -	0.27
MATERIAL	- -	- -	- -	- -	0.11
ZEITP	- -	- -	- -	- -	0.72

PHI-Matrix

	LASSISTR	LOMPSCH	KOGNITIV	METAKOG	RESSOURC
LASSISTR	1.00				
LOMPSCH	0.82	1.00			
KOGNITIV	0.19	0.06	1.00		
METAKOG	0.09	0.16	0.58	1.00	
RESSOURC	0.11	0.02	0.42	0.44	1.00

6.2.7.2 Kausal-Analysen

Bei den **Kausal-Analysen** interessiert vor allem der Nachweis eines kausalen Zusammenhangs zwischen den Aussagen der offenen Befragung und dem Antwortverhalten in den Strategiefragebögen. Außerdem soll die Frage, ob es kausale Zusammenhänge zwischen den verschiedenen Strategiefragebögen gibt, beantwortet werden: Beeinflusst die Beantwortung des LOMPSCHER-Fragebogens (der als erster Lernstrategiefragebogen eingesetzt wurde) die Beantwortung des LASSI (Learning and Studying Strategies Inventory)? Hierzu seien folgende Kausalanalysen angeführt:

6.2.7.2.1 Kausale Zusammenhänge zwischen den Strategien der geschlossenen Fragebögen und der offenen Befragung

Bei perfekten Goodness-of-Fit-Index-Werten (*The Fit is perfect!*) lassen sich in einem Gesamtmodell (jedoch ohne Motivationsvariablen des LASSI) kausale Zusammenhänge zwischen den Strategiewerten aus Aussagen der offenen Befragung und aus den geschlossenen Fragebögen zeigen. Dies lässt sich an dem Beta-Wert aus den beiden Fragebögen LASSI und von LOMPSCHER ablesen: hier ist ein Einfluss des LASSI auf den LOMPSCHER von 0.40 und des LOMPSCHER auf den LASSI von 0.23 festzustellen. Im Strukturmodell zwischen den Kategorien der offenen und geschlossenen Befragung zeigt sich der

111

stärkste Einfluss zwischen den metakognitiven Variablen und den Indikatoren des Lompscherfragebogens: gamma = 0.26, am schwächsten sind die Gamma-Werte zwischen den kognitiven Indikatoren der offenen Befragung und den beiden geschlossenen Fragebögen (0.08 beim LOMPSCHER-Fragebogen und 0.12 beim LASSI). Insgesamt gesehen sind die kausalen Einflüsse der Strategiekategorien aus den Aussagen der offenen Befragung auf den LASSI stärker als auf den Lompscher-Fragebogen (vgl. Gamma-Matrix). In der standardisierten Regressionsmatrix zwischen ETA (LASSI und LOMPSCH) und KSI (Indikatoren der offenen Befragung: *kognitiv*, *metakog* und *ressourc*) ist nur die Beeinflussung metakognitiver Aussagen der offenen Befragung auf den Lompscher-Fragebogen am stärksten (0.23) und die der kognitiven Kategorien aus der offenen Befragung auf die beiden standardisierten Fragebögen am schwächsten (0.06 bzw 0.09) (siehe Anhang Nr. V.).

Kausal-Analyse (LISREL) zwischen den Strategien der geschlossenen Fragebögen und der offenen Befragung

STANDARDIZED SOLUTION

LAMBDA-Y

	LASSI	LOMPSCH
ZEITPLA	0.71	- -
HAUPTID	0.60	- -
TEXTVER	- -	0.65
KOMMUNI	- -	0.76
PROBLEM	- -	0.76
MEMORIE	- -	0.73
KOOPERA	- -	0.64

LAMBDA-X

	KOGNITIV	METAKOG	RESSOURC
UEBUNG	0.75	- -	- -
ELABORAT	0.03	- -	- -
ORGANISA	0.27	- -	- -
PLANUNG	- -	0.00	- -
CONTROLL	- -	0.50	- -
REGULAT	- -	0.28	- -
GEMEINP	- -	- -	0.05
ANSTRENP	- -	- -	0.33
ZEITP	- -	- -	-0.55

BETA

	LASSI	LOMPSCH
LASSI	- -	0.40
LOMPSCH	0.23	- -

GAMMA

	KOGNITIV	METAKOG	RESSOURC
LASSI	0.12	0.20	0.20
LOMPSCH	0.08	0.26	0.20

CORRELATION MATRIX OF ETA AND KSI

	LASSI	LOMPSCH	KOGNITIV	METAKOG	RESSOURC
LASSI	1.00				
LOMPSCH	0.54	1.00			
KOGNITIV	0.07	0.06	1.00		
METAKOG	0.06	0.16	0.36	1.00	
RESSOURC	0.03	0.01	0.48	0.57	1.00

6.2.7.2.2 Kausale Zusammenhänge zwischen den Strategien der geschlossenen Fragebögen (*LASSI* - abhängiges Konstrukt (ETA) und *LOMPSCHER-Fragebogen* - unabhängiges Konstrukt (KSI))

Hier kann gezeigt werden, ob und wie stark die Beantwortung des LOMPSCHER-Strategiefragebogens die Beantwortung des LASSI beeinflusst hat. Bei der Umkehrung LASSI als unabhängiges Konstrukt und LOMPSCHER-Fragebogen als abhängiges konnte gezeigt werden, dass die Beeinflussung stärker in die Richtung LOMPSCHER-> LASSI war. Dies lässt sich mit einem gewissen Reihenfolgeeffekt begründen, denn der LOMPSCHER-Fragebogen wurde vor dem LASSI eingesetzt. Der Gamma-Wert zwischen LOMPSCHER und LASSI liegt bei 0.82 bei einem GFI (Goodness-of-Fit-Index) von 0.82 und AGFI (Adjusted-Goodness-of-Fit-Index) von 0.74 (siehe Anhang).

113

Kausal-Analyse (LISREL) zwischen den Strategiefragebögen LASSI
(abhängiges Konstrukt) und LOMPSCHER (unabhängiges Konstrukt)

STANDARDIZED SOLUTION

LAMBDA-Y

	LASSI
ZEITPLA	0.54
INFORMA	0.60
HAUPTID	0.41
SELBSTK	0.72
PRUEFUN	0.23

LAMBDA-X

	LOMPSCH
TEXTVER	0.66
KOMMUNI	0.72
PROBLEM	0.79
ORGANIS	0.64
MEMORIE	0.72
KOOPERA	0.64

GAMMA

	LOMPSCH
LASSI	0.82

CORRELATION MATRIX OF ETA AND KSI

	LASSI	LOMPSCH
LASSI	1.00	
LOMPSCH	0.82	1.00

114

6.3 Ergebnisse aus der qualitativen Forschung: Einzelfallstudien und Interviews

Wie oben bereits angeführt, haben sich 29 Schülerinnen und Schüler für Einzelfallanalysen mit den geschlossenen Fragebögen, für offene Befragungen und für Interviews über ihre subjektiven Lernkonzepte freiwillig bereit gefunden.

6.3.1 Auswertungskategorien zur Analyse der qualitative Daten

6.3.1.1 Lernstrategiekategorien

Zur Kategorisierung der Schüleraussagen innerhalb der offenen Befragung mit den Fragebögen und den Interviews wurden folgende Kategorien zugrunde gelegt:

I. *Strategiekategorien* nach *C. Weinstein (1987) und P. Pintrich* (1991) (vgl. Darstellung Kapitel 3: Zum Konzept der Lernstrategien)

1.   *Kognitive Kategorien*
1.1   Wiederholungs-/Übungsstrategien: Einprägen, Memorieren neuer Informationen (Erwerb)
1.2   Elaborationsstrategien: Verbindungen, Verknüpfungen zwischen dem neuen Wissen und dem Vorwissen, Bildung von Analogien (Integration)
1.3   Organisationsstrategien: Selektieren und Strukturieren des Lernstoffs (Selektion), Verbindungen herstellen zwischen den verschiedenen Teilen des Lernstoffs: Zusammenfassungen, Unterstreichungen, Gliederungen, Hauptideen herausfinden (Konstruktion)

2.   *Metakognitive Strategien*
2.1   Planung: "Ich mache mir einen Plan, setze mir Ziele, wann ich und was ich lerne".
2.2   Überwachung: "Ich kontrolliere meinen eigenen Lernvorgang" Selbstbefragung (self-testing).
2.2   Regulation: "Ich passe meine aktuelle Lerntätigkeit den Aufgabenanforderungen an".

3.   *Ressourcen-Management*
3.1   Gestaltung der Lernumgebung ("Wenn ich lerne, muss der Schreibtisch aufgeräumt sein").
3.2   Gemeinsames Lernen (Hilfe suchen bei anderen, "Ich lerne am liebsten mit anderen").

115

3.3 Beschaffung und Verwendung von zusätzlicher Literatur/Materialien/Lernhilfen/Studienhilfen

3.4 Anstrengungsbereitschaft (Einsatz von kognitiven und metakognitiven Strategien: "Ich bin bereit, mich anzustrengen." Konzentration, Aufmerksamkeit effektiv steuern)

3.5 Zeitplanung/Umgang mit der Lernzeit ("Ich teile mir die Zeit ein")

II. **Strategieklassen** *nach J. Lompscher* (1993, 1994, 1996)

6.1 Textverarbeitungsstrategien (Lesen von Lerntexten und Wiedergabe ihres Inhalts)

6.2 Kommunikationsstrategien (Teilnahme an Unterrichtsgesprächen und Lehrerverträgen)

6.3 Problemlösestrategien (Bewältigung schwieriger Lernaufgaben)

6.4 Organisationsstrategien, bezogen auf die eigene Lerntätigkeit (Erledigen von Hausaufgaben)

6.5 Gedächtnisstrategien (Einprägen und Aktualisieren von Lernstoff)

6.6 Kooperationsstrategien (Gemeinsames Lösen von Lernaufgaben)

Diese Strategiekategorien wurden allen Aussagen zugrunde gelegt, die nicht **fach-(bereichs-) spezifisch** formuliert waren.

Für **fachspezifische (Englisch, Deutsch, Physik, Mathematik)** Aussagen wurden folgende Kategorien verwendet:

6.3.1.2 Fachspezifische Kategorien

7. *Englischstrategien*
7.1 bezogen auf Grammatik
7.2 bezogen auf Lexik (Vokabeln)
7.3 bezogen auf Schreiben
7.4 bezogen auf Lesen
7.5 bezogen auf Hören
7.6 bezogen auf Sprechen
7.7 bezogen auf Verstehen

8. *Deutschstrategien*
8.1 bezogen auf Grammatik
8.2 bezogen auf Rechtschreibung
8.3 bezogen auf Schreiben (z.B. Aufsatz)
8.4 bezogen auf Lesen
8.5 bezogen auf Hören
8.6 bezogen auf Sprechen
8.7 bezogen auf Verstehen

8.8   bezogen auf Literatur (einschließlich Theater etc.)

9.   *Physikstrategien*
9.1   bezogen auf Formeln/Regeln
9.2   bezogen auf Experimente
9.3   bezogen auf spezielle Schaltpläne
9.4   bezogen auf naturwissenschaftliches Verständnis

11.   *Mathematikstrategien:*
11.0 bezogen auf die ausdrücklich geschriebene Äußerung "Ich lerne gar nicht/gar nichts" in Mathematik
11.1 bezogen auf Formeln/Regeln/Merksätze
11.2 bezogen auf die Verwendung des Lösungsbuches
11.3 bezogen auf (das Verstehen von) Theorien
11.4 bezogen auf Übungsaufgaben aus dem Buch (z.B. "Rückspiegel" in der Realschule) - auch als allgemeine Wiederholungsstrategie / Übungsstrategie zu kodieren.

Darüber hinaus wurden auch Aussagen kategorisiert, die auf Motivation, Interesse und Selbstkonzept bezogen werden konnten. Dabei wurde unterschieden zwischen vorhanden/nicht vorhanden und positiv/negativ.

6.3.1.3 Motivations-, Interesse- und Selbstkonzeptkategorien

a) Positive/negative) *Motivation*
b) (positives/negatives) *Interesse*
c) keine Strategie/Aussage nicht einzuordnen
d) *Fähigkeitsselbstkonzept*- bereichsspezifisch ("Ich halte mich für einen guten/schlechten Schüler")

6.3.1.4 Untersuchungsinstrumentarien in der Einzelfallanalyse

Im Einzelnen wurden bei den Schülern vor dem strukturierten Interview und vor einer konkreten Aufgabenstellung in Mathematik folgende Befragungen und Tests durchgeführt (vgl. auch Ausführungen zum Forschungsdesign Kapitel 5.1 und die Fragebögen im Anhang Nr. I.).

1.   *Offene schriftliche Befragung* zum *Lernen (Brainstorming):*
   - "Wie lernst Du?" "Was verstehst Du unter Lernen?" "Was läuft bei Dir ab, wenn Du lernst?" (Innere und äußere Aspekte des Lernens)
   - "Welche Schwierigkeiten, Probleme hast Du beim Lernen?"
   - "Lernst Du in verschiedenen Fächern unterschiedlich? Wenn ja, wie lernst Du in dem jeweiligen Fach?"

- "Lernst Du in der Schule bzw. zu Hause alleine oder zusammen mit anderen?"

2. *Geschlossene schriftliche Befragung* zu Lernstrategien und Motivation mit den Fragebögen (siehe Anhang Nr. I.):
   - *"Wie lernst Du?"* (von Joachim Lompscher in der Fassung von 1994) mit den offenen Frageteilen
   - *LASSI (Learning and Study Strategies Inventory* nach C. Weinstein, Übersetzung von Chr. Metzger, Hochschule St. Gallen, Bearbeitung von Chr. v. Rhöneck & G. Schnaitmann, Ludwigsburg)
   - *KSI (Kieler LernStrategien-Inventar* von Heyn, Baumert & Köller 1994, bearbeitet von Gerhard W. Schnaitmann, Ludwigsburg)

3. Befragung zum *bereichs(fach-)spezifischen Fähigkeitsselbstkonzept* (nach Helmke, 1992a; siehe Anhang Nr. I.)

4. *LMT-J (Leistungsmotivationstest* für Jugendliche von Hermans, H.J.M. (1976), in der deutschen Fassung von Udo Undeutsch) mit den Skalen:
   - Leistungsstreben
   - Ausdauer und Fleiß
   - leistungsfördernde Prüfungsangst
   - leistungshemmende Prüfungsangst

5. *AVI (Arbeits-Verhaltens-Inventar* von Thiel, Keller, Binder 1979) mit den Skalen:
   - Anspruchsniveau
   - Bedürfnisaufschub
   - Erfolgsmotivation
   - Lernmotiviertheit
   - Misserfolgsmotivation
   - Selbstwertbild
   - Stoffverarbeitung
   - Aktualisierungphase
   - Gestaltung der Lernbedingungen
   - Denkstil
   - Lernstil
   - Misserfolgstoleranz
   - Rezeptionsphase
   - Leistungskontrolle
   - Stressresistenz
   - Lernfeldunabhängigkeit
   - Lernverhalten
   - Lerntechniken
   - Einstellung zur Schule
   - Leistungsgefühle

6. *Grundintelligenztest Skala 2 (CFT 20)* (von R.H.Weiß, 1987, Göttingen: Testzentrale), davon:
- Wortschatztest (WS)
- Zahlenfolgetest (ZF)

Mit dem Einsatz dieses Tests (CFT 20) ging es um ein kognitives Außenkriterium zu den übrigen Fragebögen (Lernstrategien, Motivation, Interesse etc.) im Sinne der Erfassung einer allgemeinen Grundintelligenz nach der Catell'schen 'general fluid ability'. Dies impliziert die Fähigkeit, komplexe Beziehungen in neuartigen Situationen wahrzunehmen und zu erfassen. Mit der Aufnahme eines Wortschatz- und Zahlenfolgetests (die hier durchgeführt wurden) werden verbale und numerische Elemente des Faktors *Verarbeitungskapazität* erfasst.

6.3.2 Darstellung der Ergebnisse der Einzelfallstudien und der Interviews

In der Auswertung der Einzelfallanalysen ging es weniger um die Einzelergebnisse bei den Schülern in den Motivations- (LMT, AVI) und Intelligenztests oder um korrelative Zusammenhänge zwischen den Fragebogenkategorien, als vielmehr um die Frage, inwieweit das Antwortverhalten in den geschlossenen (Lernstrategie-) Fragebögen sich in den Aussagen der Interviews widerspiegelt. Die Interviews wurden nach dem oben angeführten strukturierten Schema (Mayring, 1993b) und nach der Methode des Lauten Denkens (vgl. Weidele & Wagner 1994[2]) im Anschluss an konkrete Mathematikaufgaben durchgeführt.

Hier sollen insbesondere die Werte von Schülern mit extrem hohen bzw. extrem niedrigen Strategiesummenwerten aus den geschlossenen Fragebögen dargestellt und den Ergebnissen der offenen Analysen gegenübergestellt werden. Die Strategiesummenwerte wurde aus den Summen der einzelnen Kategorien ermittelt.

Im Anhang finden sich die Auswertungstabellen zu den Schüleraussagen zum Lernen allgemein und zum Lernen in Mathematik mit den entsprechenden Operationalisierungen zu den Strategiekategorien aus den Interviews im Besonderen (Anhang Nr. VII.).

Bei jeweils zwei Schülern mit hohen bzw. niedrigen Kategoriewerten aus den geschlossenen Lernstrategiefragebögen sind die Ergebnisse aus der offenen und der geschlossenen Befragung (LOMPSCHER, LASSI und KSI) einander gegenübergestellt.

Hierzu kann nun ersehen werden, wie die Schüler bei den einzelnen Fragen geantwortet haben.

Im Vergleich sind die Aussagen aus den Interviews für den Einzelfall aufgeführt. Die Nummerierung entspricht der Auflistung der inhaltstragenden Aussa-

gen in den Tabellen zum allgemeinen Lernen und zum Lernen in Mathematik.
Hier können die der Nummerierung zugehörigen inhaltstragenden Aussagen
verwendet werden (siehe Anhang Nr. VII.)
Folgenden Fragestellungen wurde nachgegangen:

- Nennen Schüler mit hohen bzw. niedrigen Strategiekategorien-Werten auch
  viele bzw. wenige Strategien in den Interviews?
- Nennen Schüler andere Strategien in den Interviews als im Fragebogen?
- Werden Strategien in den Interviews genannt, die in den Fragebögen nicht
  berücksichtigt wurden?
- Kommen bestimmte Strategiearten eher beim allgemeinen Lernen oder in
  Mathematik vor?

Vergleicht man das Antwortverhalten der Schülerinnen und Schüler mit hohen
Strategiewerten im LOMPSCHER-Fragebogen mit den Aussagen in den Interviews, so lässt sich feststellen, dass das Antwortverhalten bezüglich der Einschätzung der Verwendung von Strategien im Fragebogen (z.B. "völlig zutreffende *Wiederholungs-* oder *Elaborationsstrategien*") sich auch in den Aussagen
der Interviews wiederfindet, außer bei den Strategien *Verwendung von zusätzlicher Literatur* (*Ressourcenmanagement*) und *Anstrengung* bzw. *Konzentration*.
Umgekehrt nennen die Schülerinnen und Schüler, die nach ihrem Antwortverhalten im Fragebogen kaum Wiederholungsstrategien verwenden, am häufigsten
Wiederholungsstrategien für das allgemeine Lernen und auch für die konkrete
Lernaufgabe in Mathematik. Bei einer Schülerin fällt außerdem auf, dass sie im
Lompscherfragebogen zum Teil kaum oder gar keine Elaborationsstrategien
verwendet, im Interview aber eine ganze Reihe Elaborationen nennt, wie beispielsweise " Ich erinnere mich an Ähnliches", "ich unterscheide Wichtiges von
Nebensächlichem" etc.
Im Vergleich zwischen dem Antwortverhalten in den beiden Lernstrategiefragebögen LASSI und KSI und den Aussagen in den Interviews ist ebenso wie
beim LOMPSCHER-Fragebogen vor allem bei dem Schüler mit den höchsten
Summenwerten eine Entsprechung im Interview festzustellen. Am häufigsten
werden hier im Interview Elaborationsstrategien genannt, deren Summenwert
im KSI auch sehr hoch ist (Skalensummenwert: 43 von 48). Keine Entsprechung finden sich bei den Strategiekategorien *Regulation* (aus dem KSI) und
den Interviewaussagen. Es lässt sich nur eine Aussage der Regulationsstrategie
zuordnen. Bei den beiden Schülerinnen mit niedrigen Strategiesummenwerten
in den Fragebögen LASSI und KSI entspricht das Antwortverhalten in den Fragebögen auch den Aussagen in den Interviews, außer in einem Fall. Eine der
beiden Schülerinnen weist einen mittleren Wert bei den Items der Elaborationsstrategien im KSI auf (Skalenwert 26 von 48), nennt aber im Interview eine
ganze Reihe von Elaborationsstrategien, wie "ich versuche den Gedankengang
des Lehrers nachzuvollziehen". Am häufigsten nennen die Schülerinnen mit den
niedrigen kognitiven (*Elaboration* und *Organisation*) und metakognitiven (*Planung, Überwachung* und *Regulation*) Strategiewerten in den Fragebögen Wie-

derholungsstrategien und Strategien des gemeinsamen Lernens im Interview im Anschluss der konkreten Problemlösungsaufgabe.

Bezüglich der zweiten Ausgangsfrage ("Nennen Schüler andere Strategien in den Interviews als im Fragebogen?") lässt sich zusammenfassend feststellen, dass insbesondere von den Schülern mit hohen Strategiesummenwerten Aspekte der Gestaltung der Lernumgebung (Strategie des *Ressourcen-Managements*) genannt werden. Außerdem lässt sich zu den beiden Strategiefragebögen LASSI und KSI bemerken, dass sowohl als Schlussfolgerung aus den offenen Befragungen als auch aus den Interviews soziale Strategien (*Hilfe suchen bei anderen, gemeinsames Lernen*) ebenso fehlen wie die *Ressourcen-Management-Strategie* der Beschaffung und Verwendung zusätzlicher Literatur und Materialien (Lernhilfen). Hier hat sich die Aufnahme dieser Lernstrategien in den LOMPSCHER-Fragebogen "Wie lernst Du" bewährt.

Zur letzten Frage ("Kommen bestimmte Strategiearten eher beim allgemeinen Lernen oder in Mathematik vor?") lässt sich feststellen, dass am wenigsten metakognitive Strategien, wie *Planung, Überwachung* und *Regulation* im Anschluss an den konkreten Lernprozess in Mathematik genannt werden, wohingegen diese Strategiekategorien bei den Fragen zum allgemeinen Lernen auftreten.

Das lässt sich damit erklären, dass sich die Kalkulationen (Konstruktionen von metakognitiven Prozessen und deren Bewusstmachung und die Elaborationen), die bei kognitiven Prozessen eine wichtige Rolle spielen, nicht langsam und sicher mit mathematischer Regelmäßigkeit, Sicherheit und Gesetzlichkeit vollziehen und zeigen, sondern schnell und einfach (vgl. Kintsch 1994, S. 41). Für das Lehren von erfolgversprechenden Strategien müssen sie einerseits gut eingeübt und automatisiert sein, andererseits Zugang zu einer reichhaltigen Wissensbasis haben. Ohne adäquates Wissen und ohne verlässliche Enkodierstrategien lassen sich erforderliche Repräsentationen folglich nicht bilden. Dies lässt sich in keinem der untersuchten Fälle voraussetzen und als vorhanden konstatieren.

Eine weitere Erklärung der Diskrepanz der (Nicht-)Anwendung von allgemeinen Strategien in einem konkreten Lern-(Problemlösungs-)prozess und dem bewussten Nennen von allgemeinen Strategien ist darin zu sehen, dass die Rede über Kognitionen nicht unbedingt eine "objektive" Handlungsbeschreibung liefert, und die befragten Schüler nicht wirklich über die Handlungsstrategien Auskunft geben können, die sie eingesetzt haben, sondern immer nur über das Alltagswissen und die Annahmen, die sie davon haben. Befunde, insbesondere im Rahmen von Untersuchungen zur Metakognition und zu subjektiven Theorien (vgl. Kapitel 4.3), weisen darauf hin, dass die subjektiven Annahmen über Handlungsabläufe, wie zum Beispiel den hier untersuchten Strategieeinsatz, als metakognitives Wissen zukünftige Handlungen und auch die kognitiv-emotionalen Orientierungen sowie das Selbstkonzept stark beeinflussen und insofern von hoher Relevanz für die Wissenskonstruktionen sind (vgl. Brown

1994; Scheele & Groeben 1988). Die "theories of mind" (Brown 1994, S. 6) beeinflussen als naive Hypothesen zukünftige Lernhandlungen und machen auch bestimmte Lerninhalte vorhersagbar (vgl. Lilli & Frey 1993; Finkbeiner 1998). Will man beispielsweise das naive Wissen über den Einsatz von Strategien untersuchen, so kann man zunächst individuelle Daten auf der deklarativen Ebene erfassen, das heißt die Probanden werden zum Beispiel zu ihren Annahmen über das eigene Lernen befragt. Auf diese Weise kann man möglicherweise prototypische Ähnlichkeiten festellen und bestimmte Profile bilden (vgl. Finkbeiner 2001b). Aus den verschiedenen Profilen wählt man dann typische Beispiele aus und beobachtet sie im Prozess bei einer konkreten Aufgabe. Dies war auch die Vorgehensweise in den Einzelfallanalysen. Am Schluss wurden dann beide Verfahren in Beziehung gesetzt und miteinander verglichen.

Im letzten Kapitel soll die Relevanz der Lernforschung für die Schulpädagogik dargestellt und wichtige Schlussfolgerungen für die Allgemeine Didaktik gezogen werden.

7 ZUR RELEVANZ DER LERNFORSCHUNG IN DER SCHULPÄDAGOGIK: SCHLUSSFOLGERUNGEN FÜR DIE ALLGEMEINE DIDAKTIK UND FÜR DIE FACHDIDAKTIK IN ENGLISCH

In diesem Kapitel steht die Frage im Mittelpunkt, welche Relevanz die Lernforschung zum gegenwärtigen Stand in der Schulpädagogik einnimmt, und welche Schlussfolgerungen aus den Forschungsergebnissen für die Allgemeine Didaktik und für die Fachdidaktik, am Beispiel im Fach Englisch, zu ziehen sind. Dazu sollen außerdem Ergebnisse aus dem Unterricht in Physik (Elektrizitätslehre) dargestellt werden.

Es wird in diesem Kapitel von aktuellen Publikationen zur *Schulpädagogik* ausgegangen (aktuelle Publikationen zur *Lernforschung* wurden bereits oben im Kapitel 4.2 dargestellt.

Ebenso auf der Grundlage der Analyse aktueller Publikationen wird die Frage erörtert, was Schulpädagogik ist, inwieweit die Lernforschung in neueren schulpädagogischen Konzeptionen ausdrücklich erwähnt ist und möglicherweise sogar das Selbstverständnis der Schulpädagogik als wissenschaftliche Disziplin beeinflusst (hat).

Abschließend werden Perspektiven des Zusammenhangs von Lernforschung und Schulpädagogik und Schlussfolgerungen für eine Allgemeine Didaktik anhand wichtiger Aspekte des Selbstverständnisses der Schulpädagogik aufgezeigt.

7.1 Zum Stand bibliographischer Angaben zur Lernforschung und Schulpädagogik

Wie in der Lernforschung, so findet sich auch im Bereich der Schulpädagogik eine Fülle bibliographischer Eintragungen in Datenbanken und neuere Publikationen.

Allein in den letzten 5 Jahren werden in der Literaturdokumentation Bildung auf CD-ROM 753 Titel unter dem Stichwort Schulpädagogik angegeben, in den Jahren von 1980 bis 1996 sind insgesamt 1724 Titel verzeichnet.

Zum Zusammenhang von empirischer Lernforschung und Schulpädagogik bzw. Allgemeiner Didaktik liegen jedoch wenige Publikationen (vgl. Bonne 1978) oder allenfalls nur indirekte Bezüge vor.

Zur Verknüpfung der Schlagwörter Schulpädagogik und Lernforschung selbst gibt es in der Bibliographischen Literaturdokumentation Bildung von 1995 keine Einträge.

123

Es finden sich jedoch einige bibliographische Eintragungen zu den Stichwörtern Schulpädagogik und Lernprozesse (Lambrich & Scholz 1992; Gudjons 1989; Biermann 1988; Kozdon 1989; Duit 1988; Bitz 1988; Boensch 1988). Auch *Bromme* (1992, S. 535*)* weist darauf hin, dass die Unterrichtsplanung (als wichtiger Bestandteil einer Theorie des Unterrichts und der Schulpädagogik) "in der empirisch-pädagogischen Forschung (bisher) weitgehend unberücksichtigt blieb" (ebd.).

Erst durch die kognitive Wende der Psychologie kam es zu methodischen Anregungen, beispielsweise auch das Denken der Lehrer bei der Unterrichtsplanung zu untersuchen (Bromme 1981; Wahl 1979). Allerdings fehlt es bislang sowohl an der empirischen Analyse fachbezogener Überlegungen von Lehrern als auch an entsprechenden fachdidaktischen Kategorien zur Analyse von Lehrerkognitionen (Bromme 1992, S. 543). Nach *Bromme* wäre es wichtig, Unterrichtsinhalte und die Planung von Unterricht "als Gegenstand detaillierter psychologischer Studien des Lehr-Lernprozesses" (Bromme, ebd.) zu berücksichtigen, hat doch die kognitionspsychologische Forschung die Bedeutung bereichsspezifischen Wissens für Denken, Urteilen und Entscheiden und für das Lernen empirisch belegt (vgl. u.a. Schneider, Körkel & Weinert 1989; Weinert, Schrader & Helmke 1990; Weinert 1990; Schneider & Weinert 1990).

Zusammenfassend stellt *Bromme* fest, dass es sowohl im deutschsprachigen als auch im englischsprachigen Raum an Analysen zum Zusammenhang von Planung und Unterricht fehlt. Für eine empirische Analyse der Unterrichtsplanung fordert *Bromme* (ebd.) deshalb eine Analyse der, häufig zufälligen Einflüssen ausgesetzten, Lehrer- und Schüleraktivitäten im Sinne einer psychologischen Interpretation des planenden Denkens (bezogen auf die Unterrichtsplanung) als Problemlöseprozess.

In einigen neueren pädagogisch-psychologischen Arbeiten wird zu Einzelaspekten des Unterrichts Bezug genommen, in denen zum Beispiel Zusammenhänge zwischen Unterrichtsqualität, Schülerleistung bzw. kognitiven Schülermerkmalen dargestellt werden. Bei der Erforschung dieses Zusammenhangs hat sich gezeigt, dass die aktuell dominierende theoretische Orientierung an einem einfachen Prozess-Produkt-Modell nicht zufrieden stellen kann. Es ist deshalb notwendig, dieses einfache Forschungsparadigma um kumulative, kompensatorische und kontextuelle Effekte zu erweitern.

Weinert, Schrader & Helmke (1989) diskutieren wesentliche Befunde der Forschung zu diesem Zusammenhang. Hier geht es um:

- Leistungsunterschiede zwischen verschiedenen Schulklassen
- Interaktionseffekte von Unterrichtsvariablen
- kontextuellen Effekte von Unterrichtsqualität
- differentielle Effekte der Unterrichtsqualität auf unterschiedliche Leistungsindikatoren.

In einer Überblicksdarstellung ausgewählter Ergebnisse der Münchner Studie (Helmke & Weinert 1989) wird sehr detailliert über den Einfluss der Unterrichtsqualität auf die Leistungen, das Selbstkonzept und die schulbezogenen Einstellungen von Schülern berichtet. Außerdem werden die Zusammenhänge zwischen der diagnostischen Kompetenz von Lehrern und der Häufigkeit ihrer Unterrichts- und Lernhinweise diskutiert. Im Einzelnen werden dort folgende Aspekte untersucht:

a) Beziehungen zwischen dem Vorwissen und den Leistungen in verschiedenen Klassen
b) Veränderung in der Leistungsvariation innerhalb der Klassen
c) Zusammenhänge zwischen der diagnostischen Kompetenz von Lehrern und der Häufigkeit ihrer Unterrichts- und Lernhinweise
d) longitudinal ausgerichtete Vorhersage der schulbezogenen Einstellungen und des Selbstkonzepts eigener fachbezogener Fähigkeiten anhand von Daten über die Klarheit des Unterrichts, die individuelle Unterstützung durch den Lehrer und die Unterrichtszeit

Einen ausdrücklich fachdidaktischen bzw. schulpädagogischen Bezug zu empirischen Forschungsergebnissen weisen die Arbeiten von *Brommelt* (Brommelt 1991) und von *Finkbeiner* (Finkbeiner 1995, 1996c, 1997a, 2001a, 2001b) auf. In der Arbeit von *Brommelt* (1991) werden vor dem Hintergrund von Klassifikationsmodellen von Unterrichtsmethoden sowie empirischer Untersuchungen zu Unterrichtsstruktur, -qualität und Schülerleistungen die Stabilität von Qualitätsmerkmalen des Unterrichts zwischen didaktisch unterschiedlich charakterisierten Unterrichtsabschnitten sowie zwischen kognitiven Schülermerkmalen, didaktischen Strukturelementen des Unterrichts (Anteile von Lehrfunktionen und Unterrichtsformen), Qualitätsmerkmalen des Unterrichts und Schülerleistungen untersucht. Es zeigt sich ein enger Zusammenhang zwischen hoher Unterrichtsqualität (repräsentiert durch die Merkmale Störungsarmut, Klarheit, Einfachheit, Gliederung und Enthusiasmus des Lehrers), kognitiven Schülermerkmalen und -leistungen und didaktischen Strukturelementen des Unterrichts (Anteile von Lehrfunktionen und Unterrichtsformen).

Dabei erweisen sich Klarheit und Einfachheit als instabil zwischen didaktisch unterschiedlich gekennzeichneten Unterrichtsabschnitten. Bei durchweg hoher Unterrichtsqualität und engem Zusammenhang zwischen kognitiven Schülermerkmalen und Schülerleistungen ergeben sich jedoch keine signifikanten Korrelationen zwischen Qualitätsmerkmalen des Unterrichts und Schülerleistungen. Fehlende lineare Zusammenhänge zwischen Unterrichtsmerkmalen und Schülerleistungen können auch auf adaptives Lehrerverhalten zurückgeführt werden.

Die Publikation von *Finkbeiner* (1995) weist insbesondere wichtige Bezüge zur Fachdidaktik des Englischunterrichts auf. Sie betont, dass "die Erforschung des Fremdsprachenunterrichts nicht nur unerlässlich, sondern unentbehrlich ist" (Finkbeiner 1995, S. 184), insbesondere weil in verschiedenen Bereichen des Fremdsprachenlernens noch ein großes Wissensdefizit besteht, und zwar in Bezug auf die Entwicklung sprachlicher Verstehensstrukturen, auf die Testung bestehender Theorien (z. B. die Modularitätshypothese) und auf die didaktische

Übertragung von Forschungsergebnissen auf die Unterrichtspraxis im Klassenzimmer (vgl. Stern 1990, S. 59).
Die Analyse aktueller schulpädagogischer, allgemeindidaktischer und fachdidaktischer Publikationen in sozialwissenschaftlichen Datenbanken zeigt, dass die ausdrückliche Thematisierung des Zusammenhangs von empirischer Lernforschung und Schulpädagogik bisher vernachlässigt wurde.
Im Folgenden sollen anhand der bereits angeführten Darstellung des Diskussionsstandes der Lernforschung in der Erziehungswissenschaft auf der einen Seite und neuerer grundlegender (konzeptueller) schulpädagogischer Literatur auf der anderen Seite Berührungspunkte zwischen den beiden Wissenschaftsbereichen hervorgehoben werden. Im Anschluss daran werden Grundzüge der Erforschung subjektiver Lernkonzepte dargestellt, um abschließend neue Perspektiven zur Relevanz der Lernforschung in der Schulpädagogik aufzuzeigen. Ein konkretes Beispiel aus der Fachdidaktik soll diese Diskussion abrunden.

7.2 Zum Stand der Lernforschung in der Erziehungswissenschaft unter besonderer Berücksichtigung der Erforschung des Zusammenhangs von Kognitionen und affektiven Faktoren beim schulischen Lernen und subjektiver Lernkonzepte

Die Diskussion von Forschungsmethoden bei der Erforschung von Lernstrategien und Lernprozessen der letzten 10 Jahre und das Konzept der Lernstrategien wurde bereits ausführlich dargestellt (siehe Kapitel 4).
Die schulische Lernforschung hat der Tatsache, dass Lernen ohne Motivation kaum denkbar ist (wenn man von Formen inzidentellen Lernens absieht), in ihren Modellbildungen zur Entstehung von Leistung Rechnung getragen. Die empirische (Lern-)Forschung war aber lange Zeit auf problematische Generalisierungen der vorwiegend laborexperimentell orientierten Forschung zur Leistungsmotivation angewiesen.
Erst seit dem Ende der 70er Jahre bahnte sich ein Wandel zu direkten Analysen von lernrelevanter Motivation im Schulalltag an. Es handelte sich damals um Versuche, Annahmen aus Leistungsmotivationstheorien auf den Lernalltag umzusetzen. So wurden ältere eindimensionale Konstruktbildungen durch dichotome Konzeptbildungen ersetzt (extrinsische versus instrinsische Motivation). Auch benachbarte Konstrukte haben in den letzten Jahren wesentliche Differenzierungen erfahren. Dieses gilt insbesondere für das Interesse von Lernern am Lerngegenstand, das in Deutschland u.a. im Gefolge der "pädagogischen Interessentheorie" (vgl. Krapp 1992a und 1992b; Krapp & Prenzel 1992; Schiefele, Haußer & Schneider 1979) zum Gegenstand empirischer Analysen geworden ist.

Die nähere Betrachtung des Begriffs der 'Lernmotivation' ist aufgrund seiner Aufspaltung in zwei Aspekte unerlässlich. Zum einen kann der Begriff 'Lernmotivation' die Motivation bezeichnen, Handlungen auszuführen, die *situativ* als Lernhandlungen definiert sind (z.b. durch den Lehrer) und zu einem Kompetenzzuwachs führen können. Es kann aber auch die Motivation gemeint sein, die *subjektiv* zum Ziel hat, einen Kompetenzzuwachs herbeizuführen.

Im schulischen Lernen gibt es viele Situationen, in denen Lernhandlungen durch Aufgabenstellungen induziert werden, deren Ziel aus der Lernerperspektive primär in der Aufgabenorientierung besteht, nicht aber im resultierenden Lerngewinn (z.b. beim Einüben von sprachlichen Kompetenzen durch Diskussionen etc.).

In der lernpsychologischen Literatur besteht weitgehend Übereinstimmung darüber, Lernen als umgebungsbezogene Verhaltensänderung zu kennzeichnen (vgl. Foppa 1965; Klix 1971; Hilgard & Bower 1975). Etwas zu lernen bedeutet demnach, Informationen aufzunehmen, sie im Gedächtnis zu speichern bzw. zu verarbeiten, und auf der Grundlage des Ergebnisses dieser Prozesse das Verhalten zu steuern.

Die Komplexität dieser Informationsverarbeitungsprozesse (IVP) (als Grundlage des kognitiven Lernens) wirft zwei Grundfragen auf, die sich auf die Wechselwirkung der Bestimmungsstücke schulischen Lernens beziehen:

(a) Die Frage nach den Invarianten, die in diesen komplexen IVP wirksam sind und die Effektivität und Zuverlässigkeit schulischen Lernens begründen.

(b) Die Frage nach dem Bedingungsgefüge, das die Zusammenwirkung dieser Invarianten ermöglicht, und seinen Grenzen, die eine Modifikation des Prozessablaufs und dessen Ergebnis bewirken. Dies kennzeichnet die 'Spielbreite' kognitiver Prozesse, die sich in der Analyse unterschiedlicher Lernergruppen (s.u., Kapitel 7.4.2) als Entwicklungsprodukt wiederfindet.

Inzwischen zählt die Analyse von Zusammenhängen zwischen kognitiven Faktoren sowie selbstregulativen Strategien und Lernmotivation zu den zentralen Feldern der Lernforschung.

Dies ist noch nicht lange der Fall, weil bisher auf der einen Seite kognitive Modelle die Lernenden motivational inaktiv, ohne Zielvorstellungen und auf der anderen Seite motivationale Modelle die Lernenden kognitiv leer, ohne Wissen, Strategien oder Denken gesehen haben (Pintrich & Garcia 1993). Dies macht die Integration von Motivation und Kognition notwendig. Die Wichtigkeit und Bedeutung eines integrierten Modells bedeutet jedoch nicht, dass Motivation und Kognition dasselbe bedeuten. Im weiter unten dargestellten fachdidaktischen Forschungsprojekt (Kapitel 7.4) werden beide als separate Bereiche beschrieben, die eine wichtige und komplexe Beziehung zueinander haben. Es wird davon ausgegangen, dass Motivationen in Beziehung zur Übernahme von Lernaufgaben stehen, während Kognitionen und Strategien Mittel sind, mit denen Lernende ihre Aufgabe aktuell erledigen. In dem vorliegenden Modell wer-

den verschiedene Komponenten von Kognitionen, Motivationen und Strategien verknüpft und differenziert. Dieses Modell basiert auf dem oben (Kapitel 4.1) angeführten Informationsverarbeitungsmodell des kognitiven Lernens und einer sozial-kognitiven Sichtweise der Motivation.
Dementsprechend ergeben sich folgende Forschungsfragen:

(1) Worin bestehen die Beziehungen zwischen kognitiven, motivationalen und selbstregulativen Lern-Variablen am Anfang und am Ende der Untersuchung?

(2) Worin bestehen die Unterschiede bezüglich dieser Variablen zwischen verschiedenen Lernergruppen (z.b. kontinuierlich lernende vs. diskontinuierlich lernende Schülerinnen und Schüler, Jungen vs. Mädchen etc.)?

(3) Worin bestehen die intraindividuellen Modelle bezüglich der o.g. Lern(er)Innen-Variablen?

(4) Welche Beziehung besteht zwischen diesen Lernermodellen und der aktuellen schulischen Leistung in den einzelnen Fächern?

Erste Ergebnisse zeigen, dass zwischen Kognitionen, Motivationen und schulischen Leistungen sowohl zwischen verschiedenen Individuen (interindividuelle Vergleiche) in unterschiedlichen Populationen als auch innerhalb von Individuen (intraindividuelle Vergleiche) enge und z.T. sehr signifikante Beziehungen bestehen.

Die positiven motivationalen Einstellungen, wie höhere intrinsische Motivation und Anstrengungsbereitschaft, sind mit höheren kognitiven Leistungen und ausgeprägterem selbstregulativem Lernen verknüpft.

Dennoch bleibt ein Bedarf für eingehendere Forschung über die exakte Wirkungsweise dieser kognitiven und motivationalen Mechanismen bestehen.

In Anbetracht dessen, dass die Messergebnisse in den meisten Fällen zum großen Teil auf Selbstdarstellungen (self-reports) der Schüler und das Forschungsdesign auf korrelativen Modellen beruhen, sind mehr experimentelle Untersuchungen und Beobachtungsforschung bezüglich der aktuellen, tatsächlichen Kognitionen und der Selbstregulations-Strategien notwendig.

Im Weiteren zeigen die Analysen, dass es bedeutende intraindividuelle Unterschiede in den Motivationen und Kognitionen der Schüler innerhalb desselben fachlichen Kontextes (z. B. in Englisch und Physik) gibt. Diese Unterschiede lassen vermuten, dass es multiple Zugangswege zu ein und demselben Leistungsniveau gibt.

Die Ergebnisse beispielsweise aus verschiedenen Leistungsgruppen (Kompetenz- versus Performanzlerner, Lernende mit und ohne Leistungszuwachs, intrinsisch versus extrinsisch motivierte Lernende) zeigen, dass die kognitiven und motivationalen Komponenten die unterschiedlichen Leistungsstufen erklären können.

Nicht zuletzt bleibt auch ein Forschungsbedarf in Bezug auf die Zusammenhänge zwischen Klasseneffekten, Inhaltsbereichen der jeweiligen Fächer und intraindividueller Differenzen zu den Motivationen und Kognitionen der Schülerinnen und Schüler offen.

Ein Modell kompetenten Lernens soll der theoretische Hintergrund für die Analyse des Zusammenhangs von kognitiven Fähigkeiten, motivationaler Orientierung, sozialen Einstellungen und Nutzung von Lernstrategien im Kontext von schulischen Leistungen in verschiedenen Fächern bilden.

Im schulischen Lernen gehen, wie bereits schon mehrfach gezeigt (vgl. u.a. Baumert 1993; Grob et al. 1994; Nold & Schnaitmann 1994, Finkbeiner 1995b, 1996c), kognitive, motivationale, soziale und volutionale Prozesse eine enge Verbindung ein. Es hat sich als sinnvoll erwiesen, diese Prozesse zumindest analytisch zu trennen, um im Rahmen nichtrekursiver Modellvorstellungen nach möglichen pädagogischen Interventionsansätzen zu suchen.

Der zweite wichtige Teil dieses Kapitels besteht in den aktuellen Konzeptionen der Schulpädagogik und ihren Beziehungen zur Lernforschung. Diese sollen im Folgenden dargestellt werden.

7.3 Aktuelle Konzeptionen in der Schulpädagogik

Im Folgenden sollen auf der Grundlage der Darstellung aktueller Konzeptionen der Schulpädagogik Beziehungen dieser Disziplin zu Nachbarwissenschaften, insbesondere zur empirischen Lernforschung aufgezeigt werden.

Die Beschäftigung mit der Frage "Was ist Schulpädagogik?" wird in der Diskussion unter Pädagogen als eher unbedeutend betrachtet. *Apel* spricht in diesem Zusammenhang davon, dass ein Mangel an theoretischer Überlegung herrsche, wobei die Frage ("Was ist Schulpädagogik?") in den Publikationsorganen nicht erörtert wird (Apel 1993, S. 389).

Jedoch muss die Beantwortung dieser Frage zum einen ein zentrales Anliegen sein, da sich aus ihr die Darstellung des Selbstverständnisses, ihres eigentlichen Zweckes und Gegenstandes, ableiten lässt.

Zum anderen ist sie aber auch deshalb notwendig, um einen systematischen Ausgangspunkt für die Akzentsetzung innerhalb der Disziplin und ihres Bezugs zu Nachbardisziplinen, wie der Pädagogischen Psychologie, insbesondere dem Forschungsgebiet der Lehr-Lernforschung, zu erhalten.

Wie andere Sozialwissenschaften muss die Schulpädagogik die theoretische Diskussion mit empirischer Forschung kombinieren, also eine Verbindung zwischen Theorie und Praxis herzustellen suchen.

So wird in der geisteswissenschaftlichen Pädagogik seit langem die enge Verflechtung zwischen Theoriebildung und erzieherischem Handeln betont (vgl. Einsiedler 1991).

In der empirischen Pädagogik ging man ursprünglich von der direkten Umsetzung deskriptiv-erklärender Aussagen der Erziehungs- und Unterrichtsforschung in präskriptive Handlungsempfehlungen für die Praxis aus. In der letzten Zeit stellte sich jedoch heraus, dass theoretische Aussagen nicht einfach auf die Praxis übertragen werden können; es kommt darauf an, aus der Theorie genau das zu übernehmen, was für eine pädagogische Situation angemessen ist. Die Aufnahme der institutionell-organisatorischen Bedingungen des unterrichtlichen Handelns in die Reflexion über Erziehung und Unterricht führt zu einer Schulpädagogik, die sich durch ihre theoretische Orientierung an Erkenntnissen der Pädagogischen Psychologie und der Erziehungssoziologie von der traditionellen 'praktischen Pädagogik' (wie sie in der Form der Unterrichtslehre vorlag) unterscheidet.

Schulpädagogik befasst sich also nicht nur mit praktischen Problemen des Unterrichtens und Erziehens in der Schule. Sie braucht auch die Rückbindung an die Theoriebildung und an die empirisch-pädagogische Forschung. Durch den Bezug auf die empirisch-pädagogische Forschung werden in der Schulpädagogik tradierte Handlungsempfehlungen überprüft und Aussagen über Wirkungen (z.B. neue Schulformen, bestimmte Lehrmethoden oder in unserem Fall grundlegende Lernstrategien) objektiviert.

Im Falle der hermeneutisch-theoretischen Reflexion werden Einzelhandlungen im pädagogischen Gesamtzusammenhang gesehen, z.B. der Beitrag bestimmter Lehr- und Lernaktivitäten für ein umgrenztes Lernziel *und* für ein übergeordnetes Erziehungsziel.

In der Schulpädagogik wurden einerseits unter der Perspektive der Interdisziplinarität simplifizierende soziologische und politikwissenschaftliche Aussagen getroffen, andererseits aber Forschungen zum genuinen Fachgegenstand, nämlich zur Didaktik und Methodik, vernachlässigt.

Die Feststellung solcher Einseitigkeiten sollte zu neuen Akzentsetzungen und Spezialisierungen in der didaktischen und methodischen Forschung, und auch in der (Lehr- und) Lernforschung führen.

Zusammenfassend lässt sich Schulpädagogik als eine Spezialdisziplin der Erziehungswissenschaft beschreiben, deren Forschungsinteresse auf das Unterrichten und Erziehen in der Institution Schule zentriert ist. Dabei entwickelt die Schulpädagogik eine Theorie des Unterrichts im Rahmen einer Theorie der Schule. So richtet sich eine Hauptfragestellung auf die wechselseitige Beziehung zwischen Aussagen der Schul- und Unterrichtstheorie einerseits und pädagogischem Handeln in der Schulpraxis andererseits (Einsiedler 1991, S. 650).

In diesem Sinne bedarf die Schulpädagogik sowohl der hermeneutischen Methode zur Reflexion normativer Zusammenhänge als auch der empirischen Theoriebildung und Wirkungskontrolle.

Schulpädagogik ist primär Theorie der Lehr-Lern-Organsiation, dies aber nur im größeren Kontext institutioneller Bedingungsanalyse und im Zusammenhang mit anderen erziehungswissenschaftlich relevanten Disziplinen (z.B. der Pädagogischen Psychologie, insbesondere in diesem Rahmen der Lernpsychologie und Lernforschung).

7.3.1 Zum Selbstverständnis der Schulpädagogik

Schulpädagogik wird als "eine pädagogische Bereichsdisziplin (betrachtet), die das pädagogische Handeln in Schule und Unterricht, seine Bedingungen, Möglichkeiten und Notwendigkeiten zum Gegenstand hat" (Apel 1993, S. 390). Schulpädagogik ist also eine spezielle Form der Allgemeinen Pädagogik und inhaltlich an ein vorgegebenes Handlungsfeld gebunden.

In Bezug auf einen Theoriebegriff bedeutet Schulpädagogik eine Theorie des pädagogischen Handelns im Sinne des Zusammenhangs begründeter Sätze als Menge informativer, nicht widersprüchlicher, geordneter Aussagen über einen angesprochenen Sachverhalt.

Häufig fehlt jedoch zu Gunsten der Diskussion vorrangig erscheinender Einzelprobleme das systematische Nachdenken über pädagogische Theorien und Theoriebildung und ein notwendiger Überblick über die Bedeutung spezieller Fragestellungen innerhalb des Ganzen der Schulpädagogik.

Es bedarf in der wissenschaftlichen Beschäftigung immer wieder einer systematischen Grundlegung in Form einer Rückbesinnung auf den Gegenstand, die Methoden seiner Darstellung und die Funktionen und Folgen wissenschaftlicher Arbeit. Das ist schon auch deshalb notwendig, um Erfahrungen aus der Praxis und die Erkenntnisse empirischer Forschung in einen Zusammenhang einordnen zu können, und um das Fach in systematischer Übersicht zu lehren.

Die Klärung pädagogischer Grundfragen auf der Basis vorhandener Traditionslinien und unter Berücksichtigung empirischer Forschungen ist im Grunde genommen wichtiger als die Etablierung immer neuer Felder pädagogischen Denkens.

Im Folgenden sollen am Beispiel der Darstellung fünf ausgewählter Positionen der Schulpädagogik die Frage nach der Relevanz empirischer Forschung, insbesondere der Lernforschung, beantwortet werden.

7.3.2 Fünf Positionen der Schulpädagogik unter der Berücksichtigung der Relevanz empirischer Forschungstraditionen, insbesondere der Lernforschung

Diese *fünf Positionen* (Apel, 1993) werden im Einzelnen vertreten von:

■ *Klink* (1966) sieht die Schulpädagogik als eine "spezielle Pädagogik im Ganzen der Erziehungswissenschaft" und bezeichnet sie als eine pädagogische Teildisziplin, die an das Handlungsfeld Schule/Unterricht gebunden ist

■ *Kramp* (1971) betont die wissenschaftstheoretischen Aspekte der Schulpädagogik, die nach den Grundsätzen der intersubjektiven Überprüfbarkeit und der Falsifizierbarkeit von Aussagen konzipiert sein müssen. Schulpädagogik

131

soll als eine besondere Form des Denkens über Schule und Unterricht erfahrungswissenschaftlich fundiert werden.

■ *Steindorf* (1976) sieht die Schulpädagogik als pädagogische Bereichsdisziplin, die ihre Eigenständigkeit vor allem durch die Deskription und Analyse der vielfältigen pädagogischen Aufgaben innerhalb des Bereichs Schule und Unterricht findet

■ *Benner* (1977) ordnet die Schulpädagogik in die allgemeine Diskussion über Schulkritik ein, indem er die Schulpädagogik als eine kritische Theorie der Schule bestimmt

■ *Einsiedler* (1991) beschreibt Schulpädagogik als "wissenschaftliche Disziplin" innerhalb der allgemeinen Erziehungswissenschaft, die sich "mit praktischen Problemen des Unterrichtens und Erziehens in der Schule befasst und "deren Forschungsinteresse auf das Unterrichten und Erziehen in der Institution Schule zentriert ist". Sie ist eine an der Praxis orientierte Disziplin und muss wie jede Sozialwissenschaft die theoretische Diskussion mit empirischer Forschung kombinieren, also eine Verbindung zwischen Theorie und Praxis herstellen.

Zu den Beiträgen im einzelnen und ihren Beziehungen zur Lernforschung:

1. *Klink* erörtert in seinem Beitrag den Ort und Gegenstand der Schulpädagogik; er sieht sie als eine spezielle Pädagogik im Ganzen der Erziehungswissenschaft an und bezeichnet sie als eine pädagogische Teildisziplin, die an das Handlungsfeld Schule/Unterricht gebunden ist. Sie ist als eigenständige pädagogische Bereichsdisziplin zu verstehen, die sich an den Standards der Allgemeinen Pädagogik orientieren muss und nicht zu einer bloß praktischen Unterrichtslehre verflachen darf. Diese Position einer wissenschaftlichen Disziplin gewinnt die Schulpädagogik nur, wenn sie nicht mehr unreflektierte Umsetzung praktischer Erfahrungen in Lehren und Anweisungen ist. Sie muss also die Theorie zur Erklärung der Empirie nutzen und die Empirie zum Bezugspunkt der Theorie machen. Hier wird also Schulpädagogik wissenschaftssystematisch als eine erziehungswissenschaftliche Bereichsdisziplin bestimmt.

   Klink zeigt verschiedene Gebiete schulpädagogischen Denkens auf (Geschichte und Theorie der Schule, Theorie der Bildung und der Bildungsinhalte, Theorie des Unterrichts, des Schulsystems, der Schulorganisation, Schulrecht, Fachdidaktik und Methodik des Unterrichts).

   Als Mitte schulpädagogischen Denkens sieht er eine Theorie der Schule und des Unterrichts mit einem kritischen Blick auf die Funktionen und Folgen von Schule und Unterricht an. Sein methodischer Ansatz ist der der historisch-systematischen Methode. Ein ausdrücklich thematischer Bezug zur Lernforschung liegt bei ihm nicht vor.

2. *Kramp* betrachtet bereits 1961 die pädagogische Bereichsdisziplin Schulpädagogik als eine Anwendung der Allgemeinen Pädagogik. Diese überträgt bildungs- und erziehungstheoretische Überlegungen auf das Feld von Schule und Unterricht. 1971 betont er die wissenschaftstheoretischen Aspekte der Schulpädagogik, die nach den Grundsätzen der intersubjektiven Überprüfbarkeit und der Falsifizierbarkeit von Aussagen konzipiert sein müssen. Somit soll Schulpädagogik als eine besondere Form des Denkens über Schule und Unterricht erfahrungswissenschaftlich fundiert werden.

Ein direkter Bezug zur Empirie wird bei Kramp *dadurch* hergestellt, dass Schulpädagogen sich darum bemühen müssen, "Wirklichkeitsbereiche intersubjektiv verstehbar zu beschreiben, dort vorhandene Zusammenhänge nachprüfbar zu erklären, von daher Verhältnisse zu kritisieren, Prognosen zu erstellen und gegebenenfalls Handlungsentwürfe vorzulegen." (Kramp 1971)

In einer späteren Publikation spricht *Kramp* (1973) davon, dass Schule und Unterricht Gegenstand schulpädagogischen Theoretisierens sind. Eine Theorie der Schule muss eine erfahrungswissenschaftlich (empirisch) begründete Menge systematischer Aussagen über Schule, Lehrerverhalten, Unterrichten und Erziehen sein. Hier bezieht sich Kramp besonders auf die institutionalisierten und organisierten Formen pädagogischer Interaktion, in seinem Sinne die Gestaltung des Rollenverhaltens von Lehrenden. Auf das Lernverhalten bzw. die Lernprozesse der Schüler wird nicht ausdrücklich Bezug genommen.

3. *Steindorf* (1976) sieht die Schulpädagogik als pädagogische Bereichsdisziplin, die ihre Eigenständigkeit vor allem durch die Deskription und Analyse der vielfältigen pädagogischen Aufgaben innerhalb des Bereichs Schule und Unterricht findet. Schulpädagogik wird hier als "praktische Pädagogik" systematisch aufgearbeitet. Sie stellt sich als eine Spezialdisziplin innerhalb der Erziehungswissenschaft dar, die historische, systematische und vergleichende Untersuchungen zu ihrem Gegenstand erfordert.

Hier findet sich kein ausdrücklicher Bezug zur Empirie oder zu erfahrungswissenschaftlichen Methoden. Schulpädagogik ist bei *Steindorf* eine erziehungswissenschaftliche Disziplin, die sich die Erforschung sämtlicher mit dem Gesamtphänomen Schule zusammenhängender Faktoren, Strukturen, Probleme und Zusammenhänge zur Aufgabe macht. Das zentrale Feld in *Steindorfs* Konzeption der Schulpädagogik ist jedoch eine Theorie der Schule und des Unterrichts.

4. Im Beitrag von *Benner* "Was ist Schulpädagogik?" (Benner 1977) geht es um den prinzipiellen Zweifel, ob 'Schule' und 'Pädagogik' überhaupt miteinander vereinbar sind. Er bezieht dies besonders auf die Frage, ob sich denn Institutionalisierung und Bildung des Menschen nicht gegenseitig aus-

schließen. Deshalb muss auch eine Theorie pädagogischen Handelns in Schule und Unterricht zugleich auch eine Kritik der institutionell verordneten Formen dieses Handelns sein. Ausdrückliche Bezüge zu empirischen Methoden in der Erziehungswissenschaft oder zur Lernforschung sind in dem Beitrag *Benners* nicht zu erkennen.

5. Im Artikel von *Einsiedler* (1991) wird die Schulpädagogik als wissenschaftliche Disziplin innerhalb der allgemeinen Erziehungswissenschaft angesiedelt, die sich "mit praktischen Problemen des Unterrichtens und Erziehens in der Schule befasst" (Einsiedler 1991, S. 650). Deshalb ist sie eine an der Praxis orientierte Disziplin und muss wie jede Sozialwissenschaft die theoretische Diskussion mit empirischer Forschung kombinieren, also eine Verbindung zwischen Theorie und Praxis herstellen. Diese spezielle Pädagogik entstand durch die Erweiterung des didaktischen Denkens und orientiert sich theoretisch an Erkenntnissen der Pädagogischen Psychologie und der Erziehungssoziologie. Schulpädagogik ist primär Theorie der Lehr-Lern-Organisation, dies aber nur im größeren Kontext institutioneller Bedingungsanalyse und im Zusammenhang mit anderen erziehungswissenschaftlich relevanten Disziplinen. Zu diesen zählt aus meiner Sicht insbesondere die Lern- und Motivationspsychologie.

7.3.3 Schulpädagogik als interdisziplinär orientierte Bereichsdisziplin

Schulpädagogik wird "als Theorie einer Gestaltung von Schule und Unterricht, die, an verschiedene Bedingungen gebunden, Notwendigkeiten verpflichtend und Möglichkeiten nutzend, sich innerhalb institutioneller Grenzen befindet" (Apel 1993, S. 399) beschrieben.

Schulpädagogik ist eine Theorie der Erziehung und Bildung eigener Art, die sich auf die Untersuchung der Möglichkeit von Erziehungs- und Bildungsprozessen in Unterricht und Schulleben konzentriert.

Der Zweck des pädagogischen Handelns in Schule, Unterricht und Schulleben ist vor allem die Unterstützung von Kindern und Jugendlichen bei der Entwicklung von Mündigkeit. Hierzu zählen vor allem "eine Ausbildung vorhandener Anlagen wie Verstand, Urteilsfähigkeit und Einbildungskraft sowie die Erarbeitung von Wissen, Können und Aneignung von Normen moralischen Handelns." (Apel 1993, S. 401). Zu dieser Wissens- und Könnensaneignung zählen sicher auch der Erwerb und die Anwendung von Lernstrategien, insbesondere wenn die Mündigkeit im Sinne einer Selbsttätigkeit "nach vernünftigen Zwecken" (ebd.) verstanden wird. Dieses Handeln geschieht in vorstrukturierten Verhältnissen durch eine Interpretation der Lehraufgaben und durch die Gestaltung der Lehr-Lernsituation.

Die Formen der Einwirkung in Schule und Unterricht sind in Lehr-Lern-Formen als Methoden und in Formen der personalen Anregung und Einflussnahme durch Begegnung zu unterscheiden. Hierbei sind bestimmte Bedingungen und Voraussetzungen zu beachten. So bringen die Lernenden unterschiedliche Anlagen, unterschiedliches Wissen und Können, verschiedene Bereitschaften, Einstellungen und Lernerfahrungen sowie unterschiedliche Verhaltensweisen mit.

Dazu sind "grundlegende Einsichten in Lehr-Lern-Prozesse (hier sind das Erkenntnisinteresse und die Ergebnisse empirischer Lernforschung von großer Relevanz), in Theorien schulischen Lernens notwendig. Die Schulpädagogen müssen also Forschungsperspektiven, Erkenntnisse und Ergebnisse der Pädagogischen Psychologie aufgreifen" (Apel 1991, S. 406f.).

Die Schulpädagogik begreift sich deshalb als interdisziplinär orientierte pädagogische Bereichsdisziplin, die bei der Bearbeitung ihrer Aufgaben Erkenntnisse anderer Wissenschaften vom Menschen und seiner gesellschaftlichen Existenz nutzen soll. Sie ist geradezu zur Interdisziplinarität gezwungen, wenn sie den Anspruch wissenschaftlicher Dignität erfüllen will. Nach diesem Verständnis reichen in das Feld schulpädagogischer Studien die Theorie der Schule, die Lehrplantheorie und die Didaktik als Theorie des unterrichtlichen Lehrens und Lernens und nicht zuletzt die grundlegenden lerntheoretischen Ansätze und Erkenntnisse der empirischen Lernforschung.

Die Bedeutung und Relevanz der Lernforschung in der Schulpädagogik ist im Zusammenhang verschiedener Aspekte des Selbstverständnisses der Schulpädagogik angezeigt. Dies soll hier mit folgenden Statements zusammengefasst werden.

1. Aspekt:
Schulpädagogik ist erziehungswissenschaftliche Spezialdisziplin
Die wissenschaftliche Dignität der Schulpädagogik ist nur innerhalb einer übergreifenden Wissenschaft von der Erziehung erreichbar. Hierzu zählt insbesondere die Aufgabe, "Erziehen, Unterrichten, Lehren und Lernen unter schulischen Bedingungen [zu] analysieren und dazu Methoden empirischer Sozialforschung [zu] nutzen." (Apel 1990, S. 11)
In diesem Zusammenhang sind Fragen der Unterrichtsorganisation, der Gestaltung des Lehr-Lern-Prozesses, die Probleme der Lernprozesssteuerung, der Lernstrategienanwendung, der Motivation, der Differenzierung, die Übung und die Mediennutzung im Unterricht angesprochen, die wichtige Bestandteile der Lernforschung sind.

2. Aspekt
Schulpädagogik ist Theorie der Schule und des Unterrichts
Dieser Aspekt des Selbstverständnisses der Schulpädagogik geht über das Verständnis einer Theorie der Schule im weitesten Sinne hinaus.

Die Theorie der Schulpädagogik ist einmal nach *Kramp* (1971) strikt erfahrungswissenschaftlich begründet als eine besondere Form wissenschaftlichen Denkens über Schule und Unterricht, bei der es darum geht, "Wirklichkeitsbereiche intersubjektiv verstehbar zu beschreiben, dort vorhandene Zusammenhänge nachprüfbar zu erklären, von daher Verhältnisse zu kritisieren, Prognosen zu erstellen und gegebenenfalls Handlungsentwürfe vorzulegen." (Kramp 1971, Sp. 1033)

Andererseits reicht die Konzeption der Schulpädagogik von der Theorie der Schule bis zur Theorie und Lehre des Unterrichts (vgl. Steindorf 1976). Die Schulpädagogik hat sich in diesem Sinne der Erforschung sämtlicher mit dem Gesamtphänomen Schule zusammenhängender Faktoren, Strukturen, Probleme und Zusammenhänge zur Aufgabe zu nehmen. Bei der Aufzählung verschiedener Gegenstandsfelder der Schulpädagogik (Schulorganisation, Schulunterricht/Schulgestaltung - Lehrer - Schüler) fehlt jedoch die ausdrückliche Erwähnung des Gegenstandsfeldes der Lehr-Lern-Prozesse, insbesondere auch der theoretische Bezugspunkt zu seinen Darstellungen.

Die Schulpädagogik ist nach dem Theorieverständnis und nach ihrer Bedeutung in Bezug auf Forschung als eine Sozialwissenschaft zu verstehen, die sich zur Erforschung der Erziehungswirklichkeit in Schule und Unterricht der hermeneutischen, erfahrungswissenschaftlichen und ideologiekritischen Methoden bedient (vgl. Einsiedler 1976).

Auch nach Heiland (1974) muss die Schulpädagogik als Theorie eines pädagogischen Handlungsfeldes einen empirischen mit einem ideologiekritischen Ansatz verbinden. Auf der empirischen Ebene geht es um eine umfassende Bestandsaufnahme der Schulwirklichkeit, zu der auch die Erkenntnisinteressen der Lernforschung zählen.

3. Aspekt
Schulpädagogik ist eine notwendige Ergänzung der Allgemeinen Didaktik
Die Erweiterung des didaktischen Denkens ist unverzichtbar, weil die Didaktik wegen der Komplexität des schulischen Handlungsfeldes die Erforschung ihrer Gegenstandsfelder, wie z.B. die Schule als gesellschaftliche Institution, ihrer pädagogischen Aufgaben und sozialen Funktionen sowie Einzelprobleme (wie z.B. Lehrerhandeln, Curriculum, Lernverhalten der Schüler) nicht leisten kann. Die Schulpädagogik soll also das institutionelle Bedingungsfeld des didaktischen Handelns erforschen (zu dem auch und im Besonderen die Lernforschung zählt), um didaktische Entscheidungen begründeter treffen zu können.

4. Aspekt
Schulpädagogik ist die Theorie einer Praxis für die Praxis, eine Theorie des Handelns in erziehungswissenschaftlichen Feldern
Die Schulpädagogik hat als Theorie die Praxis zum Gegenstand ihrer Forschung. Das bedeutet, dass Schulpädagogen z.B. den Unterricht erforschen, in-

dem sie Vorgänge des Lehrens und Lernens beobachten, beschreiben, messen, klassifizieren. Ansätze hierzu bieten die oben gezeigten Ausführungen zur Lernforschung (vgl. Kapitel 3.2).

Zum anderen ist Schulpädagogik Prinzipienlehre, also eine Theorie, die das Handeln im Gegenstandsfeld Schule anleitet. Auch hier kann als Bindeglied zwischen Theorie und Handlungssituation die Lernforschung fungieren, indem sie beispielsweise die Wirkung bestimmter Unterrichtsmethoden empirisch überprüft oder aus der Analyse von Lernsituationen Lernverfahren im Unterricht optimiert.

Die Schulpädagogik ist zwar eine auf die Praxis bezogene Disziplin, der Zusammenhang von Theorie als Reflexion über die Praxis und Praxis als Bereich des Handelns unter gesellschaftlichen und individual- und sozialpsychologischen Bedingungen kann aber nur über ein Bindeglied hergestellt werden, in unserem Fall mit Hilfe der Lernforschung.

7.4 Lernstrategien im Fremdsprachenunterricht: Ein Beispiel aus der fachdidaktischen Lernforschung

Den Abschluss dieser Arbeit stellt die Beschreibung eines Forschungsprojektes aus dem Bereich der Fremdsprachendidaktik und -forschung dar, in dem es einmal um die Frage der Anwendung von Forschungsmethoden und zum anderen um das Zusammenspiel von psychologischen und sozialen Faktoren, kognitiven und metakognitiven Aspekten im Fremdsprachenerwerb geht.

Seit dem Einfluss der kognitiven Psychologie auf die Lehr- und Lernforschung wird auch in der Fremdsprachenerwerbsforschung Lernen als ein aktiver Prozess begriffen, in welchem die Aneignung von sowohl deklarativem als auch prozeduralem Wissen der Selbststeuerung der Lernenden zuzuschreiben ist. Im Zusammenhang dieser Erkenntnis der aktiven Rolle der LernerInnen wird auch hinterfragt, welcher Anteil strategischen, kognitiven und metakognitiven Fähigkeiten bei der Entwicklung komplexer Wissens- und Fertigkeitsstrukturen zukommt.

Diese Entwicklung und die damit zusammenhängenden Ergebnisse haben dazu geführt, dass die Bedeutung des strategischen Vorgehens beim Fremdsprachenlernen in neuerer Zeit vermehrt untersucht wird (vgl. Finkbeiner 1995a und 1995b, 1996a und 1996b; Rampillon & Zimmermann 1997). Neben sehr positiven Einschätzungen der Rolle von Lernstrategien und der Forderung nach einem Strategietraining (vgl. O'Malley & Chamot 1990, S. 151ff; Klauer 1993b) gibt es auch Stimmen, die einem Strategietraining vorsichtig bis kritisch gegenüberstehen (Hasselhorn 1992; Lehtinen 1992; Klauer 1991). Bei *Klauer* (1991) heißt es: " Meist haben die Probanden schon entsprechende Strategien erworben, so dass die Umstellung auf einen neue Strategie entweder nichts hilft oder sogar schadet. [...] Die Lösung einer Aufgabe hängt weit mehr davon ab, ob man die spezifisch erforderlichen Kenntnisse und Fertigkeiten mitbringt als davon, ob man über eine adäquate allgemeine Strategie verfügt. [...] Die beste Strategie nützt nichts, wenn entscheidendes Wissen fehlt." (Klauer 1991, S. 9). Lehtinen (1992 S. 125 ff) betont in diesem Zusammenhang, dass inzwischen recht genaue Vorstellungen darüber vorhanden sind, welche kognitiven und metakognitiven Fähigkeiten bei guten schulischen Leistungen eine Rolle spielen, jedoch wenig darüber bekannt ist, unter welchen Bedingungen sich diese Fähigkeiten entwickeln. In seinem eigenen Beitrag geht er dementsprechend auf den Zusammenhang zwischen Leistungen und kognitiven Verstehensstrategien sowie den sozio-emotionalen Bewältigungsstrategien im schulischen Kontext ein. Beinahe beunruhigend ist seine Feststellung, dass im traditionellen Schulunterricht in der Regel nicht einmal Schüler mit guten Schulleistungen dazu angeregt werden, ihre Lernstrategien maximal zu entwickeln und zu gebrauchen: "Nur eine starke Aufgabenorientierung und eine intrinsische, an der Sache orientierte Motivation scheinen systematisch zu einem anspruchsvollen und qualitativ hochentwickelten Gebrauch von Lern- und Denkstrategien in Schulsituationen zu führen" (Lehtinen 1992, S. 136).

Auf dem Hintergrund dieser kontroversen Fragestellung wurde im bereichsspezifischen Teil des Forschungsprojekt die Bedeutung, die Analyse und die Entwicklung von Lernstrategien in Verstehensprozessen des Fremdsprachen- und Physikunterrichts (auf den letzteren soll nur kurz eingegangen werden) zum Untersuchungsgegenstand.

Bei dem Entwurf von Modellen des Spracherwerbs haben in der jüngeren Vergangenheit Vertreter der Psycholinguistik das Hauptaugenmerk auf die mentalen Strukturen der Lerner und Lernerinnen gelegt. Das vorwiegende Interesse dieser Forschungsrichtung liegt darin, den Nachweis einer überwiegenden Abhängigkeit der Spracherwerbsprozesse von kognitiven Prozessen zu erbringen. Dagegen haben Vertreter der Sprachlehrforschung und Fremdsprachendidaktik (vgl. Brown, H. D. 1987; Naiman, Föhlich, Stern & Todesco 1978; Nold 1992) neben den kognitiven Fähigkeiten auch die affektiven und sozialen Einflüsse auf den Lernprozess gesehen und zur Differenzierung des Lernerfolgs herangezogen. In dieser Tradition wird von der gegenseitigen Abhängigkeit von kognitiven, affektiven und sozialen Variablen der Lernenden in ihrem Lernumfeld ausgegangen und dabei inbesondere der Anteil auf das Sprachenlernen, den gegenstandsspezifischen und gegenstandsüberschreitenden Variablen des Lerners haben, untersucht (vgl. Finkbeiner 2001a). Den kognitiven Variablen der metasprachlichen Bewusstheit über Sprache und des problemlösenden formalen Denkvermögens kommt in diesem Zusammenhang eine besondere Bedeutung zu. Je eindeutiger nämlich die Rolle dieser kognitiven Variablen wird, desto schwieriger lassen sich Spracherwerbsmodelle, die auf die Modularitätshypothese (vgl. Fodor 1983) im Sinne eines geschlossenen, verkapselten Verarbeitungsmechanismus in der mentalen Struktur basieren, halten (vgl. Nold 1993, S. 111).

In dem fremdsprachendidaktischen Forschungsprojekt in Englisch wurde im Rahmen des Projekts "Lernstrategien zur Förderung sprachlicher Verstehensstrukturen in Englisch als Fremdsprache" (vgl. Nold et. al, 1997, S. 30) vor allem die Analyse der Rolle von Lernstrategien im Lernprozess in den Mittelpunkt gerückt. Hierbei spielte die Frage der Steuerbarkeit der Lernprozesse in der Tradition der kognitiven Lernpsychologie den theoretischen Hintergrund der Hypothesenentwicklung. Es wurde von der zentralen Hypothese ausgegangen, dass Lernstrategien sich in Auseinandersetzung mit Lerntätigkeiten entwickeln und einen wesentlichen Einfluss auf die Lernleistungen neben anderen kognitiven, affektiv-motivationalen und sozialen Variablen ausüben. Es wurde zunächst ein mehr quantitativer Ansatz angewandt, indem Daten über die das Lernen beeinflussenden Variablen gesammelt wurden, in Korrelationsanalysen Zusammenhänge zwischen den einzelnen Variablen in der Gesamtpopulation und in Untergruppen und in Kausalanalysen der Einfluss von kognitiven Fähigkeiten, Motiven, Lernstrategien und sozialen Faktoren auf die Englischleistungen gerechnet wurden. Es wird jedoch betont, dass über die quantitative Erhebung von kognitiven Fähigkeiten, Motiven und Lernstrategien auch qualitative Daten in die Analyse einzubeziehen sind, um den tatsächlich ablaufenden Lern- und Denkprozessen näher zu kommen. Die in dem fremdsprachendidaktischen Forschungsprojekt gesammelten Aussagen aus Lerntagebüchern der Lerner und die durchgeführten Interviews sind als ein unverzichtbarer Bestandteil der Gesamtanalyse zu verstehen. Bisher liegen allerdings nur die Ergebnisse der quantitativen Analysen vor.

7.4.1 Die Erhebung der Daten

Der Ausgangspunkt des Forschungsprojektes im Fach Englisch bestand in der Frage, inwieweit sich die Lernstrategien in Auseinandersetzung mit konkreten Lerntätigkeiten entwickeln und einen wesentlichen Einfluss auf die Lernleistungen neben anderen (kognitiven, emotionalen, sozialen) Variablen ausüben. Dabei wurden die Lernstrategien nicht isoliert oder nur bezogen auf Leistungsdaten untersucht, sondern auch in ihrer Beziehung zu anderen psychologischen Lernfaktoren und Konstrukten. Auf diese Weise lassen sich die Auswirkungen von Lernstrategien eingebettet in einen breiten Kontext analysieren.
Im Verlauf des Projekts wurden folgende Variablen der kognitiven und emotional-motivationalen Aspekte der Lernerpersönlichkeit und des Lernumfeldes erhoben:

- *formales Denkvermögen* im Sinne des Piaget'schen kognitiven Lerntheorieansatzes, getestet durch einen von Lawson entwickelten standardisierten Test (Lawson 1978)
- *(meta)sprachliche Bewusstheit* ("linguistic awareness") in der Fremdsprache, ermittelt mit einem von Nold (1993) erstellten Test im Bereich von zehn grammatischen Strukturen, die den Schülern aus dem vorausgegangenen Unterricht bekannt sind. Diese Variable Sprachbewusstheit schließt sowohl deklaratives als auch prozedurales Wissen ein und beruht sowohl auf Regelwissen als auch auf sprachlicher Intuition (vgl. Hecht 1994; Hecht & Green 1992)
- *allgemeines Vorwissen*, bestimmt durch einen Summenwert aus den Zeugnisnoten der vorangehenden Klasse
- *Fachspezifisches Fähigkeitsselbstkonzept* (vgl. Helmke 1992a), bestimmt durch sechs Selbsteinschätzungen der Lerner hinsichtlich ihrer fremdsprachlichen Lernfähigkeit (siehe Anhang I.)
- *Lernstrategien*, gemessen durch den Lernstrategiefragebogen von LOMPSCHER (Lompscher 1993) und die Fragebögen LASSI (Learning and Study Strategies Inventory, siehe Anhang I. nach Weinstein 1987) und KSI (Kieler StrategienInventar, siehe Anhang I., vgl. Baumert, 1993)
- *Arbeitsverhalten*, gemessen mit Hilfe des standardisierten Arbeitsverhaltensinventars (AVI, Thiel et al. 1979). Dieser Fragebogen gibt Einblick in die Selbsteinschätzung der Schüler hinsichtlich ihres Arbeitsverhaltens, ihrer Motivationen, Interessen und Einstellungen
- *Klassenklima*, gemessen durch den standardisierten LASSO-Fragebogen (Landauer Skalen zur Messung des Sozialklimas, nach v. Saldern 1987); in diesem Fragebogen wird die Wechselwirkung zwischen der Schülersichtweise und der psychosozialen Umwelt der Schüler gemessen; die Selbstauskunft der Schüler ist auf die drei Bereiche *Lehrer-Schüler-Interaktion, Beziehungen zwischen den Schülern* und allgemeine *Merkmale des Unterrichts* ausgerichtet.
- *Interesse und Einstellung* zum Englischunterricht: auf der Basis einer empirischen Untersuchung wurde von Finkbeiner (1995; in Anlehnung an Häussler 1987) ein Interesse- und Einstellungsfragebogen entwickelt, der die Dimensionen *Interesse an Landeskunde, berufliches Interesse, Leistungsangstvermeidung, außerunterrichtliche Aktivitäten, konkretes Unterrichtsinteresse, Interesse an bestimmten Arbeitsformen, Lerntechniken* und *Inhalten*. Die Dimensionen des Fragebogens sollen Aufschluss über die Interessiertheit und Einstellung der Schüler bezogen auf das Fach Englisch im Allgemeinen geben. Es wird davon ausgegangen, dass ein auf Selbstauskunft der Schüler basierender Fragebogen vor allem längerfristig wirkende Dispositionen widerspiegelt, jedoch nicht das spontan geweckte Situationsinteresse (vgl. Krapp 1989).

Zu den *Leistungsvariablen* im Fach Englisch zählen im Einzelnen:

- *Sprachstand der Schüler* zu Beginn der Untersuchung; dieser wurde ermittelt auf der Grundlage von informellen Tests im rezeptiven und schriftlich-(re)produktiven Bereich der Sprache: Grammatik, Lexik, Hör- und Leseverstehen, Reproduktion zu einer Bildergeschichte
- *Lernentwicklung der Schüler* im Verlauf eines Schuljahres, ermittelt durch informelle Tests in den Bereichen: Grammatik, Lexik, Leseverstehen

Die informellen Leistungstests erwiesen sich insgesamt als hochreliabel auf der Grundlage von Reliabilitätsanalysen mit *Cronbach' alpha*.

7.4.2 Durchführung und Ergebnisse

Die Untersuchungen wurden in Realschulklassen des 8. Schuljahres über einen Zeitraum von einem Schuljahr im sowohl städtischen als auch ländlichen Bereich im Umkreis von Stuttgart/Heilbronn durchgeführt. In den 13 Schulklassen (n=318) wurden zu den unter Kapitel 7.4.1 genannten Tests und Fragebögen auch Lerntagebücher eingesetzt.

Zu diesen Daten und Variablen wurden deskriptive Analysen gerechnet und vielfältige korrelative Beziehungen zwischen den allgemeinen kognitiven, metakognitiven (Lernstrategien), emotional-motivationalen sowie sozialklimabezogenen Variablen und Leistungstests festgestellt. Einzelheiten dieser sehr umfangreichen Analysen sollen hier nicht näher betrachtet werden (vgl. Nold & Schnaitmann 1994, 1995, 1996, 1997; Nold, Haudeck, Helga & Schnaitmann 1997). Zusammenfassend lässt sich zu den deskriptiven und korrelativen Analysen jedoch sagen, dass die untersuchten Variablen und Konstrukte in einem sehr komplexen Beziehungsgeflecht stehen. Um die gewonnenen Daten darüber hinaus auch hinsichtlich kausaler Beziehungen auszuwerten, wurden LISREL-Analysen durchgeführt.

In Einklang mit den an der Kognitionspsychologie orientierten theoretischen Annahmen wurde dabei vor allem untersucht, welchen Stellenwert kognitiven Fähigkeiten in Relation zu den affektiv-motivationalen und sozialen Variablen einnehmen.

Eine gute Anpassung eines LISREL-Modells an die Daten der Gesamtpopulation wird mit folgenden Indikatoren und Konstrukten erzielt (siehe Abbildungen 1 und 2):

- *Sprachbewusstheit* (AWARE) und *allgemeines Vorwissen* (NOTEN 7), ein kognitives Konstrukt
- *Fachspezifisches Fähigkeitsselbstkonzept* (SELBSTE)
- *Metakognitive* und *kognitive Lernstrategiekategorien* und Strategien des *Ressourcen-Managements*: Selbstkontrolle (SKO), Prüfungsstrategien (PST), Organisationsstrategien (ORGANIS)

- Variablen des *Arbeitsverhaltens* und der *Motivation*: zwei einerseits mehr kognitiv, andererseits mehr emotional ausgerichtete Konstrukte: Gedächtnisaktivierung (AKTUAL) und Stoffverarbeitung (STOFF), andererseits Lernmotiviertheit (LMOTIV) und Misserfolgsmotivation (MMOTIV)
- *Klassenklima* (Variablen des LASSO): ein Konstrukt, das durch Zufriedenheit mit dem Englischlehrer (ZULEENG) und dem autoritären Führungsstil des/der Lehrenden (AUFUEENG) bestimmt ist.

Diese kognitiven, psychologischen und sozialen Konstrukte werden in dem LISREL-Modell an zwei *Englischleistungskonstrukte* angepasst:

- Rezeptive und (re-)produktive Kommunikation, bestimmt durch einen Listening (LC) und einen Reading Comprehension Test (RC) sowie einen schriftlichen Test zu einer Bildergeschichte (WRIT)
- Schriftsprachliche, formale Kompetenz, bestimmt durch zwei Wortschatz- (VVOC und VOC1) und zwei Grammatiktests (VGRAM und GRAM2)

Im Folgenden wird dieses LISREL-Modell in einer Grafik wiedergegeben:

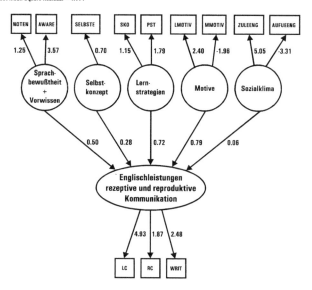

Lisrel-Analyse Englisch Gesamtpopulation (N = 318)

CHI-SQUARE WITH 37 DEGREES OF FREEDOM = 23.67 (p = 0.99)
Goodness of fit = 0.967
Adjusted goodness of fit = 0.941
Root Mean Square Residual = 1.114

CORRELATION MATRIX OF ETA AND KSI

	Englisch	Fähigkeiten	Selbstkonzept	Lern-strategien	Motive	Sozialklima
Englisch	1.000					
Fähigkeiten	0.833	1.000				
Selbstkonzept	0.268	0.944	1.000			
Lernstrategien	0.649	0.625	0.246	1.000		
Motive	-0.306	-0.497	-0.507	0.944	1.000	
Sozialklima	-0.025	0.113	0.291	0.164	-0.427	1.000

Abbildung: *LISREL-Kausalanalyse:* Englisch-Gesamtpopulation zur *rezeptiven und reproduktiven Kommunikation*

Aus dieser Abbildung lassen sich folgende Schlussfolgerungen ziehen:
Es wird die Annahme widerlegt, dass es in Bezug auf die kognitiven, emotional-motivationalen und sozialen Variablen ein einheitliches, umfassendes Konstrukt *Fremdsprachenkompetenz* gibt; die rezeptiven und produktiven Leistungen im Englischen stellen selbständige Leistungsfaktoren dar.
Für den Bereich der rezeptiven und reproduktiven bis produktiven schriftlichen Kommunikation in der Fremdsprache Englisch ergeben sich folgende einzelne Zusammenhänge:

143

(1) Es geht eine starke Wirkung von Motiven und selbständig angeeigneten Lernstrategien auf die Qualität der fremdsprachlichen Kommunikation aus.

(2) Eine ebenso starke, jedoch etwas schwächere Wirkung wie bei (1) verbindet sich mit dem kognitiven Konstrukt der Sprachbewusstheit und des Vorwissens, während die Wirkung des Selbstkonzepts in diesem Kausalmodell etwas abfällt.

(3) Bezogen auf die Gesamtpopulation hat das Klassenklima bezüglich des LehrerInnen-SchülerInnen-Verhältnisses keinen Einfluss auf die rezeptiven und (re-)produktiven kommunikativen Englischleistungen.

Für den Bereich der *schriftsprachlichen, formalen Kompetenz* in der Fremdsprache Englisch (Abbildung 2) ergibt die zweite Kausal-Analyse (LISREL) folgendes Bild über den Zusammenhang zwischen den Konstrukten:

(1) Die stärksten Wirkungen gehen von den Lernstrategievariablen aus, gefolgt von den kognitiven Konstrukten der Sprachbewusstheit, des Vorwissens und des Selbstkonzepts.

(2) Dem eher kognitiv ausgerichteten Arbeitsverhalten kommt in diesem Modell eine schwächere Bedeutung zu als im Modell 1.

(3) Auffallend ist der vergleichsweise starke, negative Einfluss des lehrerbezogenen Klassenklimas.

Lisrel-Analyse Englisch Gesamtpopulation (N = 318)

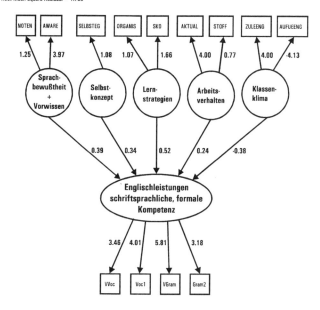

CHI-SQUARE WITH 37 DEGREES OF FREEDOM = 62.97 (p = 0.915)
Goodness of fit = 0.918
Adjusted goodness of fit = 0.864
Root Mean Square Residual = 1.739

CORRELATION MATRIX OF ETA AND KSI

	Englisch	Fähigkeiten	Selbstkonzept	Lern-strategien	Arbeits-verhalten	Klassen-klima
Englisch	1.000					
Fähigkeiten	0.881	1.000				
Selbstkonzept	0.743	0.618	1.000			
Lernstrategien	0.712	0.628	0.438	1.000		
Arbeitsverhalten	0.172	0.020	0.103	-0.108	1.000	
Klassenklima	0.028	0.138	0.238	0.465	0.142	1.000

Abbildung: *LISREL-Kausalanalyse*: Englisch-Gesamtpopulation zur *schriftsprachlichen und formalen Kompetenz*

Die Ergebnisse dieser LISREL-Analyse werden vor dem Hintergrund der verfügbaren zusätzlichen Informationen verständlicher. Die untersuchten Englischleistungen richten sich eher auf Bereiche, bei denen die Korrektheit der Fremdsprache bedeutsam ist. Hier wirken sich die vier im wesentlichen kognitiven Faktoren sehr stark aus. Gleichzeitig ist nicht zu übersehen, dass ein Lehrer-Schüler-Verhältnis, das für die Schüler sehr ansprechend zu sein scheint (Zu-

145

friedenheit und wenig autoritärer Führungsstil), keinen positiven Beitrag zu einer wachsenden sprachlichen Genauigkeit und Korrektheit leistet.

7.4.3 Diskussion der Ergebnisse

In den Ergebnissen der Englischdaten zeigt sich, dass die Rolle der Lernstrategien beim Fremdsprachenlernen sehr differenziert zu sehen ist. Die Korrelationen und Mittelwerte verweisen in der Gesamtpopulation und in verschiedenen Teilpopulationen auf die durchgängige Bedeutung der *Sprachbewusstheit*, des *Selbstkonzepts* und des *allgemeinen Vorwissens*; gleichzeitig wird deutlich, dass die Lernstrategien in ähnlicher Weise wie bestimmte affektiv-motivationale und soziale Variablen sehr unterschiedlich verteilt und für Teilpopulationen spezifisch wichtig oder weniger wichtig sind. Darüber hinaus lassen sich aus den Ergebnissen der Kausalanalyse eindeutige Hinweise zur zentralen Rolle der von Lernern selbst entwickelten Lernstrategien im Kontext anderer, zum Teil ebenso bedeutsamer oder auch weniger einflussreicher Faktoren gewinnen.

Hinsichtlich der Auswertung der Lerntagebücher lässt sich feststellen, dass die Wirkungen des durchgeführten Lernstrategietrainings nicht sehr bedeutsam oder nur von geringer Dauer sind, wenn das Training nur punktuell in den Unterrichtsablauf integriert ist und darüber hinaus der Eigeninitiative der Lerner überlassen bleibt (vgl. Nenniger, Peter et. al., 1995). Aus den Schülerkommentaren zum Lernstrategietraining lassen sich schließlich sinnvolle Anregungen zur Gestaltung des Fremdsprachenunterrichts ableiten, da sie deutlich belegen, dass die gegenwärtige Unterrichtspraxis noch nicht genügend die Ausbildung der Lernerinnen und Lerner zum individualisierten und selbstgesteuerten Lernen berücksichtigt.

Vergleichbare Ergebnisse im Hinblick auf das Kausalmodell zeigten sich auch in den Untersuchungen im *Physikunterricht* (vgl. hierzu Grob, Rhöneck v., Schnaitmann & Völker 1994, 1996). Bei einer relativ guten Modell-Anpassung (siehe *Goodness-of-Fit-Index*) zeigt das Ergebnis für die untersuchte Schülergesamtpopulation in 8. Klassen der Realschule (vgl. Grob, Rhöneck v., Schnaitmann & Völker 1996) einen erwartet hohen Einfluss der kognitiven Fähigkeiten und des physikspezifischen Fähigkeitsselbstkonzepts auf die Physikleistungen. Der Einfluss des emotionalen Faktors *Leistungsangst* liegt überraschend hoch und in der gleichen Größenordnung wie der des Selbstkonzepts. Das negative Vorzeichen diese Faktors bedeutet in der Pfadanalyse, dass Schüler mit hoher Angst und Besorgnis bezüglich des Lernerfolgs und mit dem Gefühl, schulisch nicht genügend zu leisten, im Rahmen des getesteten Modells gute Physikleistungen erzielen. Die Konstrukte *Lehrer-Schüler-Beziehungen* (aus dem LASSO), *Physikinteresse* (nach Häussler 1987) und *(meta)kognitive Lernstrategien* (aus dem LASSI) haben einen deutlichen niedrigeren Stellenwert bei der Erklärung der Physikleistungen als dies beispielsweise im Fach Englisch der Fall war. Das negative Vorzeichen des Pfadkoeffizienten zwischen Lehrer-Schüler-Beziehungen und den untersuchten Physikleistungen deutet darauf hin, dass im Rahmen des getesteten Modells die in den Leistungstest erfolgreichen Schüler den Fachlehrer eher kritisch sehen (siehe Abbildung 3).

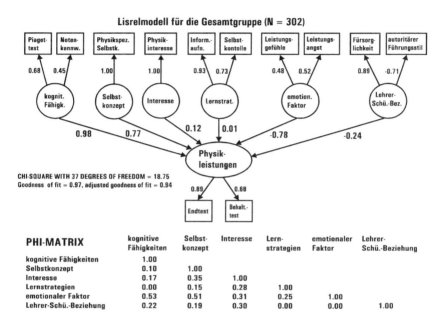

Abbildung: *Physikmodell für die Gesamtgruppe*

Überraschend ist es, dass ein Einfluss des Konstrukts Lernstrategien mit den beiden Indiaktoren Informationsaufnahme und -verarbeitung sowie Selbstkontrolle auf die Physikleistungen im getesteten Modell nicht nachweisbar ist. In den verschiedenen LISREL-Analysen zum Physikunterricht (auf die Analysen bei Teilpopulationen sei auf die Literatur Grob et al. 1994 und ders. 1996 verwiesen) sind die kognitiven Fähigkeiten, das fachspezifische Selbstkonzept und der emotionale Faktor die wichtigsten Einflussgrößen auf das Lernen in der Gesamtpopulation. An zweiter Stelle steht danach das Sozialklima und das Interesse. Im Bereich der Lernstrategien scheinen sich in der Gesamtpopulation gegenläufige Abhängigkeiten zu kompensieren, die sich in den Untergruppen unterschiedlich bemerkbar machen (vgl. Abbildung: *Physikmodell für die kontinuierlich passiven Schüler* und Abbildung: *Physikmodell für die kontinuierlich aktiven Schüler* im Anhang VI.).

Der emotionale Faktor hat in beiden Untergruppen ein negatives Vorzeichen und macht sich bei den kontinuierlich passiven Schülern stärker bemerkbar: In

147

dieser Untergruppe haben die erfolgreicheren Schüler das Gefühl, schulisch nicht genügend zu leisten, und meinen, dass Sympathie- und Antipathierelationen in der Schule das Lernen beeinflussen. Dies gilt auch für die Untergruppe der kontinuierlich aktiven Schüler, jedoch in weit geringerem Maße.

8 ZUSAMMENFASSUNG UND AUSBLICK

Im vorliegenden Projekt wurde der Versuch unternommen, die wesentlichen methodischen Ansätze der empirischen qualitativen und quantitativen Lernprozessforschung darzustellen, miteinander in Verbindung zu bringen und zu vergleichen.

Die Arbeit basiert auf den empirischen Daten von Studien, in denen empirisch-qualitative, offene Verfahren und empirisch-quantitative, geschlossene Verfahren zur Anwendung gekommen sind.

Es muss zur Interpretation des Vergleichs und der Verbindung dieser methodischen Verfahren jedoch einschränkend gesagt werden, dass hier nur eine Auswahl von Analysemethoden am Beispiel der Lernprozessforschung präsentiert werden konnte. Die Auswahl orientierte sich an der spezifischen Ausprägung des Forschungsgegenstandes, des Erkenntnisinteresses, der Untersuchungsabsicht, des Untersuchungsziels, der Adressatengemäßheit, an den faktischen Möglichkeiten des Verfassers und nicht zuletzt an bestimmten Vorgaben in der empirisch-pädagogischen Forschung. Diese bestehen u. a. darin, dass die Mehrzahl der empirischen Studien zum Thema Lernforschung als typische Felduntersuchungen eingestuft werden, die im Vergleich zu experimentellen und quasi-experimentellen Ansätzen mit weitaus umfangreicheren methodischen Problemen zu kämpfen haben.

Mit der Darstellung, insbesondere der beiden fachdidaktischen Projekte, wurde angestrebt, Lernstrategien auf einer mittleren Generalisierungsebene zwischen Lernstilen und Lerntechniken zu erfassen. Es war beabsichtigt, neuere Entwicklungen der Lernstrategienforschung, die sich vor allem auf kognitionspsychologische Konzepte stützen, angemessen zu berücksichtigen.

Darüber hinaus sollte auch einem angemessenen Theoriebegriff zur Lernprozessforschung Rechnung getragen werden. Dies bezog sich insbesondere auf folgende Aspekte:

- Entwurf eines konsistenten, komplexen und vernetzbaren Strukturkonzepts
- strukturelles und prozessuales Modellieren der externalen Bezüge
- Rekonstruktion von psychischen Funktionsbereichen wie Wahrnehmung, Einstellungen, Interessen und Motive, Wissen und Denken und Verhaltenssteuerung

Damit sind auch methodische Verpflichtungen verbunden, die in der Datenerhebung eine Abkehr von den häufig angewandten Ad-hoc-Instrumenten verlangen. Es werden stattdessen neben dem gezielten Einsatz hochreliabler, quantitativer Prozeduren auch empirisch-qualitative Verfahren zur Erfassung theorierelevanter Informationen erwartet. Hierzu sollte man sich auf der einen Seite der Erfüllung von Standards der allgemeinen Messtheorie und insbesondere der empirischen Forschungsmethoden verpflichten und auf der anderen Seite die endlosen Validitätsdebatten durch Operationalisierungskonventionen auch in empirisch-qualitativen Verfahren ersetzen.

Ein besonderer Gesichtspunkt für den Einsatz eines Verfahrens zur Erfassung von Lernstrategien ist auch die Frage nach dessen Einsatzmöglichkeiten in der Einzelfalldiagnostik. Einzelfalldiagnostische Befunde können für Unterrichtszwecke nur dann von Relevanz sein, wenn eine situations- (und auch fach-)- bzw. zeitübergreifende Konsistenz des Lernverhaltens anzunehmen ist und für die Ausprägung einer bestimmten Lernstrategie spezifische Prognosen für deren Nutzung beim schulischen Lernen bestehen.

Nicht zuletzt sollte diese Arbeit auch zeigen, dass im Bereich der empirischen Unterrichtsforschung eine enge Zusammenarbeit zwischen den Fachdidaktiken und den Erziehungswissenschaften für die Lernforschung, aber auch für die Weiterentwicklung der Schulpädagogik, der Allgemeinen Didaktik und der Fachdidaktiken von großem Nutzen ist. Die Erkenntnis, dass Lernen bereichsspezifisch ist und dass die Bedeutung allgemeiner Gesetze des Lernens hinter Aspekten der zu vermittelnden fachspezifischen Inhalte (siehe vor allem im Englischprojekt) tritt, führt zwangsweise dazu, dass Fachdidaktiker und Erziehungswissenschaftler kooperieren müssen, um zu vorzeigbaren Fortschritten zu kommen.

Die zur Betrachtung eines adäquaten Forschungsprogramms in der Lernforschung erforderlichen Forschungsstrategien müssen experimentell angelegt sein. Dies bedeutet eine Abkehr von der verbreiteten großflächigen Feldforschung, zumal die Komplexität natürlicher *settings* so groß ist (dies konnte in den Einzelfallanalysen gezeigt werden), und die Kontrollierbarkeit aller ihrer relevanten Bestimmungsgrößen so hoch ist, dass bei ihrer Erforschung nicht viel mehr als eher informationsarme Theorieskizzen hervorgebracht werden können.

Sowohl aus den Ergebnissen der quantitativen als auch der qualitativen Analysen ergibt sich die Frage nach dem Sinn eines ausschließlichen Einsatzes von (standardisierten) (Strategie-) Fragebögen zur Steigerung und Kontrolle der Lerneffizienz. Aus den Äußerungen der Schülerinnen und Schüler sowohl in den offenen schriftlichen Befragungen als auch in den Interviews lassen sich zusätzlich sinnvolle Anregungen zur Gestaltung des Unterrichts ableiten, da sie deutlich belegen, dass die gegenwärtige Unterrichtspraxis noch nicht genügend den Wunsch der Lernerinnen und Lerner zum individualisierten und stärker selbstgesteuerten Lernen berücksichtigt. Allerdings kann auch nicht außer Acht gelassen werden, dass dem Wunsch nach mehr Selbstbestimmung beim Lernen nicht immer die dazu nötige Eigeninitiative entspricht.

Ausgehend von phänomenologischen, ethnomethodologischen und interaktionistischen Ansätzen, die unter dem Begriff des *interpretativen Paradigmas* zusammengefasst werden, können qualitative Verfahren, insbesondere die Methoden der Analyse subjektiver (Lern-) Theorien, als methodologischer Ausdruck einer Sozialforschung der handlungstheoretischen Perspektive betrachtet wer-

den. Unter dieser Perspektive kann die Erforschung von subjektiven Lerntheorien nur mit Hilfe von Verfahren gelingen, die es erlauben, Sichtweisen und In-
terpretationsmuster der Lernenden in Erfahrung zu bringen, ohne vorher exakt
spezifizierte und präzis operationalisierte Hypothesen formuliert zu haben. Eine
solche theoretische Sichtweise setzt die Anwendung von theoretisch fundierten
Verfahren voraus, die die Konstruktion adäquater Hypothesen auf der Basis
empirischen Datenmaterials ermöglichen.

Die dargestellte Methode der Analyse subjektiver Lerntheorien zählen zu einer
Reihe von qualitativen Methodologien, die auf empirisch begründeter Theorien
beruhen. Mit diesen wird eine Systematisierung des qualitativen Forschungsprozesses angestrebt, die nicht auf der Formulierung präziser Hypothesen, der
Operationalisierung theoretischer Basissätze, der Festlegung von Beobachtungskategorien und der Definition von Variablen beruht. Diese Methodologien
beanspruchen die Kodifizierung des Prozesses der Theoriebildung außerhalb
des deduktiven Forschungsparadigmas zu leisten.

Nach wie vor existiert kein wissenschaftstheoretisches Konzept von einer ähnli-
chen Kohärenz und Explizitheit wie das Modell der Subjektiven Theorien, in
welches sich die Methodologien (deduktive wie induktive, qualitative wie quantitative) der Lern(-strategien)forschung einordnen ließen.

Die Ausführungen sollten zeigen, dass die Wahl einer oder mehrerer Forschungsmethoden zur Erforschung des Lernens nicht aufgrund von willkürli-
chen, zufälligen oder gar dogmatischen Vorlieben für oder Abneigungen gegen
eine bestimmte Methode erfolgen sollte. Sowohl qualitative als auch quantitative Forschungsmethoden sind interdisziplinär zu verorten, um ihr Erkenntnispo-
tential über alle sozialwissenschaftlichen Disziplinen hinweg sichtbar zu machen. Durch die Darstellung eines wichtigen Anwendungsfeldes, der Lernforschung, sollte das Leistungspotential und die Einsatzmöglichkeiten sowohl qualitativer als auch quantitativer Forschung sowie deren Beitrag zur Eröffnung
neuer Sichtweisen und zur Berücksichtigung häufig übersehener Aspekte sozialer Wirklichkeit deutlich werden
.

9 LITERATURVERZEICHNIS

Achtenhagen, Frank. (1984). Qualitative Unterrichtsforschung. In *Unterrichtswissenschaft*, 3, S. 206-217.

Adl-Amini, Bijan; Schulze, Theodor & Terhart, Ewald. (Hrsg.).(1993). *Unterrichtsmethode in Theorie und Forschung. Bilanz und Perspektiven. Studien zur Schulpädagogik und Didaktik*. Band 8. Weinheim: Beltz.

Aebli, Hans & Ruthemann, Ursula .(1987). Angewandte Metakognition: Schüler vom Nutzen der Problemlösestrategien überzeugen. In *Zeitschrift für Entwicklungspsychologie und Pädagogische Psychologie*, Bd.14, 1, S. 46-64.

Altrichter, Herbert & Posch, Peter. (1990). *Lehrer erforschen ihren Unterricht. Eine Einführung in die Methoden der Aktionsforschung*. Bad Heilbrunn: Klinkhardt.

Anderson, R.C. (1985). *Cognitive psychology and it's implications*. New York, Oxford: W.H. Freeman and Company (deutsch: Kognitive Psychologie. (1988). Heidelberg: Spektrum der Wissenschaft).

Apel, Hans Jürgen. (1990). *Schulpädagogik. Eine Grundlegung*. Köln/Wien: Böhlau.

Apel, Hans Jürgen. (1993). Was ist Schulpädagogik? Vorüberlegungen zum Selbstverständnis einer pädagogischen Bereichsdisziplin. In *Pädagogische Rundschau*, 47, S. 389-411.

Arbinger, Roland & Jäger, Reinhold S. (1994). *Die Zukunft der empirisch-pädagogischen Forschung. Desiderata und Perspektiven*. Abstractband der 50. AEPF-Tagung, 7.-9.September 1994 in Landau. Landau: Empirische Pädagogik e.V.

Artelt, Cordula & Schellhas, Bernd. (1996). Zum Verhältnis von Strategiewissen und Strategieanwendung und ihren kognitiven und emotional-motivationalen Bedingungen im Schulalter. In *Empirische Pädagogik*, 10 (3), S. 277-305.

Aschenbach, Günter. (1987). *"Qualitative" und "quantitative" Forschungsmethoden der Psychologie*. Nürnberg: Institut für Psychologie, Erlangen, 20 Seiten, 6 Seiten Anhang.

Asmus, Hans-J. (1983). *Politische Lernprozesse bei Kindern und Jugendlichen. Eine sozialisationstheoretische Begründung*. Campus Forschung.

Astleitner, Hermann. (1995). Lernforschung in Informationsnetzen - Aspekte eines hypothetischen Rahmenmodells und Perspektiven empirischer Forschung. In *Empirische Pädagogik*, Beiheft 4, S. 336-351.

Baacke, Dieter. (1991). Pädagogik. In Flick, Uwe .(Hrsg.). *Handbuch Qualitative Sozialforschung*. München: Psychologie-Verlags-Union.

Bachmair, G. (1976²). *Unterrichtsanalyse*. Weinheim: Beltz.

Ballstaedt, S.-P. (1987). Zur Dokumentenanalyse in der biographischen Forschung. In Jüttemann, Gerd & Thomae, Hans (Hrsg.): *Biographie und Psychologie*. Berlin: Springer, S. 203-214.

Bastian, Johannes. (1989). Projektunterricht planen. In *Pädagogik*, 41 (7-8), S. 72-75.

Baumert, Jürgen. (1990). Längerfristige Wirkungen des Schulunterrichts unter institutioneller Perspektive. In *Unterrichtswissenschaft. Zeitschrift für Lernforschung*, 18 (1), S. 5-10.

Baumert, Jürgen (1993): Lernstrategien, motivationale Orientierung und Selbstwirksamkeitsüberzeugungen im Kontext schulischen Lernens. In *Unterrichtswissenschaft*, 21 (4), S. 327-354.

Baumert, Jürgen (Hrsg.). (1993). Thema: Lernstrategien. In *Unterrichtswissenschaft. Zeitschrift für Lernforschung*. Themenheft, 21 (4).

Beck, Erwin, Guldimann, Titus & Zutavern, Michael. (1991). Eigenständig lernende Schülerinnen und Schüler. In *Zeitschrift für Pädagogik*, 37, S. 735-768.

Beck, Klaus. (1987). *Die empirischen Grundlagen der Unterrichtsforschung*. Göttingen: Hogrefe.

Beck, Klaus. (1990). Plädoyer für eine grundlagenorientierte erziehungswissenschaftliche Lernforschung. In *Unterrichtswissenschaft*, 18 (1), S. 10-15.

Beller, E. Kuno. (Hrsg.). (1989). *Forschung in den Erziehungswissenschaften*. Weinheim: Deutscher Studien Verlag.

Benner, Dietrich. (1977). Was ist Schulpädagogik? In Derbolav, J. (Hrsg.). *Grundlagen und Probleme der Bildungspolitik. Ein Theorieentwurf*. München, S. 88-111.

Benner, Dietrich. (1991³). *Hauptströmungen der Erziehungswissenschaft. Eine Systematik traditioneller und moderner Theorien*. Weinheim: Deutscher Studienverlag.

Berry, W. D. & Feldman, S. (1985). *Multiple regression in practice*. Beverly Hills, CA: Sage.

Berry, John & Sahlberg, Pasi. (1996). Investigating Pupils' Ideas of Learning. In *Learning and Instruction*, 6 (1), S. 19-36.

Biermann, Rudolf. (1988). Lernen und Leistung in der Schule. In *Forum Pädagogik*, 1 (3), S. 141-144.

Biggs, J.B. (1978). Individual and group differences in Study processes. In *British Journal of Educational Psychology*, 48, S. 266-279.

Biggs, J. B.(1993). What do inventories of students' learning processes really measure? A theoretical review and clarification. In *British Journal of Educational Psychology*, 63, S. 3-19.

Bitz, Ferdinand. (1988). 'Ermutigung' als ein fundamentales didaktisches Prinzip des 'erziehenden Unterrichts'. In *Die Realschule*, 96 (7), S. 282-286.

Boehm, Andreas; Mengel, Andreas & Muhr, Thomas. (Hrsg.). (1994). *Texte verstehen. Konzepte, Methoden, Werkzeuge.* Konstanz: Universitätsverlag.

Boensch, Manfred. (1988). Kleine Klassen/Lerngruppen. Probleme und Möglichkeiten. In *Pädagogische Welt*, 42 (5), S. 226-231.

Boensch, Manfred. (1994). Was ist eine gute Schule? Zu einer neuen, alten Signalfrage der Schulpädagogik. In *Neue deutsche Schule*, 46 (8), S. 22-25.

Bohnsack, Fritz. (1993). Untersuchungen zur Qualität von Schule als Quelle schultheoretischer Erkenntnisse. In *Die Deutsche Schule*, 85 (4), S. 437-453.

Bonne, Lothar. (1978). *Lernpsychologie und Didaktik. Zur Integration der kognitiven Lerntheorie in die Didaktik.* Weinheim: Beltz.

Bonß, W. (1991). Soziologie. In Flick, U. et al. (Hrsg.) *Handbuch qualitative Sozialforschung.* München: Psychologie Verlags Union, S. 36-39.

Borg,-Ingwer. (1998). Multitrait-multimethod, facet theory, and multidimensional scaling. In: Klauer, Karl Christoph, Westmeyer, Hans: *Psychologische Methoden und soziale Prozesse*, Pabst, Lengerich, 1998, Seiten 14-29.

Bortz, Jürgen. (1984). *Lehrbuch der empirischen Forschung.* Berlin: Springer.

Bortz, Jürgen. (1989). *Statistik für Sozialwissenschaftler.* Berlin: Springer.

Bremerich-Vos, Albert & Schnaitmann, Gerhard W. (1995). Grammatik im Deutschunterricht: Leistungen, Interesse und Selbstkonzept. In *Empirische Pädagogik*, 9 (2), S. 173-191.

Brezinka, Wolfgang. (1970). Empirische Erziehungswissenschaft. In *Lexikon der Pädagogik*, Bd.1, Freiburg: Herder, S. 347-350.

Brezinka, Wolfgang. (1971). *Von der Pädagogik zur Erziehungswissenschaft. Eine Einführung in die Metatheorie der Erziehung.* Weinheim: Beltz.

Brezinka, Wolfgang. (1978). *Metatheorie der Erziehung. Eine Einführung in die Grundlagen der Erziehungswissenschaft, der Philosophie der Erziehung und der Praktischen Pädagogik.* München: Ernst Reinhardt.

Bromme, Rainer. (1981). *Das Denken von Lehrern in der Unterrichtsvorbereitung. Eine empirische Untersuchung zu kognitiven Prozessen von Mathematiklehrern.* Weinheim: Beltz.

Bromme, Rainer. (1992). Aufgabenauswahl als Routine: Die Unterrichtsplanung im Schulalltag. In Ingenkamp, Karlheinz; Jäger, Reinhold S.; Petillon, Hanns & Wolf, Bernhard. (Hrsg.) *Empirische Pädagogik 1970-1992. Eine Bestandsaufnahme der Forschung in der Bundesrepublik Deutschland*, Band II. Weinheim: Deutscher Studienverlag, S. 535-544.

Brommelt, Ulrich. (1991). *Zusammenhänge zwischen kognitiven Schülermerkmalen, Unterrichtscharakteristika und Schülerleistungen.* Heidelberg: Unveröffentlichte Dissertation.

Brown, A. L. (1978). Knowing when, where, and how to remember: A problem of metakognition. In R. Glaser (Ed.), *Advances in instructional Psychology*, Vol. 1, Hillsdale, NJ: Erlbaum, S. 77-165.

Brown, A. L. & Day, J.D. (1983). Macrorules for summarizing texts: The development of expertise. In *Journal of Verbal Learning and Verbal Behaviour*, 22, S. 1-14.

Brown, A. L. (1984). Metakognition, Handlungskontrolle, Selbststeuerung und andere noch geheimnisvollere Mechanismen. In F. E. Weinert & R. H. Kluwe (Hrsg.). *Metakognition, Motivation und Lernen.* Stuttgart: Kohlhammer, S. 60-108.

Brown, Ann L. (1994). The Advancement of Learning. In *Educational researcher*, 23 (8), S. 4-12.

Brown, H. D. (1987). *Principles of language learning and teaching.* Englewood Cliffs, N.J.: Prentice Hall.

Brunner, Reinhard & Zeltner, Wolfgang. (1980). *Lexikon zur Pädagogischen Psychologie und Schulpädagogik.* München: Ernst Reinhardt.

Buer, Jürgen van. (1990). Lehr-Lernforschung der 80er Jahre - nur anderes Etikett für psychologische Unterrichtsforschung? Lehr-Lern-Forschung der 90er Jahre - Chance für eine erziehungswissenschaftliche Analyse von Unterricht. In *Unterrichtswissenschaft*, 1990, 18 (1), S. 16-22.

Byrne, Barbara M. (1989). *A Primer of LISREL. Basic Applications and Programming for Confirmatory Factor Analytic Models.* New York Heidelberg: Springer.

Carston, R. (1988). Language and Cognition. In F.J. Newmeyer. (Hrsg.). *Language: Psychological and Biological Aspects.* Cambridge: Cambridge University Press, S. 38-68.

Chomsky, N. (1986). *Knowledge of Language: Its Nature, Origin, and Use.* New York: Praeger.

Cook, V.J. (1988). *Chomsky's Universal Grammar. An Introduction.* Oxford: Basil Blackwell.

Corno, L. (1989). Self-regulated learning: A volitional analysis. In B. J. Zimmermann & D. H. Schunk (Hrsg.). *Self-regulated learning and academic achievement* New York: Springer, S. 111-141.

Dann, Hanns-Dietrich. (1983). Subjektive Theorien: Irrweg oder ein Forschungsprogramm? Zwischenbilanz eines kognitiven Konstrukts. In Montada, L; Reusser, K. & Steiner, G. (Hrsg.). *Kognition und Handeln.* Stuttgart: Klett-Cotta. S. 77-92.

Dann, Hanns-Dietrich & Humpert, W. (1987). Eine empirische Analyse der Handlungswirksamkeit von Lehrern in aggressionshaltigen Unterrichtssituationen. *Zeitschrift für Sozialpsychologie*, 18 (1), S. 40-49.

Dann, Hanns-Dietrich. (1989). Was geht im Kopf des Lehrers vor? Lehrerkognitionen und erfolgreiches pädagogisches Handeln. In *Psychologie in Erziehung und Unterricht*, 36 (2), S. 81-90.

Dann, Hanns-Dietrich. (1990). Subjective theories: a new approach to psychological research and educational practice. In Sermin, G.R. & Gergen, K.J. *Everday understanding: social and scientific implications*. London: Sage. S. 227-243.

Dann, Hanns-Dietrich. (1994). Pädagogisches Verstehen: Subjektive Theorien und erfolgreiches Handeln von Lehrkräften. In Heusser, Kurt & Reusser-Weyeneth (Hrsg.). *Verstehen. Psychologischer Prozess und didaktische Aufgabe*. Bern: Verlag Hans Huber, S. 163-182.

Dansereau, D.F. (1978). The development of a learning strategy curriculum. In H.F. O'Neill. (Hrsg.). Learning strategies. New York: Academic Press. S. 1-29.

Denzin, Norman K. & Lincoln, Yvonna S. (Hrsg.) (1998). *Handbook of Qualitative Research*, Volume 1 to 3. Thousand Oaks: Sage.

Diederich, Jürgen. (1988). *Didaktisches Denken. Anspruch und Aufgabe, Möglichkeiten und Grenzen der Allgemeinen Didaktik*. Weinheim/München: Juventa.

Dörner, D. & Reither, F. (1978). Über das Problemlösen in sehr komplexen Realitätsbereichen. In: *Zeitschrift für experimentelle und angewandte Psychologie*, 25, S. 527-551.

Dörner, D. (1989). *Die Logik des Mißlingens: Strategisches Denken in komplexen Situationen*. Reinbek: Rowohlt.

Driver, R.; Guesne, E.& Tiberghien, A. (Hrsg.) (1985*). Children's ideas in science*. Milton Keynes: Open University Press.

Duit, R.; Jung, W. & Rhöneck, Ch. v. (Hrsg.). (1985). *Aspekts of Understanding Electricity*. IPN-Arbeitsbericht 59. Kiel: Schmidt und Klaunig.

Duit, R. (Hrsg.). (1986). Alltagsvorstellungen. In *Naturwissenschaften im Unterricht - Physik/Chemie, 3*.

Duit, Reinders. (Hrsg.). (1988). *Students' conceptions of subject matter contect*. In *IPN - Kurzberichte 35*, Kiel: Institut für die Pädagogik in den Naturwissenschaften (IPN).

Duit, R. (1993a). Schülervorstellungen - von Lerndefiziten zu neuen Unterrichtsansätzen. In *Naturwissenschaften im Unterricht - Physik*, 16, S. 4-10.

Duit, Reinders & Gräber, Wolfgang (1993b). *Kognitive Entwicklung und Lernen in den Naturwissenschaften*. Kiel: IPN.

Duit, Reinders. (1995). Zur Rolle der konstruktivistischen Sichtweise in der naturwissenschaftsdidaktischen Lehr- und Lernforschung. In *Zeitschrift für Pädagogik*, 41 (6), S. 905-923.

Duncker, Ludwig. (1994). Die Entfaltung von Interesse als grundschulpädagogische Aufgabe. In *Pädagogische Welt*, 48 (7), S. 296-300.

Eggers, Philipp & Lenhart, Volker. (1989). Die sozialwissenschaftliche Orientierung der Pädagogik. In Röhrs, Hermann & Scheuerl, Hans. (Hrsg.). *Richtungsstreit in der Erziehungswissenschaft und pädagogische Verständigung.* Frankfurt/Main: Lang, S. 229-242.

Eid, Michael; Lischetzke, Tanja; Nussbeck, Fridtjof W. & Trierweiler, Lisa I. (2003). Die Trennung von Trait-Effekten und trait-spezifischen Methodeneffekten in der Multitrait-Multimethod-Analyse: Ein CTC(M-1)-Modell In *Psychological-Methods.* 2003; 8(1): 38-60

Eigler, Gunther (1983): Lernen lehren - erziehungswissenschaftlich betrachtet. In *Unterrichtswissenschaft,* 4, S.335-349

Einsiedler, Wolfgang. (1974). *Schulpädagogischer Grundkurs.* Donauwörth: Auer.

Einsiedler, Wolfgang. (1976). *Lehrstrategien und Lernerfolg. Eine Untersuchung zur lehrziel- und schülerorientierten Unterrichtsforschung.* Weinheim: Beltz.

Einsiedler, Wolfgang. (1978). *Faktoren des Unterrichts.* Donauwörth: Auer.

Einsiedler, Wolfgang. (1991). Schulpädagogik - Unterricht und Erziehung in der Schule. In Roth, Leo (Hrsg.). *Pädagogik. Ein Handbuch für Studium und Praxis.* München: Ehrenwirth, S. 649-657.

Entwistle, N.J. & Ramsden, P. (1983). *Understanding student learning.* London: Croom Helm.

Entwistle, N.J. (1988). Motivational factors in students' approaches to learning. In R. R. Schmeck (Hrsg.). *Learning strategies and learning styles.* New York: Plenum Press, S. 21-51.

Entwistle, N.J.; Entwistle, A. & Tait, H. (1993). Academic understanding and contexts to enhance it: A perspective from research on student learning. In Duffy, T.; Lowyck, J. & Jonassen, D.H. (Hrsg.). *Designing environments for constructive learning,* Berlin: Springer, S. 331-357.

Ernst, Hans. (1993). *Humanistische Schulpädagogik. Problemgeschichte, Menschenbild, Lerntheorie.* Bad Heilbrunn: Klinkhardt.

Esser, H.; Klenovits, K. & Zehnpfennig, H. (1977). *Wissenschaftstheorie. Bd.1: Grundlagen und Analytische Wissenschaftstheorie.* Stuttgart: Teubner.

Esser, H.; Klenovits, K. & Zehnpfennig, H. (1977). *Wissenschaftstheorie. Bd 2: Funktionalanalyse und hermeneutisch - dialektische Ansätze.* Stuttgart: Teubner.

Faber, Günter. (1992). Bereichsspezifische Beziehungen zwischen leistungsthematischen Selbstkonzepten und Schulleistung. In *Zeitschrift für Entwicklungspsychologie und Pädagogische Psychologie,* XXIV (1), S. 66-82.

Faerch, C. & Kasper, G. (1987). *Introspection - Second Language Research.* Philadelphia: Clevton.

Finkbeiner, Claudia. (1995a). *Englischunterricht in europäischer Dimension. Zwischen Qualifikationserwartungen der Gesellschaft und Schülereinstellungen und Schülerinteressen.* Bochum: Dr. Brockmeyer.

Finkbeiner, Claudia. (1995b). Zur Erhebung von textverstehensrelevanten Lernstrategien und Interessen im Fremdsprachenunterricht: Entwicklung zweier Fragebögen. In *Empirische Pädagogik,* 9 (2), S. 193-219.

Finkbeiner, Claudia. (1996a). Überlegungen zu den Determinanten bedeutungskonstituierender Konstrukte beim Wissensaufbau im Textverstehensprozeß. In Börner, Wolfgang & Vogel, Klaus. (Hrsg.). *Texte im Fremdsprachenerwerb: Verstehen und Produzieren.* Tübingen: Narr, S. 87-106.

Finkbeiner, Claudia. (1996b). Schülerinteressen und Schülereinstellungen im Neuen Europa. Eine empirische Studie im Fremdsprachenunterricht. In Schnaitmann, Gerhard W. (Hrsg.). *Theorie und Praxis der Unterrichtsforschung. Methodologische und praktische Ansätze zur Erforschung von Lernprozessen.* Donauwörth: Auer, S. 234-262.

Finkbeiner, Claudia. (1996c). Die Rolle von Lernstrategien und Interesse im Textverstehensprozeß des Fremdsprachenunterrichts. In Treumann, Klaus-Peter; Neubauer, Georg, Möller, Renate & Abel, Jürgen. (Hrsg.). *Methoden und Anwendungen empirischer pädagogischer Forschung.* Münster: Waxmann, S. 113-129.

Finkbeiner, Claudia. (1996d). Zugänge und Grundlagen zur Erforschung des Fremdsprachenunterrichts. In: Pürschel, Heiner (Hrsg.). Themenheft: *Fragebögen in der angewandten Linguistik. Fremdsprachen und Hochschule* - Zeitschrift des AKS (Arbeitskreis der Sprachenzentren, Sprachlehrinstitute und Fremdspracheninstitute Bochum*),* 48/1996, S. 36-66.

Finkbeiner, Claudia. (1997a). Zur affektiven und kognitiven Dimension beim Lesen: Bericht von einer Untersuchung zum Zusammenwirken von Interessen und Lernstrategien. In: *Zeitschrift für Fremdsprachenforschung ZFF,* Bd. 8 Heft 2, S. 197-212.

Finkbeiner, Claudia. (1997b). Zum Einfluß von Interessen auf das Verarbeiten von Texten. Bericht von einer empirischen Studie. In: Bredella, Lothar, Christ, Herbert & Legutke, Michael. (Hrsg.). *Thema Fremdverstehen. Giessener Beiträge zur Fremdsprachendidaktik.* Tübingen: Narr, S. 313-332.

Finkbeiner, Claudia. (1998). Sind gute Leserinnen und Leser auch gute Strategen? Was Fremdsprachenlehrerinnen und -lehrer darüber denken. *Fremdsprachen lehren und lernen, Heft* 27/1998.

Finkbeiner, Claudia. (2000). Zur Förderung expliziter und impliziter Lernstrategien im Englischunterricht: ein notwendiges Desiderat? In E. Klein, K. Knapp, F.-W. Neumann & W. Schaller (Hrsg.), *Anglistik in der Remediatisierung der Informationsgesellschaft*. Trier: Wissenschaftlicher Verlag, S. 189-222.

Finkbeiner, Claudia & Schnaitmann, Gerhard W. (2001). (Hrsg.). *Lehren und Lernen im Kontext von empirischer Forschung und Fachdidaktik*. Reihe Innovation und Konzeption. Donauwörth: Verlag Ludwig Auer.

Finkbeiner, Claudia. (2001a). Zur Erforschung attitudinaler und affektiver Faktoren beim Lehren und Lernen fremder Sprachen. In C. Finkbeiner & G. W. Schnaitmann (Hrsg.), *Lehren und Lernen im Kontext empirischer Forschung und Fachdidaktik* Donauwörth: Auer, S. 352-375.

Finkbeiner, Claudia. (2001b). Englische Texte lesen und verstehen - Beispiel der Kontextualisierung einer Forschungsfrage. In H. Bayrhuber, C. Finkbeiner, K. Spinner & H. Zwergel (Hrsg.), *Lehr- und Lernforschung in den Fachdidaktiken* Innsbruck: Studienverlag, S. 121-140.

Finkbeiner, Claudia. (erscheint). *Interessen und Strategien beim fremdsprachlichen Lesen. Wie Schülerinnen und Schüler englische Texte lesen und verstehen*. Tübingen: Narr.

Flavell, John H. (1984). Annahmen zum Begriff Metakognition sowie zur Entwicklung von Metakognition. In Weinert, Franz E. & Kluwe, Rainer H. (Hrsg.). *Metakognition, Motivation und Lernen*. Stuttgart: Kohlhammer, S. 23-31.

Flick, Uwe (Hrsg.). (1991*). Handbuch Qualitative Sozialforschung*. München: Psychologie-Verlags-Union.

Flick, Uwe. (1996). *Qualitative Forschung. Theorie, Methoden, Anwendung in Psychologie und Sozialwissenschaften*. Hamburg: Rowohlts Enzyklopädie.

Flick, Uwe, v. Kardorff, Ernst & Steinke, Ines (Hrsg.) (2000). *Qualitative Forschung. Ein Handbuch*. Reinbek: Rowohlt.

Flitner, Wilhelm. (1966[11]). *Allgemeine Pädagogik*. Stuttgart: Klett Verlag.

Fodor, J. A. (1983). *The Modularity of Mind*. Cambridge, Mass.: MIT Press.

Foppa, Klaus. (1965). *Lernen, Gedächtnis, Verhalten. Ergebnisse und Probleme der Lernpsychologie*. Köln: Kiepenheuer & Witsch.

Freund, Bärbel; Menck, Peter; Stalz, Manfred & Wierichs, Georg. (1992). Leitideen für die Lehrplanarbeit. In *Unterrichtswissenschaft*, 20 (2), S. 112-125.

Friedrich, H. F. & Mandl, H. (1986). Self-regulation in knowledge acquisition: A selection of german research. In Beukhof, G. & P. R.-J. Simons. (Hrsg.). *German and dutch research on learning and instruction. General topics and self-regulation in knowledge acquisition* Den Haag: Stichting voor Onderzoek van het Onderwijs, S. 43-99.

Friedrich, Helmut F. & Mandl, Heinz (1990): Psychologische Aspekte autodidaktischen Lernens. In: *Unterrichtswissenschaft*, 3, S. 197-218.

Friedrich, Helmut F.& Mandl, Heinz (1992): Lern- und Denkstrategien - ein Problemaufriß. In Mandl, Heinz & Friedrich, Helmut F. (Hrsg.). *Lern- und Denkstrategien. Analyse und Intervention.* Göttingen: Hogrefe, S. 3-54.

Friedrich, Helmut F. (1995). Analyse und Förderung kognitiver Lernstrategien. In *Empirische Pädagogik*, 9 (2), S. 115-153.

Fromm, Martin. (1987). *Die Sicht der Schüler in der Pädagogik. Untersuchungen zur Behandlung der Sicht von Schülern in der pädagogischen Theoriebildung und in der quantitativen und qualitativen empirischen Forschung.* Weinheim: Deutscher Studien Verlag.

Fromm, Martin. (1990). Zur Verbindung quantitativer und qualitativer Methoden. In *Pädagogische Rundschau*, 44, S. 469-481.

Fuchs, W. (1984): *Biographische Forschung. Eine Einführung in Praxis und Methode.* Opladen: Westdeutscher Verlag.

Gage, N.L. (1979). *Unterrichten - Kunst oder Wissenschaft?* München.

Gardner, H. (1989). *Dem Denken auf der Spur: Der Weg der Kognitionswissenschaft.* Stuttgart: Klett-Cotta.

Gerwing, Christa.(1994). Streß in der Schule - Belastungswahrnehmung von Lehrerinnen und Lehrern. In: *Zeitschrift für Pädagogische Psychologie*, 8.Jg., S. 41-53.

Giest, H. (1991). Psychologische Aspekte der Aneignung fachspezifischen Wissens im Rahmen sachbezogenen Lernens. In *Empirische Pädagogik*, 5 (3), S. 229-244.

Girg, Ralf. (1994). *Die Bedeutung des Vorverständnisses der Schüler für den Unterricht. Eine Untersuchung zur Didaktik.* Bad Heilbrunn: Klinkhardt.

Glasersfeld, E.v. (1987). *Wissen, Sprache und Wirklichkeit.* Braunschweig: Friedrich Vieweg & Sohn.

Glöckel, Hans. (1992²). *Vom Unterricht. Lehrbuch der Allgemeinen Didaktik.* Bad Heilbrunn: Klinkhardt.

Gräber, Wolfgang. (1995). Schülerinteressen und deren Berücksichtigung im STS-Unterricht: Ergebnisse einer empirischen Studie zum Chemieunterricht. Prof. Dr. Helmut Wenck zum 60. Geburtstag. In *Empirische Pädagogik*, 9 (2), S. 221-238.

Grammes, Tilman & Kaspar, Thomas, H. (1993). Interesse - eine fachdidaktische Kategorie? In *Politische Bildung*, 26 (2), S. 57-75.

Grob, K.; v. Rhöneck, Ch. v.& Pollak, V. (1990). Analyse von Informationsverarbeitungsprozessen in der Elektrizitätslehre mit Hilfe eines Expertensystems. In: *physica didactica*, 3/4, S. 76-87.

Grob, K.; Menschel, H.; Reiche, H.; Rhöneck, Ch.v. & Schreier, U. (1993a). Schülervorstellungen und neue Ansätze für den Physikunterricht. In *Physik in der Schule*, H. 11, S. 362-368.

Grob, K., Rhöneck, Ch. v. & Völker, B. (1993b). Die Entwicklung von Verstehensstrukturen im Anfangsunterricht der Elektrizitätslehre. In *Naturwissenschaften im Unterricht - Physik*, 16, S. 24-29.

Grob, K., Rhöneck, Ch. v., Schnaitmann, G. & Völker, B. (1993c). Vortragsmanuskript: *Cognitive abilities, psychological motives, learning strategies, and social interactions as components of long-term learning in basic electricity.* EARLI-Tagung Aix-en-Provence.

Grob, Karl; Rhöneck, Christoph v., Schnaitmann, Gerhard W. & Völker, Bruno. (1994). Kognitive Fähigkeiten, Motive, Lernstrategien und Sozialklima als Bedingungen des Lernens in der Elektrizitätslehre. In Olechowski, Richard & Rollett, Brigitte. (Hrsg.). *Theorie und Praxis. Aspekte empirisch-pädagogischer Forschung - quantitative und qualitative Methoden.* Frankfurt/Main: Peter Lang, S. 244-250.

Groeben, Norbert. (1988). Explikation des Konstrukts 'Subjektive Theorie'. In Groeben, Norbert; Wahl, Diethelm; Schlee, Jörg & Scheele, Brigitte. (Hrsg.). *Das Forschungsprogramm Subjektive Theorien. Eine Einführung in die Psychologie des reflexiven Subjekts.* Tübingen: Francke Verlag, S. 17-24.

Gudjons, Herbert. (1989). Begründen. Lernpsychologische Argumente. In *Pädagogik*, 41 (7/8), S. 47-52

Hacker, Hartmut & Rosenbusch, Heinz, S. (Hrsg.). (1990). *Erzieht Unterricht? Aktuelle Beiträge zu einem klassischen pädagogischen Thema. Hans Glöckel zum 60. Geburtstag.* Baltmannsweiler: Burgbücherei Schneider.

Haller, E.P.; Child, D.A. & Walberg, H.J. (1988). Can comprehension be taught? A quantitative synthesis of "metacognitive" studies. In: *Educational Researcher*, 17, S. 5-8.

Hargreaves, D.H. (1980). Classrooms, schools and juvenile deliquency. In *Educational Analysis*, 2, S. 75-87.

Harney, Klaus; Jütting, Dieter & Koring, Bernhard. (1990). Der Dozentenhabitus in Erwachsenenbildung und Weiterbildung. In *Unterrichtswissenschaft*, 18 (3), S.259-268.

Hasselhorn, M. & Körkel, J. (1986). Metacognitive versus traditional reading instructions: The mediating role of domainspecific knowledge on children's text-processing. In *Human Learning*, 5, S. 75-90.

Hasselhorn, Marcus. (1992). Metakognition und Lernen. In Nold, Günter (Hrsg.). *Lernbedingungen und Lernstrategien.* Tübingen: Narr, S. 35-63.

Häußler, Peter; Frey, Karl; Hoffmann, Lore; Rost, J. & Spada, H. (1980). *Physikalische Bildung: Eine curriculare Delphi-Studie.* Kiel: IPN-Arbeitsberichte, 41.

Häußler, Peter. (1987). Measuring student's interest in physics-design and results of cross-sectional study in the Federal Republic of Germany. In *International Journal of Science Education*, Vol. 9, No.1, S. 79-92.

Hayduk, Leslie A. (1989). *Structural Equation Modeling with LISREL. Essentials and Advances*. Baltimore and London: The Hopkins University Press.

Hecht, Karlheinz & Green, Peter. (1992). "Grammatikwissen unserer Schüler: gefühls- oder regelgeleitet?" In *Praxis des neusprachlichen Unterrichts*, 39 (2), S. 151-162.

Hecht, Karlheinz. (1994). "Lernziel: Sprachbewusstheit". In *Die Neueren Sprachen* 93 (4), S. 128-147.

Heidbrink, Horst. (1983). Moralische Urteilskompetenz und politisches Lernen. In Lind, Georg; Hartmann, Hans A. & Wakenhut, Roland. (Hrsg.). *Moralisches Urteilen und soziale Umwelt. Theoretische, methodologische und empirische Untersuchungen*. Weinheim, Beltz, 237-248.

Heiland, Helmut. (1974). Zum Selbstverständnis der Schulpädagogik. In *Pädagogische Rundschau*, 28, S. 451 - 471.

Heller, K.; Gaedike, A.-K. & Weinläder. (1974). *Kognitiver Fähigkeitstest für 4. bis 13. Klassen*. KFT 4-13+. Weinheim: Beltz.

Helmke, A. & Weinert, F.-E. (1989). The impact of instructional quality on student cognitive motivational development - Results of the "Munich Study". In *Paidagogike episteme*, 1, S. 132-141.

Helmke, Andreas (1992a): Determinanten der Schulleistung: Forschungsstand und Forschungsdefizit. In Nold, Günter (Hrsg.): *Lernbedingungen und Lernstrategien*. Tübingen: Narr, S. 23-34.

Helmke, Andreas. (1992b). *Selbstvertrauen und schulische Leistungen*. Göttingen: Hogrefe.

Herrmann, Ulrich. (1987). Biographische Konstruktionen und das gelebte Leben. In: *Zeitschrift für Pädagogik*, 33, S.303-323.

Herzog, Walter. (1994). Von der Koedukation zur Koinstruktion. Ein Weg zur Förderung der Mädchen im naturwissenschaftlichen Unterricht. In *Die Deutsche Schule*, 86 (1), S. 78-95.

Heymann, Hans-Werner. (1984). Modellierungsprobleme bei der Erforschung des Lehrer- und Schülerverhaltens. Überlegungen zur "Aufhebung" des Methodenstreits. In *Unterrichtswissenschaft*, 12 (3), S. 232 - 251.

Heyn, Susanne; Baumert, Jürgen & Köller, Olaf. (1994). *Kieler Lern-Strategien-Inventar*. KSI Skalendokumentation. Kiel: IPN.

Hilgard, Ernest R. & Bower, Gordon H. (1975). *Theories of Learning*. Englewood Cliffs.

Hinte, Wolfgang. (1990). *Non-direktive Pädagogik. Eine Einführung in Grundlagen und Praxis selbstbestimmten Lernens*. Opladen: Westdeutscher Verlag.

Hintz, Dieter; Pöppel, Karl Gerhard & Rekus, Jürgen. (1993). *Neues schulpädagogisches Wörterbuch*. München: Juventa

Hoffmann, Dietrich. (Hrsg.). (1991). *Bilanz der Paradigmendiskussion in der Erziehungswissenschaft. Leistungen, Defizite, Grenzen.* Weinheim: Deutscher Studien Verlag.

Hoffmann. Dietrich & Heid, Helmut. (Hrsg. (1991). *Bilanzierungen erziehungswissenschaftlicher Theorieentwicklung. Erfolgskontrolle durch Wissenschaftsforschung.* Weinheim: Deutscher Studien Verlag.

Hoffmann, L. & Lehrke, M. (1986). Eine Untersuchung zu Schülerinteressen an Physik und Technik. In *Zeitschrift für Pädagogik,* 32, S. 189-204.

Holzkamp, Klaus. (1993). *Lernen als subjektwissenschaftliche Grundlegung.* Frankfurt: Campus.

Huber, Günter L. & Mandl, Heinz. (Hrsg.). (1994²). *Verbale Daten. Eine Einführung in die Grundlagen und Methoden der Erhebung und Auswertung.* Weinheim: Beltz Psychologie Verlags Union.

Hugi, Rolf. (1991). *Die Bedeutung der Vorwissensorganisation beim Lernen. Eine didaktische Konzeption.* Universität Freiburg: Unveröffentlichte Dissertation.

Humphreys, G.W. (1991). Review. From Neuropsychology to Mental Structure. In *Mind & Language,* 6 (2), S. 202-214.

Huschke-Rhein, Rolf. (1987). *Qualitative Forschungsmethoden und Handlungsforschung.* Köln: Rhein-Verlag.

Huth, Manfred & Schröder, Christoph-Joachim. (1992). Was Schüler lernen wollen. Ergebnisse einer bundesweiten Umfrage. In *Pädagogik,* 1992, 44 (7-8), S. 23-25.

Ingenkamp, Karlheinz & Parey, E. (Hrsg.). (1973³). *Handbuch der Unterrichtsforschung.* Weinheim: Beltz.

Ingenkamp, Karlheinz; Jäger, Reinhold S; Petillon, Hanns & Wolf, Bernhard. (Hrsg.). (1992) *Empirische Pädagogik 1970-1990. Bestandsaufnahme der empirischen Pädagogik in Deutschland von 1970 bis 1990.* 2 Bände. Weinheim: Deutscher Studien Verlag.

Iran-Nejad, A.; Mc Keachie, J.W. & Berliner, C.D. (1990). The multisource nature of learning: An introduction. In *Review of educational research,* Vol. 60, No. 4, S. 509-515.

Johnson-Laird, P.N. & Byrne, R.M. (1991). *Deduction.* Hove and London: Erlbaum.

Jöreskog, K.G. & Sörbom, D. (1989). *LISREL 7 - User's Reference Guide.*Mooresville.

Jöreskog, K.G. & Sörbom, D. (1993). *LISREL 8 - User's Reference Guide.* Chicago: Scientific Software.

Jüttemann, Gerd & Thomae, Hans. (Hrsg.). (1987). *Biographie und Psychologie.* Berlin: Springer.

Jüttemann, Gerd. (Hrsg.). (1989). *Qualitative Forschung in der Psychologie.* Heidelberg: Asanger.

Kahl, Thomas N. (1977). *Unterrichtsforschung. Probleme, Methoden und Ergebnisse der empirischen Untersuchung unterrichtlicher Lernsituationen.* Kronberg/Ts.: Scriptor Verlag.

Kardorff, Ernst v. (1991). Qualitative Sozialforschung - Versuch einer Standortbestimmung. In Flick, Uwe (Hrsg.). *Handbuch Qualitative Sozialforschung.* München: Psychologie-Verlags-Union, S. 3-8.

Karpf, A. (1990). *Selbstorganisationsprozesse in der sprachlichen Ontogenese: Erst- und Fremdsprache(n).* Tübingen: Narr.

Keck, Rudolf W. & Sandfuchs, Uwe (Hrsg.). (1994). *Wörterbuch Schulpädagogik. Ein Nachschlagewerk für Studium und Schulpraxis.* Bad Heilbrunn: Klinkhardt.

Kelle, Udo. (1994). *Empirisch begründete Theoriebildung. Zur Logik und Methodologie interpretativer Sozialforschung.* Weinheim: Deutscher Studien Verlag.

Keller, Gustav (1992): Lernförderung in der schulpsychologischen Beratung. In Mandl, Heinz & Friedrich, Helmut F. (Hrsg.). *Lern- und Denkstrategien. Analyse und Intervention.* Göttingen: Hogrefe, S. 151-164.

Kintsch, Walter. (1994). Kognitionspsychologische Modelle des Textverstehens: Literarische Texte. In Reusser, Kurt & Reusser-Weyeneth. (Hrsg.). *Verstehen. Psychologischer Prozess und didaktische Aufgabe.* Bern: Hans Huber, S. 39-53.

Klauer, Karl Josef u.a. (1973). *Das Experiment in der pädagogischen Forschung.* Düsseldorf

Klauer, Karl Josef. (1988a). Teaching for learning-to-learn: A critical appraisal with some proposals. In *Instructional Science,* 17, S. 351-367.

Klauer, Karl Josef. (1988b). Das Lehren des Lernens zu lernen: eine kritische Bewertung mit einigen Vorschlägen. In *Instructional Science,* 17 (4), S. 351-367.

Klauer, Karl Josef. (1991). Erziehung zum induktiven Denken: Neue Ansätze der Denkerziehung. In *Unterrichtswissenschaft,* 19 (2), S. 135-151.

Klauer, Karl Josef. (1992). Problemlösestrategien im experimentellen Vergleich. In Mandl, Heinz & Friedrich, Helmut F. (Hrsg.). *Lern- und Denkstrategien. Analyse und Intervention.* Göttingen: Hogrefe, S. 57-78.

Klauer, Karl Josef. (Hrsg.). (1993a). *Kognitives Training.* Göttingen: Hogrefe.

Klauer, Karl-Josef. (1993b). Über die Auswirkungen eines Trainings zum induktiven Denken auf zentrale Komponenten der Fremdsprachenlernfähigkeit. In *Zeitschrift für Pädagogische Psychologie,* 7 (1), S. 1-9.

Klink, J.-G. (1966). Ort und Inhalt der Schulpädagogik. In *Lebendige Schule,* 21, S. 1-8.

Klix, Friedrich. (1968). Neue Ergebnisse und Entwicklungstendenzen in der kybernetisch-psychologischen Erforschung kognitiver Prozesse. In Klix, F. (Hrsg.). *Kybernetische Analysen geistiger Prozesse.* München-Pullach: Verlag Dokumentation Saur KG.

Klix, Friedrich. (1971). *Information und Verhalten.* Bern: Huber.

Klix, Friedrich. (1992). *Die Natur des Verstandes.* Göttingen: Hogrefe.

Knecht-von Martial, Ingbert. (1986). *Theorie allgemeindidaktischer Modelle.* Köln, Wien: Böhlau.

Knopf, Monika. (1986). Überblick über die Entwicklung des Lernens und des Gedächtnisses im Kindes- und Erwachsenenalter. In *Unterrichtswissenschaft*, 1, S. 8-18.

Koch-Priewe, B. (1986). *Subjektive didaktische Theorien von Lehrern.* Frankfurt/Main: Haag + Herchen.

Koedel, R. & Frohburg, I. (1988). *Gruppengesprächspsychotherapeutische Grundbegriffe.* Berlin: Gesellschaft für Psychologie der DDR.

König, Eckard & Zedler, Peter. (1982). *Erziehungswissenschaftliche Forschung: Positionen, Perspektiven, Probleme.* Paderborn/ München.

König, Eckard & Zedler, Peter. (Hrsg.). (1995). *Bilanz qualitativer Forschung.* Band I: *Grundlagen qualitativer Forschung.* Band II: *Methoden.* Weinheim: Beltz.

König, Edmund. (1986). *Beeinflussung des Lern- und Arbeitsverhaltens durch die Erwartung der Abschlussprüfung von Hauptschülern der 9. Klasse. Eine qualitative Studie.* Pädagogische Hochschule Schwäbisch Gmünd: Unveröffentlichte Diplomarbeit.

Kowalczyk, Walter & Behrends, Walter. (1991). *Besser Lernen - Entwicklung und Erprobung von Trainingsprogrammen zur Lernförderung im Sekundar I - Bereich und an der Grundschule.* Frankfurt: Peter Lang.

Kozdon, Baldur. (1989). "Öffnung der Schule" - ein gefahrloses Experiment? In *Pädagogische Welt*, 43 (11), S. 484-488.

Kramp, Wolfgang. (1971[4]). Schulpädagogik. In Groothoff, H.-H. & Stallmann, M. (Hrsg.). *Neues Pädagogisches Lexikon.* Stuttgart, Sp. 1031-1034.

Kramp, Wolfgang. (1973). *Studien zur Theorie der Schule.* München

Krapp, Andreas. (1989). Neuere Ansätze einer pädagogisch orientierten Interessenforschung. In *Empirische Pädagogik*, 3, S. 233-255.

Krapp, Andreas & Prenzel Manfred. (1992a). *Interessen, Lernen, Leistung. Neuere Ansätze der pädagogisch-psychologischen Interessenforschung.* Münster: Aschendorff.

Krapp, Andreas. (1992b). Interesse, Lernen, Leistung. Neue Forschungsansätze in der Pädagogischen Psychologie. In *Zeitschrift für Pädagogik*, 38 (5), S. 747-770.

Krapp, Andreas. (1993). Lernstrategien: Konzepte, Methoden und Befunde. In *Unterrichtswissenschaft*, 21 (4), S. 291-311.

Krapp, Andreas. (1996). Die Bedeutung von Interesse und intrinsischer Motivation für den Erfolg und die Steuerung schulischen Lernens. In Schnaitmann, Gerhard W. (Hrsg.). *Theorie und Praxis der Unterrichtsforschung. Methodologische und praktische Ansätze zur Erforschung von Lernprozessen.* Donauwörth: Auer-Verlag, S. 87-110.

Kratochwil, Leopold. (1992a). *Unterrichten können. Brennpunkte der Didaktik.* Hohengehren: Schneider.

Kratochwil, Leopold. (1992b). Lernen strukturieren heißt erfolgreiches Lernen ermöglichen - Oder: von der Artikulation des Unterrichts. In *Pädagogisches Forum*, 5 (1), S. 33-40.

Krauth, J. & Lienert, G.A. (1995). *Die Konfigurationsfrequenzanalyse (KFA) und ihre Anwendung in Psychologie und Medizin. Ein multivariates nichtparametrisches Verfahren zur Aufdeckung von Typen und Syndromen.* Weinheim: Beltz Psychologie-Verlags-Union.

Krumm, Volker. (1985). Anmerkungen zur Rolle der Aufgaben in Didaktik, Unterricht und Unterrichtsforschung. In *Unterrichtswissenschaft*, 13 (2), S. 102-115.

Lambrich, Hans-Jürgen & Scholz, Gerold. (1992). "Schau mal hin." Kinder lernen mit Kindern. In *Neue Sammlung*, 32 (2), S. 287-300.

Lamnek, Siegfried. (1988). *Qualitative Sozialforschung. Band 1: Methodologie.* München: Psychologie-Verlags-Union.

Lamnek, Siegfried. (1989). *Qualitative Sozialforschung. Band 2: Methoden und Techniken.* München: Psychologie-Verlags-Union.

Lass, Ute & Lüer, Gerd. (1990). Psychologische Problemlöseforschung. In *Unterrichtswissenschaft*, 4, S. 295-311.

Lassahn, Rudolf. (1993). *Einführung in die Pädagogik.* Heidelberg: UTB.

Laucken, U. (1974). *Naive Verhaltenstheorie.* Stuttgart.

Lawson, A.E. (1978). The development and validation of a classroom test of formal reasoning. In *Journal of Research in Science Teaching*, Vol. 15, S. 11-24.

Lehtinen, E. (1992). Lern- und Bewältigungsstrategien im Unterricht. In Mandl, Heinz & Friedrich, Helmut, F. (Hrsg.). *Lern- Denkstrategien. Analyse und Intervention.* Göttingen: Hogrefe, S. 125-149.

Lenhart, Volker. (1985). Kann Erziehung die Gesellschaft verändern? Überlegungen aus der Perspektive einer Theorie der gesellschaftlichen Evolution. In *Pädagogische Rundschau*, 39 (5), S. 515-524.

Lenhart, Volker. (1987). *Die Evolution erzieherischen Handelns.* Frankfurt/Main: Lang.

Lenhart, Volker. (1989). Die Lebenserinnerungen Wilhelm Flitners. In *Pädagogik*, 41 (7-8), S. 90-91.

Lenhart, Volker. (1990). Die Situation der Erziehungswissenschaft in der Bundesrepublik. In *Zeitschrift für Pädagogik*, 25. Beiheft: *Bilanz für die Zukunft: Aufgaben, Konzepte und Forschung in der Erziehungswissenschaft.* Beiträge zum 12. Kongreß der Deutschen Gesellschaft für Erziehungswissenschaft vom 19. bis 21. März 1990, S. 199-205.

Lenhart, Volker. (1992). Zur evolutionstheoretischen Fundierung der Erziehungswissenschaft. In Adick, Christel & Krebs, Uwe. (Hrsg.). *Evolution, Erziehung, Schule. Beiträge aus Anthropologie, Entwicklungspsychologie, Humanethologie und Pädagogik*. Erlangen: Erlanger Forschungen Reihe A, Geisteswissenschaften, Band 63.

Lenhart, Volker. (1994). Educational research in united Germany. In *Educational Research in Europe*. Clevedon: Multilingual Matters. S. 14-20.

Lewin, Kurt. (1981). *Werkausgabe, Band 1. Wissenschaftstheorie 1*. Bern: Huber

Lienert, G. A. (1969). *Testaufbau und Testanalyse*. Weinheim: Beltz.

Lilli, Waldemar & Frey, Dieter. (1993.) Die Hypothesentheorie der sozialen Wahrnehmung. In D. Frey & M. Irle: *Theorien der Sozialpsychologie, Band I: Kognitive Theorien*. Bern: Hans Huber, S. 49-78.

Lindsay, P.H. & Norman, D.A. (1981). *Einführung in die Psychologie*. Berlin: Springer (Original erschienen 1977: *Human information processing*).

Lochner, R. (1963). *Deutsche Erziehungswissenschaft*. Meisenheim.

Lohmann, Ingrid. (1986). Nachdenken über das Allgemeine in der Bildung. 10. Kongreß der Deutschen Gesellschaft für Erziehungswissenschaften zum Thema "Allgemeinbildung". In *Westermanns Pädagogische Beiträge*, 38 (4), S. 48-49.

Lompscher, Joachim. (1992a). Lehr- und Lernstrategien im Unterricht - Voraussetzungen und Konsequenzen. In Nold, Günter. (Hrsg.). *Lernbedingungen und Lernstrategien*. Tübingen: Narr, S. 95-104.

Lompscher, Joachim. (1992b). Zum Problem der Lernstrategien. In *Lern- und Lehrforschung*, LFF-Berichte, 1, S. 18-53.

Lompscher, Joachim. (1993). Lernstrategien - metakognitive Aspekte. *LLF-Berichte*, Nr. 5, Potsdam: Interdisziplinäres Zentrum für Lern- und Lehrforschung Universität Potsdam. S. 9-80

Lompscher, Joachim. (1994a). Interdisziplinäres Zentrum für Lern- und Lehrforschung gegründet. In *LLF-Berichte* Nr. 7, S.1-4.

Lompscher, Joachim (1994b): Lernstrategien: Zugänge auf der Reflexions- und der Handlungsebene. In *LLF - Berichte* Nr. 9, S.114-129.

Lompscher, Joachim. (1996a). Lernstrategien: Relevanz, Zugänge, Ergebnisse. In Schnaitmann, Gerhard W. (Hrsg.). *Theorie und Praxis der Unterrichtsforschung*. S. 111-129.

Lompscher, Joachim. (1996b). Erfassung von Lernstrategien auf der Reflexionsebene. In *Empirische Pädagogik*, 1996, 10 (3), S. 245-275.

Mandl, Heinz & Friedrich, Helmut F. (1986). Förderung des Wissenserwerbs im Kindes- und Erwachsenenalter. In: *Unterrichtswissenschaft*,1, S. 40-55.

Mandl, Heinz & Lesgold, Alan. (Hrsg.). (1988). *Aspekte des Lernens mit Intelligenten Tutoriellen Systemen*. Heidelberg: Springer.

Mandl, Heinz & Friedrich, Helmut F. (Hrsg.). (1992). *Lern- und Denkstrategien. Analyse und Intervention*. Göttingen: Hogrefe.

Mannhaupt, Gerd. (1992). *Strategisches Lernen. Eine empirische Studie zur Ausbildung von Monitoring im frühen Schriftsprachenerwerb.* Heidelberg: Roland Asanger.

Markard, Morus. (1991). *Methodik subjektwissenschaftlicher Forschung. Jenseits des Streits um quantitative und qualitative Methoden.* Hamburg: Argument-Verlag.

Marton, F.; Dall'Alba, G. & Beaty, E. (1993). Conceptions of learning. *International Journal of Educational Research,* 19 (3), S. 277-300.

Mayring, Philipp. (1991a). *Psychologie des Glücks.* Stuttgart: Kohlhammer.

Mayring, Philipp. (1991b). Psychologie. In Flick, U. et al. (Hrsg.). *Handbuch Qualitative Sozialforschung,* München: PVU, S. 33-36.

Mayring, Philipp & König, J. (1993a). *Opfer der Einheit. Psychosoziale Auswirkungen der Arbeitslosigkeit bei LehrerInnen in den Neuen Bundesländern.* Augsburger Bericht zur Pädagogischen Psychologie und Entwicklungspsychologie. Universität Augsburg;

Mayring, Philipp (1993[2]b): *Einführung in die qualitative Sozialforschung. Eine Anleitung zu qualitativem Denken.* München: Psychologie-Verlags-Union.

Mayring, Philipp (1993[4]c): *Qualitative Inhaltsanalyse. Grundlagen und Techniken.* Weinheim: Deutscher Studien Verlag.

Mayring, Philipp (1995): Möglichkeiten fallanalytischen Vorgehens zur Untersuchung von Lernstrategien. In *Empirische Pädagogik,* 9 (2), S. 155-171.

Mayring, Philipp. (1996). Möglichkeiten qualitativer Ansätze in der Unterrichtsforschung. In Schnaitmann, Gerhard W. (Hrsg.). *Theorie und Praxis der Unterrichtsforschung. Methodologische und praktische Ansätze zur Erforschung von Lernprozessen.* Donauwörth: Auer, S. 41-61.

Mayring, Philipp (1999*). Einführung in die qualitative Sozialforschung. Eine Anleitung zu qualitativem Denken* (4. Auflage). Weinheim: Psychologie Verlags Union.

Mayring, Philipp (2001). Kombination und Integration qualitativer und quantitativer Analyse. In *Forum Qualitative Sozialforschung / Forum: Qualitative Social Research* [On-line Journal], 2(1). Verfügbar über: http://qualitativeresearch. net/fqs/fqs.htm [Datum des Zugriffs: 6. September 2003].

McCombs, B.L. & Marzano, R.J. (1990). Putting the self in self-regulated learning: The self as agent in integrating will and skill. In *Educational Psychologist,* 25, 1, S. 51-69.

McDermott, L. (1984). Research on conceptual understanding in mechanics. In *Physics Today,* July, S. 24-32.

Meyer, Meinert A. & Plöger, Wilfried. (Hrsg.). (1994). *Allgemeine Didaktik, Fachdidaktik und Fachunterricht. Studien zur Schulpädagogik und Didaktik;* Bd.10. Weinheim: Beltz.

Mörschner, Marika. (1988). Kreativität - Theorie und Praxis. In *Unsere Jugend*, 40 (6), S. 249-258.

Muhr, Thomas. (1993). *ATLAS/ti. Computerunterstützte Textinterpretation. Manual zur Version 1.0 D.* Berlin.

Naiman, N.; Frohlich, M.; Stern, H.H. & Todesco, A. (1978). *The good language learner.* Toronto: The Ontario Institute for Studies in Education.

Nemser, W. (1971). Approximative Systems of Foreign Language Learners. In *International Review of Applied Liguistics*, 9, S. 115-123.

Nenniger, Peter. (1988). *Das Pädagogische Verhältnis als motivationales Konstrukt.* Weinheim: Deutscher Studien Verlag.

Nenniger, Peter. (1989). Motivation students' use of learning strategies: Conditions and effects. In F. Halisch & J.H.L. van den Bercken. (Hrsg.). *International perspectives on achievement, and task motivation. Amsterdam*: Swets and zeitlinger. S. 249-256.

Nenniger, Peter. (1990). Entwicklunsmöglichkeiten der Lehr-Lern-Forschung. In *Unterrichtswissenschaft*, 18, S. 45-56.

Nenniger, Peter. (1993). Von der summativen zur strukturellen Betrachtung des Unterrichts. Zu den theoretischen Folgen des methodologischen Zugangs in der Unterrichtsforschung. In *Empirische Pädagogik*, 7 (1), S. 21-35.

Nenniger, Peter, Eigler, G. & Macke, G. (1993). *Studien zur Mehrdimensionalität in Lehr-Lern-Prozessen.* Bern: Peter Lang.

Nenniger, Peter, Straka, Gerald A., Spevacek, Gert & Wosnitza, Marold. (1995). Motiviertes selbstgesteuertes Lernen - Grundlegung einer interaktionistischen Modellvorstellung. In. Arbinger, Roland & Jäger, Reinhold, S. (Hrsg.). *Zukunftsperspetiven empirisch-pädagogischer Forschung.* Empirische Pädagogik. Beiheft 4. Landau: Empirische Pädagogik, S. 249-268.

Newmeyer, F.J. (Hrsg.). (1988). *Language: Psychological and Biological Aspects.* Cambridge: Cambridge University Press.

Nold, Günter. (Hrsg). (1992a). *Lernbedingungen und Lernstrategien. Welche Rolle spielen kognitive Verstehensstrukturen?* Tübingen: Narr.

Nold, Günter. (1992b). Lernbedingungen, Lernstrategien, kognitive Strukturen. Ein Problemaufriß. In Nold, Günter (Hrsg.). *Lernbedingungen und Lernstrategien. Welche Rolle spielen kognitive Verstehensstrukturen?* Tübingen: Narr, S. 9-22.

Nold, G. (1993). Die Entwicklung sprachlicher Verstehensstrukturen in Englisch als Fremdsprache. In *Zeitschrift für Fremdsprachenforschung*, 4 (1), S. 110-120.

Nold, G. & Schnaitmann, G. (1994). Kognitive, affektive und soziale Aspekte des Lernens im Fremdsprachenunterricht. In Olechowski, R. & Rollett, B. (Hrsg.). *Theorie und Praxis. Aspekte der quantitativen und qualitativen Forschung.* Frankfurt/Main: Peter Lang, S. 294-300.

169

Nold, Günter & Schnaitmann, Gerhard W. (1995a). Lernbedingungen und Lern-strategien in verschiedenen Tätigkeitsbereichen des Fremdsprachenunter-richts. In *Empirische Pädagogik*, 9 (2), S. 239-261.

Nold, Günter & Schnaitmann, Gerhard W. (1995b). Faktoren des Lernerfolgs im Fremdsprachenunterricht. Ergebnisse eines empirischen Forschungs-projektes. In Bredella, Lothar. (Hrsg.) *Verstehen und Verständigung durch Sprachenlernen?* Bochum: Dr. Brockmeyer, S. 338-349.

Nold, Günter. (1996). Die Analyse kognitiver Verstehensstrukturen in verschie-denen Tätigkeitsbereichen des Fremdsprachenunterrichts. In Schnait-mann, Gerhard W. (Hrsg.). *Theorie und Praxis der Unterrichtsforschung. Methodologische und praktische Ansätze zur Erforschung von Lernpro-zessen.* Donauwörth: Auer, S. 167-182.

Nold, Günter & Schnaitmann, G. (1997a). Lernstrategien in verschiedenen Tä-tigkeitsbereichen des Fremdsprachenunterrichts. Lassen sich passende Strategien finden? (Ein Zwischenbericht). In Rampillon, Ute & Zimmer-mann, Günter (Hrsg.). *Strategien beim Erwerb fremder Sprachen.* Mün-chen: Max Hueber, S. 135-149.

Nold, Günter; Haudeck, Helga & Schnaitmann, Gerhard W. (1997b). Die Rolle von Lernstrategien im Fremdsprachenunterricht. In *Zeitschrift für Fremd-sprachenforschung* (ZFF) 8 (1), S. 27-50.

Nußbaum, Albert. (1984). Quantitative oder qualitative Unterrichtsforschung? Kontroverse Standpunkte und erste Schritte zu einer Annäherung. In *Un-terrichtswissenschaft,* 12 (3), S. 218-231.

Oelkers, Jürgen. (1991). Theorie der Erziehung. Ein vernachlässigtes Thema. In *Zeitschrift für Pädagogik*, 37 (1), S. 13-18.

Olechowski, Richard & Rollett, Brigitte. (Hrsg.). *Theorie und Praxis. Aspekte empirisch-pädagogischer Forschung - quantitative und qualitative Me-thoden.* Frankfurt/Main: Peter Lang.

Olechowski, Richard & Khan-Svik, Gabriele. (Hrsg.). (1995). *Experimental re-search on teaching and learning.* Frankfurt: Peter Lang.

O'Malley, J. Michael; Chamot, A.U.; Stewner-Manzanares, G.; Kupper, L. & Russo, R.P. (1985). Learning Strategies Used by Beginning and Interme-diate ESL Students. In *Language Learning*, 35, 1, S.21-46.

O'Malley, J. Michael & Chamot, Anna U. (1990*). Learning strategies in second language acquisition.* Cambridge: Cambridge University Press.

Oomen-Welke, Ingelore & Rhöneck, Christoph v. (Hrsg.). (1990*). Schüler: Persönlichkeit und Lehrerverhalten.* Tübingen: Narr-Verlag.

Ostendorf,-Fritz; Angleitner,-Alois & Ruch, Willibald. (1986). *Die Multitrait-Multimethod Analyse. Konvergente und diskriminante Validitaet der Per-sonality Research Form.* Goettingen: Hogrefe.

Pedhazur, E.J. (1982[2]). *Multiple regression in behavioral research.* New York: Holt, Rinehart & Winston.

Pfeiffer, Hermann. (1982). Über den Zusammenhang zwischen sozialer Organisation des Wissens und pädagogischer Organisation des Lehrprozesses. Eine Spezifizierung und Anwendung von Bernsteins Theorie von Codes schulisch vermittelten Wissens. In *Zeitschrift für Pädagogik*, 28 (4), S. 577-589.

Pintrich, P.R.; Smith, D. & McKeachie, W. J. (1989). *Motivated strategies for learning questionnaire (MSLQ)*. Ann Arbor: University of Michigan.

Pintrich, P. R. & DeGroot, E. V. (1990). Motivational and self-regulated learning components of classroom academic performance. *Journal of Educational Psychology*, 82, S 33-40.

Pintrich, P.R.; Smith, D.; Garcia, T. & McKeachie, W.J. (1991). *The motivated strategies for learning questionaire (MSLQ)*. Ann Arbor, MI: NCRIPTAL, The University of Michigan.

Pintrich, Paul & Garcia, Teresa. (1993). Intraindividual differences in student's motivation and self-regulated learning. In *Zeitschrift für Pädagogische Psychologie*, 7 (2/3), S. 99-107.

Pintrich, Paul R.; Brown, Donald R. & Weinstein, Claire E. (Eds.).(1994). *Student Motivation, Cognition, and Learning*. Hillsdale: New Jersey.

Polson, P.G. & Jeffries, R. (1985). Instruction in general problem solving skills: An analysis of four approaches. In J.W. Segal; S.F. Chipman & R. Glaser (Eds.). *Thinking and learning skills,* Vol. 1, Hillsdale, NJ: Erlbaum, S. 417-455.

Prenzel, Manfred. (1988). *Die Wirkungsweise von Interesse. Ein Erklärungsversuch aus pädagogischer Sicht*. Opladen: Westdeutscher Verlag.

Prinz, Wolfgang. (1983). *Wahrnehmung und Tätigkeitssteuerung*. Heidelberg: Springer.

Putz-Osterloh, W. (1988). Wissen und Problemlösen. In H. Mandl & H. Spada. (Hrsg.). *Wissenspsychologie*. München, Weinheim: Psychologie Verlags Union, S. 247-263.

Renninger, K.A.; Hidi, S. & Krapp, A. (Hrsg.). (1992). *The role of interest in learning and development*. Hillsdale, NJ: Erlbaum.

Rhöneck, Christoph.v. & Grob, K. (1991). Psychological aspects of learning about basic electricity in rural and urban classes. In *International Journal of Science Education*, 13, S. 87-95.

Rhöneck, Christoph v. u.a. (1994). *Lernstrategien zur Förderung von Verstehensprozessen in verschiedenen Unterrichtsfächern (Englisch, Physik und Deutsch)*. Ludwigsburg: Antrag auf Förderung im Rahmen des Forschungsförderungsprogramms für die Pädagogischen Hochschulen des Landes Baden-Württemberg.

171

Rhöneck, Christoph v.; Grob, Karl; Schnaitmann, Gerhard W. & Völker, Bruno. (1996). Psychologische Erklärungsversuche für das Lernen in der einfachen Elektrizitätslehre. In Duit, Reinders & Rhöneck, Chr.v. (Hrsg.) *Lernen in den Naturwissenschaften. Beiträge zu einem Workshop an der Pädagogischen Hochschule Ludwigsburg.* Kiel: IPN, S. 205-227.

Rhöneck, Christoph v.; Grob, Karl; Schnaitmann, Gerhard W. & Völker, Bruno. (2001). Learning in basic electricity. How do Motivation, Cognitive Factors, and Classroom Climate Influence Achievement in Physics? In Anastasia Efklides, Julius Kuhl & Richard M. Sorrentino (eds.). *Trends and Prospects in Motivation Research.* Dordrecht/Boston/London: Kluwer Academic Publishers, 145-161.

Richter, Dagmar. (1989). *Bedingungen emanzipatorischer Lernprozesse. Über den Zusammenhang von lebensweltlicher Erfahrung mit kognitiver Entwicklung.* Frankfurt/Main: Haag + Herchen.

Riedel, Harald. (1984). Zum Verhältnis von Zielen, Gegenständen und Verfahren der Unterrichtsforschung. In *Unterrichtswissenschaft*, 4, S. 367-386.

Rodenwaldt, Heiko. (1989). Die Bedeutung dialogischer Lernprozesse für den Spracherwerb. In *Frühförderung interdisziplinär*, 8 (2), S. 70-76.

Röhrs, Hermann. (1971). *Forschungsmethoden in der Erziehungswissenschaft.* Stuttgart: Kohlhammer.

Röhrs, Hermann. (Hrsg.). (1979). *Die Erziehungswissenschaft und die Pluralität ihrer Konzepte. Festschrift für W. Flitner zum 90. Geburtstag.* Wiesbaden.

Röhrs, Hermann. (1973[3], 1993). *Allgemeine Erziehungswissenschaft. Eine Einführung in die erziehungswissenschaftlichen Aufgaben und Methoden.* Gesammelte Schriften, Band 1.Weinheim: Deutscher Studienverlag

Röhrs, Hermann & Scheuerl, Hans. (Hrsg.). (1989). *Richtungsstreit in der Erziehungswissenschaft und pädagogische Verständigung.* Frankfurt/Main: Peter Lang.

Röhrs, Hermann. (1996). *Theorie und Praxis der Forschung in der Erziehungswissenschaft.* Gesammelte Schriften, Band 7. Weinheim: Deutscher Studienverlag.

Roth, Leo. (Hrsg.). (1991a) *Pädagogik. Ein Handbuch für Studium und Praxis.* München: Ehrenwirth.

Roth, Leo. (1991b). Forschungsmethoden der Erziehungswissenschaft. In Roth, Leo. (Hrsg.). *Pädagogik. Ein Handbuch für Studium und Praxis.* München: Ehrenwirth, S. 32-67.

Rumelhart, D.E. & Norman, D.A. (1981). Analogical Processes in Learning. In J. R. Anderson (Hrsg.). *Cognitive Skills and their Acquisition.* Hillsdale, NJ: Erlbaum, S. 335-359.

Saldern, Matthias v. (1987). *Sozialklima in Schulklassen.* Frankfurt am Main: Lang.

Saldern, Matthias v. (1992). Qualitative Forschung - quantitative Forschung: Nekrolog auf einen Gegensatz. In *Empirische Pädagogik*, 6 (4), S. 377-399.

Salomon, G. & Globerson, T. (1987). Skill may not be enough: The role of mindfulness in learning and transfer. In *International Journal of Educational Research*, 11, S. 623-637.

Salomon, G. and Leigh, T. (1984). Predispositions about learning from print and television. In *Journal of Communication*, Vol.20, S. 119-135.

Sander, Wolfgang. (Redaktion). (1992). *Mädchen und Computer. Ergebnisse und Modelle zur Mädchenförderung in Computerkursen*. Bonn: Bock.

Saupe, Ralf. (1993). Das Lernstudio in der Schule. Eine Oase sinnvollen Lernens. In *Pädagogik*, 45 (1), S. 37-39.

Scheele, Brigitte & Groeben, Norbert. (1988). *Dialog-Konsens-Methoden zur Rekonstruktion Subjektiver Theorien. Die Heidelberger Struktur-Lege-Technik (SLT), konsensuale Ziel-Mittel-Argumentation und kommunikative Flussdiagramm-Beschreibung von Handlungen*. Tübingen: Francke.

Scheele, Brigitte. (Hrsg.). (1992). *Struktur-Lege-Verfahren als Dialog-Konsens-Methodik. Ein Zwischenfazit zur Forschungsentwicklung bei der rekonstruktiven Erhebung Subjektiver Theorien*. Münster: Aschendorff.

Schiefele, Hans; Haußer, K. & Schneider, G. (1979). "Interesse" als Ziel und Weg der Erziehung. Überlegungen zu einem vernachlässigten pädagogischen Konzept. In *Zeitschrift für Pädagogik*, 25, S.1-20.

Schiefele, Ulrich; Krapp, Andreas & Schreyer, Inge. (1993). Metaanalyse von Interesse und schulischer Leistung. In *Zeitschrift für Entwicklungspsychologie und Pädagogische Psychologie*, Band XXV, Heft 2, S. 120-148.

Schiefele, Ulrich. (1994a). *Motivation und Lernen mit Texten*. München: Habilitationsschrift.

Schiefele, Ulrich & Schreyer, Inge (1994b). Intrinsische Lernmotivation und Lernen. Ein Überblick zu Ergebnissen der Forschung. In *Zeitschrift für Pädagogische Psychologie*, 8 (1), S. 1-13.

Schleiermacher, Friedrich. (1983). *Pädagogische Schriften I*. Berlin, Wien, Frankfurt/Main.

Schmidt, Jochen. (1989). Systemisch denken lernen oder Lernprozesse rekonstruieren, Lernprozesse konstruieren. In *Organisationsentwicklung*, 8 (4), S. 1-16.

Schnaitmann, Gerhard W. (1991). *Der Friedensbegriff aus der Sicht von Schülern. Eine hermeneutisch-empirische Studie über naive Friedensauffassungen*. Frankfurt am Main: Peter Lang.

Schnaitmann, Gerhard W. (Hrsg.). (1995a). Interessen- und Lernstrategienforschung im Verhältnis zur Allgemeinen Didaktik und zu Fachdidaktiken. Themenheft *Empirische Pädagogik* 9 (2).

Schnaitmann, Gerhard W. (1995b). Das Verhältnis von qualitativen und quantitativen Methoden in der Lernprozessforschung. In *Pädagogische Rundschau*, 49, S. 517-536.

Schnaitmann, Gerhard W. (Hrsg.). (1996a). *Theorie und Praxis der Unterrichtsforschung. Methodologische und praktische Ansätze der Erforschung von Lernprozessen*. Donauwörth: Auer.

Schnaitmann, Gerhard W. (1996b). Methodische Ansätze und praktische Beispiele bei der Erforschung von Lernprozessen. In ders. (Hrsg.). *Theorie und Praxis der Unterrichtsforschung. Methodologische und praktische Ansätze der Erforschung von Lernprozessen*. Donauwörth: Auer, S. 17-40.

Schnaitmann, Gerhard W. (1996c). Analyse subjektiver Lernkonzepte. Methodologische Überlegungen bei der Erforschung von Lernstrategien. In Treumann, Klaus-Peter; Neubauer, Georg, Möller, Renate und Abel, Jürgen. (Hrsg.). *Methoden und Anwendungen empirischer pädagogischer Forschung*. Münster: Waxmann, S. 130-144.

Schnaitmann, Gerhard W. (1999a). Grundlagen der Schulentwicklung und ein Beispiel der empirischen Erforschung. Ein Problemaufriß. (1999). In *Empirische Pädagogik. Zeitschrift zu Theorie und Praxis erziehungswissenschaftlicher Forschung*. 13 (3), 189-206.

Schnaitmann, Gerhard W. (1999b). Unterrichtsforschung und Unterrichtsplanung. In *unterrichten/erziehen. Die Zeitschrift für kreative Lehrerinnen und Lehrer*, 18 (6), 292-295.

Schnaitmann, Gerhard W. (2000a) Frühes Fremdsprachenlernen in der Eingangsstufe der Grundschule. Konzeptionen zu und Erfahrungen aus einem pädagogischen Schulversuch in Baden-Württemberg. (2000). In *Elektronische Dokumentation Fremdsprachenforschung – Online Supplement Dokumentation zum 18. Kongress für Fremdsprachendidaktik der Deutschen Gesellschaft für Fremdsprachenforschung (DGFF) an der Universität Dortmund*, zusammengestellt von Karin Aguado und Adelheid Hu (URL: http://www.dgff.de/publ-schnaitmann.html).

Schnaitmann, Gerhard W. (2000b). Das Lernen lernen. Einige theoretische und praktische Überlegungen zu einem pädagogisch sehr relevanten Thema. In *unterrichten/erziehen. Die Zeitschrift für kreative Lehrerinnen und Lehrer*, Heft 5/2000, 19.Jg., S. 249-253.

Schnaitmann, Gerhard W. (2000c). Kriterien für Schulentwicklung in Baden-Württemberg. In *unterrichten/erziehen. Die Zeitschrift für kreative Lehrerinnen und Lehrer*, 19 (1), S. 14-17.

Schnaitmann, Gerhard W. (2000d). Das Fremdsprachenprojekt DINOCROC - ein europäischer Schulversuch für frühes Fremdsprachenlernen an Grundschulen in Baden-Württemberg. In *Lehren und Lerne*, Heft 4, 26. Jg., S. 3-9.

Schnaitmann, Gerhard W. (2000e). Krieg und Frieden im Unterricht (März/April 2000). In *unterrichten/erziehen. Die Zeitschrift für kreative Lehrerinnen und Lehrer*, 19 (2), 62-63.

Schnaitmann, Gerhard W. (2002). Early Foreign Language Learning in First Grade Elementary Schools: Results from a School Experiment in Baden-Württemberg with the European Project DINOCROC. (2002). In *Wholeheartedly English: A Life for Learning* (ed. by Claudia Finkbeiner). Festschrift zum 60. Geburtstag von Johannes-Peter Timm. Berlin: Cornelsen.

Schnaitmann, Gerhard W. (2003). Schulleistungsuntersuchungen und Unterrichtsqualität. In *PÄD Forum: unterrichten/erziehen*, Heft 5(31/22), S. 270 – 272.

Schnaitmann, Gerhard. (2003). Evaluation und Evaluationsforschung: Ein Beispiel zur Leistungsmessung im frühen Fremdsprachenunterricht der Grundschule. In *Empirische Pädagogik, Themenheft Evaluation im Brennpunkt – Thema Fremdsprachen lernen und lehren.* 17(3), S. 348-368)

Schnotz, Wolfgang. (1992). *Wissenserwerb mit logischen Bildern.* Tübingen: Deutsches Institut für Fernstudien, Arbeitsbereich Lernforschung, 68 Seiten.

Schneider, Gerhard (1989): Qualitativität als methodologisches Desiderat der Umweltpsychologie. In Jüttemann, Gerd. (Hrsg.). *Qualitative Forschung in der Psychologie.* Heidelberg: Asanger, S. 297-323.

Schneider, H.-D.; Dobler, S. & Mayring, Ph. (1993). *Übergänge in den Ruhestand.* Forschungsantrag an den Nationalen Forschungsfond. Universität Fribourg/Schweiz.

Schneider, Wolfgang. (1985). Developmental trends in the metamemory behaviour relationship: An integrative review. In D.L. Forrest-Pressley, G.E. MacKinnon & T.G. Waller (Hrsg*.). Metacognition, cognition, and preformance* New York: Academic Press, S. 57-109.

Schneider, Wolfgang; Körkel, Joachim & Weinert, Franz-E. (1989). Bereichsspezifisches Wissen und Gedächtnisleistungen: Ein Vergleich von Kindern mit hohen und niedrigen Fähigkeiten. In *Journal of Educational Psychology*, 81 (3), S. 306-312.

Schneider, Wolfgang & Weinert, Franz-E. (Hrsg.). (1990a). Interactions Among Aptitudes, Strategies, and Knowledge in Cognitive Performance. *Wechselwirkungen zwischen Fähigkeiten, Strategien und Wissen bei kognitiven Leistungen.* Berlin: Springer.

Schneider, Wolfgang & Weinert, Franz-E. (1990b). The role of knowledge, strategies, and aptitudes in cognitive performance. Die Rolle von Wissen, Strategien und Fähigkeiten bei kognitiven Leistungen: Abschließende Bemerkungen. In Schneider, W. & Weinert, Franz-E. (Hrsg.). *Interactions among aptitudes, strategies, and knowledge in cognitive performance*. Berlin: Springer, S. 286-302.

Schneider, Wolfgang. (1992). Zum Erwerb von Organisationsstrategien bei Kindern. In Mandl, Heinz & Friedrich, Helmut F. (Hrsg.). *Lern- und Denkstrategien. Analyse und Intervention*. Göttingen: Hogrefe, S. 79-98.

Schulze, Theodor. (1993). Schule vor dem Horizont einer Geschichte des Lernens. In *Die Deutsche Schule*, 85 (4), S. 420-436.

Scott, P. H.; Asoko, H.M. & Driver, R.H. (1992). Teaching for conceptual change: A review of strategies. In Duit, R.; Goldberg, F. & Niedderer, H. (Hrsg.). *Research in physics learning: theoretical issues and empirical studies*. Kiel: IPN, S. 310-329.

Segal, J. W.; Chipman, S. & Glaser, R. (Hrsg.). (1985). *Thinking and learning skills, Vol. 1: Relating instruction to research*. Hillsdale, NJ: Erlbaum.

Seiffge-Krenke, Inge. (1987). Textmerkmale von Tagebüchern und die Veränderung der Schreibstrategie. In *Unterrichtswissenschaft*, 15, S. 366-381.

Shallice, T. (1988). *From Neuropsychology to Mental Structure*. Cambridge: Cambridge Univ. Press.

Shipstone, D.M.; Rhöneck, Ch.v.; Jung, W.; Kärrqvist, C.; Dupin, J.J.; Joshua, S. & Licht, P. (1988). A study of students' understanding of electricity in five European countries. In *International Journal of Science Education*, 3, S. 303-316.

Shuell, Th.J. (1988). The role of the student in learning from instruction. In *Contemporary Educational Psychology*, 13, S. 276-295.

Simons, Robert J. (1992). Lernen, selbständig zu lernen - ein Rahmenmodell. In Mandl, Heinz & Friedrich, Helmut F. (Hrsg.). *Lern- und Denkstrategien. Analyse und Intervention*. Göttingen: Hogrefe, S. 251-264.

Skowronek, Helmut. (1991). Lernen und Lerntheorien. In Roth, Leo (Hrsg.). *Pädagogik, Handbuch für Studium und Praxis*. München: Ehrenwirt, S. 183-193.

Smith, P.D.Jr. (1970). *A Comparison of the Cognitive and Audiological Approaches to Foreign Language Instruction: The Pennsylvania Foreign Language Project:* Philadelphia: Center for Curriculum Development.

Snow, R.E. (1977). Research on aptitudes: A progress report. In L.S. Shulman. (Hrsg.). *Review of research in education.*, Vol. 4 Itasca, Il.: Peacock, S. 50-105.

Snow, R.E.; Kyllonen, P.C. & Marshalek. (1980). The topography of ability and learning correlations. In R.J. Sternberg (Hrsg.). *Advances in the psychology of human intelligence*, Vol. 2. Hillsdale. NJ: Erlbaum. S. 47-103.

Steindorf, Gerhard. (1976). *Einführung in die Schulpädagogik*. Bad Heilbrunn: Klinkhardt.

Steindorf, Gerhard. (1991[3]). *Grundbegriffe des Lehrens und Lernens*. Bad Heilbrunn: Klinkhardt.

Stern, H.H. (1983). *Fundamental Concepts of Language Teaching*. Oxford: Oxford University Press.

Stern, H. H. (1990[6]). *Fundamental Concepts of language learning*. Oxford: Oxford University Press.

Sternberg, Robert. (1985). *Beyond IQ. A triarchical theory of human intelligence*. Cambridge: Cambridge University Press.

Strittmatter, Peter. (1990). *Zur Lernforschung: Befunde - Analysen - Perspektiven*. Weinheim: Deutscher Studien Verlag.

Tergan, Sigmar-Olaf. (1989). Psychologische Grundlagen der Erfassung individueller Wissenspräsentationen. In *Sprache und Kognition*, 8 (3), S. 152-165.

Terhart, E. (1981). Intuition, Interpretation, Argumentation. In *Zeitschrift für Pädagogik*, 27 (5), S. 769-793.

Thiel, R.D.; Keller, G. & Binder B. (1979). *Arbeitsverhaltensinventar*. Braunschweig: Georg Westermann Verlag.

Thomas, J.W. & Rohwer, W.D., Jr. (1986). Academic studying: The role of learning strategies. In *Educational Psychologist*, 21, 1-2, S. 19-41.

Tietze, W. & Rossbach, H.-G. (1991). Die Betreuung von Kindern im vorschulischen Alter. In *Zeitschrift für Pädagogik*, 37, S. 555-579.

Tillmann, Klaus-Jürgen. (1993). Schultheorie zwischen pädagogischer Selbstkritik, sozialwissenschaftlichen Einwanderungen und metatheoretischen Fluchtbewegungen. In *Pädagogische Rundschau*, 85 (4), S. 404-419.

Todt, Eberhardt. (1993). Schülerempfehlungen für einen interessanten Physikunterricht. In *Naturwissenschaften im Unterricht Physik*, 17 (4), S. 37-38.

Treumann, Klaus-Peter; Neubauer, Georg; Möller, Renate & Abel, Jürgen. (Hrsg.). (1996). *Methoden und Anwendungen empirischer pädagogischer Forschung*. Münster: Waxmann.

Ulich, D.; Haußer, K.; Mayring, Ph.; Strehmel, P.; Kandler, M. & Degenhard, R. (1985). *Psychologie der Krisenbewältigung*. Weinheim: Beltz.

Vogel, Harald P. (1983). Qualitative Forschungsmethoden. In *Interview und Analyse*, 10 (4), S. 146-148 und 10 (5), S. 224-227.

Wahl, D. (1979). Methodische Probleme bei der Erfassung handlungsleitender und handlungsrechtfertigender subjektiver psychologischer Theorien von Lehrern. In *Zeitschrift für Entwicklungspsychologie und Pädagogische Psychologie*, 11, S. 208-217.

Waldmann, Michael-R. & Holyoak, Keith-J. (1992). Prädiktives und diagnostisches Lernen innerhalb von Kausalmodellen. In *Journal of Experimental Psychology - General*, 121 (2), S. 222-236.

Weidle, Renate & Wagner, Angelika C. (1994[2]). Die Methode des Lauten Denkens. In Günter L. Huber & Heinz Mandl. (Hrsg.). *Verbale Daten. Eine Einführung in die Grundlagen und Methoden der Erhebung und Auswertung*. Weinheim: Beltz, S. 81-103.Weinert, Franz E. (1974). Kognitives Lernen: Begriffsbildung und Problemlösen. In Weinert, Franz E.; Graumann, C.F.; Heckhausen, H. & Hofer, M. (Hrsg.). *Pädagogische Psychologie*, Bd.2, Frankfurt a.M.: Fischer, S. 657-683.

Weinert, Franz E. (1982). Selbstgesteuertes Lernen als Voraussetzung, Methode und Ziel des Unterrichts. In *Unterrichtswissenschaft*, 2, S. 99-110.

Weinert, Franz E. (1983). Ist Lernen endlich lehrbar? Einführung in ein altes Problem und in einige neue Lösungsvorschläge. In *Unterrichtswissenschaft*, 4, S. 329-334.

Weinert, Franz E. (1984a). Metakognition und Motivation als Determinanten der Lerneffektivität: Einführung und Überblick. In: Weinert, Franz E. & Kluwe, Rainer H.: *Metakognition, Motivation und Lernen*. Stuttgart: Kohlhammer, S. 9-21.

Weinert, Franz E. & Kluwe, R.H. (Hrsg.). (1984b). *Metakognition, Motivation und Lernen*. Stuttgart: Kohlhammer.

Weinert, Franz E.; Schrader & Helmke, A. (1989). Quality of instruction and achievement outcomes. In *International Journal of Educational Research*, 13, S. 895-914.

Weinert, Franz E. (1990a). Was kann, was sollte die Pädagogische Psychologie aus den Forschungen zum Expertiseerwerb lernen? In *Unterrichtswissenschaft*, 18 (1), S. 67-70.

Weinert, F.-E.; Schrader, F.E. & Helmke, A. (1990b). Unterrichtsexpertise: Zur Schließung der Lücke zwischen Unterrichtsforschung und Unterrichtspraxis. In *School Psychology International*, 11, S. 163-180.

Weinert, Franz E. & Helmke, Andreas (1994): Wie bereichsspezifisch verläuft die kognitive Entwicklung? In *LLF - Berichte* Nr. 9, S. 13-35.

Weinstein, C.E. & Mayer, R.E. (1986). The teaching of learning strategies. In M.C. Wittrock. (Hrsg.). *Handbook of research on teaching.* 3rd edition. New York: Macmillan Publishing Company, S. 315-327.

Weinstein, C.E. (1987). Learning and study strategies inventory (LASSI). Clearwater, FL: H & H Publishing Company.

Weinstein, C.E.; Goetz, A. & Alexander, Patricia. (1988a). *Learning and study strategies. Issues in Assessment, Instruction, and Evaluation.* New York: Academic Press.

Weinstein, C.E.; Zimmermann, S.A. & Palmer, D.R. (1988b). Assessing learning strategies: The design and development of the LASSI. In Weinstein, C.E.; Goetz, E.T. & Alexander, P.A. (Hrsg.). *Learning and study strategies.* San Diego: Academic Press, S. 25-40.

Wellenreuther, Martin. (1997). Willkommen, Mr. Chance. Methodologische Betrachtungen zur Güte empirischer Forschungen in der Pädagogik, diskutiert vor allem an der neueren Untersuchung über Gewalt von Heitmeyer u.a. (1995). In *Zeitschrift für Pädagogik,* 43 (2), S. 321 - 332.

Weltner, Klaus (1992): Über das Lernen von Lernstrategien. In: Nold, Günter. (Hrsg.). *Lernbedingungen und Lernstrategien.* Tübingen: Narr, S. 125-150.

Wendt, Michael. (1993). *Strategien des fremdsprachlichen Handelns. Lerntheoretische Studien zur begrifflichen Systematik.* Band 1: *Die drei Dimensionen der Lernersprache.* Tübingen: Narr.

White, L. (1989). *Universal Grammar and Second Language Acquisition.* Amsterdam: John Benjamins Publ.

Wicher, Hans. (1991). *Grundlagen und Ansätze der Lernforschung.* Ammersnek bei Hamburg: Verlag an der Lottbeck

Wild, Klaus-Peter; Schiefele, Ulrich & Winteler, Adolf. (1992). LIST. Ein Verfahren zur Erfassung von Lernstrategien im Studium. In Krapp, Andreas (Hrsg.). *Arbeiten zur Empirischen Pädagogik und Pädagogischen Psychologie,* Nr.20. München: Institut für Erziehungswissenschaft und Pädagogische Psychologie, Universitätsdruck der Universität München.

Wild, Klaus-Peter & Schiefele, Ulrich. (1993). Induktiv versus deduktiv entwickelte Fragebogenverfahren zur Erfassung von Merkmalen des Lernverhaltens. In *Unterrichtswissenschaft.* Zeitschrift für Lernforschung, 21 (4), S. 312-326.

Wild, Klaus-Peter. (1996). Die Beziehungen zwischen Lernmotivation und Lernstrategien als Funktion personaler und situativer Faktoren. In Duit, Reinders & Rhöneck, Chr. v. (Hrsg.). *Lernen in den Naturwissenschaften.* Kiel: IPN, S. 69-87.

Wittrock, M. (Hrsg.). (1987). *Handbook of research of teaching.* New York: Macmillan.

Wulf, Christoph. (Hrsg.). (1976[2]). *Wörterbuch der Erziehung.* München.

Zentralstelle für Psychologische Information und Dokumentation. (Hrsg.). (1993*). Bibliographien zur Psychologie Nr. 94 Subjektive Theorien.* Eine Spezialbibliographie deutschsprachiger psychologischer Literatur, zusammengestellt von Rainer Neppel. Universität Trier.

Ziegler, Albert & Ziegler, Christine. (1991). Die Bedeutung der Lernerfahrung und des Expertisegrades beim Erwerb des Konzepts der physikalischen Beschleunigung. In *Empirische Pädagogik*, 5 (3), S. 267-283.

Zimmermann, Günter. (1991). Strategien und Strategiedefizite beim Lernen mit Instruktionstexen. In *Fremdsprachen Lehren und Lernen (FluL)*, 20, S. 195-210.

Zimmermann, Günter. (1997). Anmerkungen zum Strategiekonzept. In Rampillon, Ute & Zimmermann, Günter. (Hrsg.) *Strategien und Techniken beim Erwerb fremder Sprachen*. München: Max Hueber Verlag, S. 95-113.

Zinnecker, Jürgen. (1976). Handlungsforschung. In Roth, Leo. (Hrsg.). (1976). *Handlexikon zur Erziehungswissenschaft*. München. S. 168-171.

Züll, Cornelia; Mohler, Peter Ph. & Geis, Alfons. (1991). *Computerunterstützte Inhaltsanalyse mit TEXTPACK PC*, Released 4.0 für IBM XT/AT und Kompatible unter MS/DOS ab Version 3.0. Stuttgart, Newyor: Gustav Fischer.

Züll, Cornelia & Mohler, Peter Ph. (Hrsg.). (1992). *Textanalyse. Anwendungen der computerunterstützten Inhaltsanalyse*. Opladen: Westdeutscher Verlag.

Züll, Cornelia; Harkness, J. & Hoffmeyer - Zlotnik, H.P. (Hrsg.).(1996). *Text Analysis and Computers*. Mannheim: ZUMA.

Züll, Cornelia, Mohler, Peter Ph..(2001). *Computerunterstützte Inhaltsanalyse: Codierung und Analyse von Antworten auf offenen Fragen*. Mannheim: ZUMA How-to Reihe, Nr. 8, S. 1-14.

Züll, Cornelia & Alexa, Melina. (2001). Automatisches Codieren von Textdaten. Ein Überblick über neue Entwicklungen. In: W. Wirth, E. Lauf, E. (Hrsg.), *Inhaltsanalyse - Perspektiven, Probleme, Potenziale*. Köln: Herbert von Halem.

ANHANG

INHALTSVERZEICHNIS DES ANHANGS

I. Fragebögen

1. LOMPSCHER-Lernstrategie-Fragebogen

Schule: Klasse:

Name: Datum:

Alter: Geschlecht:

Wie lernst Du?

Viele Schüler wollen besser lernen, wissen aber nicht, wie. Du kannst ihnen helfen, wenn Du aufschreibst, wie Du lernst.

Die nachfolgenden Fragen sollen Dir dabei helfen. Beantworte sie bitte ganz gewissenhaft. Du kannst dabei auch für Dich selbst etwas lernen. Bei jeder vorgegebenen Antwort musst Du entscheiden, ob sie für Dich

A	B	C	D
völlig	weitgehend	kaum	überhaupt nicht...
			...zutrifft

[A]   [B]   [C]   [D]

In dem für Dich zutreffenden Kästchen machst Du ein Kreuz.

Deine eigene Einschätzung ist wichtig. Du brauchst also nicht bei einem anderen Schüler abzugucken.

Nun beginne und überlege gut.

- bitte wenden -

1. Häufig erhaltet Ihr von Eurer Lehrerin (Eurem Lehrer) die Aufgabe, einen Text im Lehrbuch oder in anderen Büchern so zu lesen, dass Ihr den Inhalt gut wiedergeben könnt.

Wie gehst Du bei solchen Aufgaben vor?

Kreuze jeweils das zutreffende Kästchen an.

		völlig	weit- gehend	kaum	überhaupt nicht.....zutreffend
		A	B	C	D
[1]	Ich lese mir den Text mehrmals durch.	[A]	[B]	[C]	[D]
[2]	Ich lese und versuche herauszufinden, was wichtig ist.	[A]	[B]	[C]	[D]
[3]	Ich lese den Text und merke mir, was ich nicht verstehe.	[A]	[B]	[C]	[D]
[4]	Ich unterstreiche, was ich für wichtig halte.	[A]	[B]	[C]	[D]
[5]	Ich mache mir Notizen.	[A]	[B]	[C]	[D]
[6]	Ich überlege mir ein Beispiel zu dem, was im Text dargestellt ist.	[A]	[B]	[C]	[D]
[7]	Ich überlege, was ich schon weiß und was mir neu ist.	[A]	[B]	[C]	[D]
[8]	Wenn ich etwas nicht verstehe, suche ich nach zusätzlichen Informationen (in Büchern, bei anderen Menschen).	[A]	[B]	[C]	[D]
[9]	Ich versuche, ob ich den Inhalt mit meinen eigenen Worten wiedergeben kann.	[A]	[B]	[C]	[D]
[10]	Ich versuche, das Wichtigste kurz zusammenzufassen (im Kopf, mündlich oder schriftlich).	[A]	[B]	[C]	[D]

[11]   Was kannst Du zu dieser Frage noch ergänzen?

_____

_____

[12] Bist Du damit, wie Du lernst, zufrieden?   [A]   [B]   [C]   [D]

[13] Was könntest Du tun, um Texte besser zu verstehen?

_____

_____

2.   Im Unterricht führt Eure Lehrerin (Euer Lehrer) oft Gespräche mit der Klasse oder es kommt in der Klasse zu einer Diskussion.

Wie gehst Du dabei vor?

Kreuze jeweils das zutreffende Kästchen an.

		völlig A	weit- gehend B	kaum C	überhaupt nicht.....zutreffend D
[1]	Ich höre zu und diskutiere sofort mit.	[A]	[B]	[C]	[D]
[2]	Ich höre zu und merke mir Probleme oder Fragen.	[A]	[B]	[C]	[D]
[3]	Ich überlege, was ich davon schon weiß und bemühe mich, dies den anderen mitzuteilen.	[A]	[B]	[C]	[D]
[4]	Ich überlege, was besonders wichtig ist und versuche herauszufinden, ob ich damit richtig liege.	[A]	[B]	[C]	[D]
[5]	Wenn meine Gedanken nicht mehr bei der Sache sind, versuche ich rasch den Zusammenhang wiederzufinden.	[A]	[B]	[C]	[D]
[6]	Ich versuche, auf jede Frage selbst eine Antwort zu finden.	[A]	[B]	[C]	[D]
[7]	Ich bilde mir eine Meinung und äußere sie auch.	[A]	[B]	[C]	[D]
[8]	Ich vergleiche meine Gedanken mit den Vorstellungen anderer Schüler und melde mich, wenn ich nicht einverstanden bin oder etwas zu ergänzen habe.	[A]	[B]	[C]	[D]
[9]	Wenn ich etwas nicht verstanden habe, stelle ich Fragen.	[A]	[B]	[C]	[D]
[10]	Ich lerne mehr in der Diskussion als beim Lehrervortrag.	[A]	[B]	[C]	[D]
[11]	Was kannst Du zu dieser Frage noch ergänzen?				

3. **Manchmal sind die Aufgaben, die in Mathematik oder im Physikunterricht oder in anderen Fächern gestellt werden, ganz schön schwer.**

Wie gehst Du bei solchen Aufgaben vor?

Kreuze jeweils das zutreffende Kästchen an.

	völlig	weit-gehend	kaum	überhaupt nicht.....zutreffend
	A	B	C	D

[1]   Ich probiere mehrmals, eine Lösung zu finden.   [A] [B] [C] [D]

[2]   Ich versuche, mir genau vorzustellen, wovon in   [A] [B] [C] [D]
der Aufgabe die Rede ist.

[3]   Ich suche Hilfe bei anderen (bei Mitschülern,   [A] [B] [C] [D]
beim Lehrer, bei den Eltern oder anderen).

[4]   Ich nutze Skizzen, Symbole (Zeichen) oder andere   [A] [B] [C] [D]
Hilfsmittel, wenn ich die Lösung nicht gleich finde.

[5]   Ich versuche, im Lehrbuch oder an anderen   [A] [B] [C] [D]
Stellen Hinweise zu finden, wie man solche
schwierigen Aufgaben löst.

[6]   Ich lese mir die Aufgabe mehrmals durch,   [A] [B] [C] [D]
um herauszubekommen, worum es eigentlich geht.

[7]   Ich schreibe mir auf, was gegeben und gesucht   [A] [B] [C] [D]
ist und wenn ich ein Zwischenergebnis erreicht
habe.

[8]   Ich überlege mir, worin meine Schwierigkeit   [A] [B] [C] [D]
bei der Aufgabe besteht.

[9]   Ich überlege mir, was ich schon weiß und wie   [A] [B] [C] [D]
ich das nutzen kann, um eine Lösung zu finden.

[10]   Ich kontrolliere zwischendurch und am Schluss,   [A] [B] [C] [D]
ob ich auch keinen Fehler gemacht habe.

[11]   Was fällt Dir noch zum Vorgehen bei schwierigen
Aufgaben ein?

_____

[12]   Bist Du damit, wie Du solche Aufgaben löst, zufrieden?[A]   [B] [C] [D]

[13]   Was könntest Du tun, um schwierige Aufgaben besser
zu lösen.

_____

4.   Wie gehst Du vor, wenn Du Hausaufgaben zu erledigen hast?

Kreuze jeweils das zutreffende Kästchen an.

		völlig	weit-gehend	kaum	überhaupt nicht.....zutreffend
		A	B	C	D
[1]	Das Wichtigste ist, dass alle Aufgaben ordentlich und sauber gemacht werden.	[A]	[B]	[C]	[D]
[2]	Ich mache zuerst die Aufgaben, die mich interessieren.	[A]	[B]	[C]	[D]
[3]	Ich überlege mir, was ich für die Hausaufgaben brauche und bereite das vor.	[A]	[B]	[C]	[D]
[4]	Wenn ich etwas nicht verstehe, beschäftige ich mich besonders gründlich mit der Hausaufgabe.	[A]	[B]	[C]	[D]
[5]	Ich überlege eine bestimmte Reihenfolge (erst die schwierigeren oder erst die leichteren Aufgaben) und mache die Aufgaben in dieser Reihenfolge.	[A]	[B]	[C]	[D]
[6]	Ich erledige die Aufgaben, wenn ich Zeit dafür habe.	[A]	[B]	[C]	[D]
[7]	Bei den Hausaufgaben lasse ich mich durch nichts ablenken.	[A]	[B]	[C]	[D]
[8]	Ich mache mir einen Tages- oder Wochenplan, damit ich nichts vergesse.	[A]	[B]	[C]	[D]
[9]	Ich versuche, meine Zeit gut einzuteilen, damit ich alles schaffe.	[A]	[B]	[C]	[D]
[10]	Mir fällt es schwer, mehrere Hausaufgaben nacheinander zu erledigen (mich solange zu konzentrieren).	[A]	[B]	[C]	[D]

[11]   Welche Erfahrungen hast Du beim Erledigen von
        Hausaufgaben noch gemacht?

_____

_____

5. **Manche Dinge musst Du Dir richtig fest einprägen, damit Du sie z.B. bei der Klassenarbeit noch gut weißt.**

Wie gehst Du vor, um dir etwas einzuprägen?

Kreuze jeweils das zutreffende Kästchen an.

		völlig	weit-gehend	kaum	überhaupt nicht.....zutreffend
		A	B	C	D
[1]	Ich habe keine Schwierigkeiten, mir etwas einzuprägen.	[A]	[B]	[C]	[D]
[2]	Ich versuche, was ich lerne, mit meinen eigenen Erfahrungen in Verbindung zu bringen.	[A]	[B]	[C]	[D]
[3]	Ich wiederhole die Dinge oder Sätze mehrmals.	[A]	[B]	[C]	[D]
[4]	Ich versuche, die Dinge so zu ordnen, dass man sie sich leichter merken kann.	[A]	[B]	[C]	[D]
[5]	Ich überlege mir, womit die Dinge zusammenhängen.	[A]	[B]	[C]	[D]
[6]	Ich spreche beim Wiederholen laut vor mich hin.	[A]	[B]	[C]	[D]
[7]	Ich kontrolliere mich zwischendurch, ob ich schon alles kann.	[A]	[B]	[C]	[D]
[8]	Ich schreibe oder zeichne mir was auf.	[A]	[B]	[C]	[D]
[9]	Wenn ich etwas gelernt habe, sage ich es einem anderen auf (Klassenkameraden, Mutter, Vater oder anderen).	[A]	[B]	[C]	[D]
[10]	Wenn ich etwas gelernt habe, schreibe ich das Wichtigste aus dem Kopf auf.	[A]	[B]	[C]	[D]
[11]	Was kannst Du zu dieser Frage noch ergänzen?				

_____

_____

_____

6. **Manche Aufgaben im Unterricht oder zu Hause sollt Ihr gemeinsam mit anderen Schülern lösen.**
Wie gehst Du dabei vor?
Kreuze jeweils das zutreffende Kästchen an.

		völlig	weit-gehend	kaum	überhaupt nicht.....zutreffend
		A	B	C	D
[1]	Wenn wir in der Gruppe arbeiten, mache ich mit.	[A]	[B]	[C]	[D]
[2]	Die Diskussion über richtige und falsche Lösungen finde ich hilfreich.	[A]	[B]	[C]	[D]
[3]	Man muss die Arbeit so verteilen, dass jeder seinen Beitrag leisten kann.	[A]	[B]	[C]	[D]
[4]	Wir überlegen gemeinsam, wie die Aufgabe anzupacken ist.	[A]	[B]	[C]	[D]
[5]	Ich bemühe mich, in der Gruppe mehr zu Wort zu kommen.	[A]	[B]	[C]	[D]
[6]	Die anderen sind mir zu schnell.	[A]	[B]	[C]	[D]
[7]	Ich arbeite gern mit anderen zusammen.	[A]	[B]	[C]	[D]
[8]	Besonders wichtig ist, dass man sich gegenseitig kontrollieren kann.	[A]	[B]	[C]	[D]
[9]	Ich höre gern zu, was andere zu einem Problem denken.	[A]	[B]	[C]	[D]
[10]	Ich übernehme oft die Leitung, wenn wir gemeinsam eine Aufgabe lösen sollen.	[A]	[B]	[C]	[D]

[11] Was kannst Du zu dieser Aufgabe noch ergänzen?

_____

_____

[12] Bist Du damit, wie Du in der Gruppe lernst, zufrieden? [A][B]   [C]   [D]

[13] Was müsstest Du verändern?

_____

_____

189

2. Fragen zum fachspezifischen Fähigkeitsselbstkonzept

1. Physik

Name: Datum:

Alter: Geschlecht:

Bitte beantworte nun noch die folgenden 6 Fragen zum **Physikunterricht.**

1.	Was wir im Physikunterricht durchnehmen, verstehe ich meistens.	[ ] stimmt [ ] stimmt nicht
2.	Ich bin im Physikunterricht ganz gut.	[ ] stimmt [ ] stimmt nicht
3.	Physik fällt mir schwerer als den meisten anderen in der Klasse.	[ ] stimmt [ ] stimmt nicht
4.	Egal wie ich mich anstrenge, ich komme mit Physik einfach nicht zurecht.	[ ] stimmt [ ] stimmt nicht
5.	Für Physik habe ich einfach keine Begabung.	[ ] stimmt [ ] stimmt nicht
6.	Ich brauche immer etwas mehr Zeit als die anderen, um die Physikaufgaben zu lösen.	[ ] stimmt [ ] stimmt nicht

2. Englisch

Bitte beantworte nun noch die folgenden 6 Fragen zum **Englischunterricht.**

1.	Was wir im Englischunterricht durchnehmen, verstehe ich meistens.	[ ] stimmt [ ] stimmt nicht
2.	Ich bin im Englischunterricht ganz gut.	[ ] stimmt [ ] stimmt nicht
3.	Englisch fällt mir schwerer als den meisten anderen in der Klasse.	[ ] stimmt [ ] stimmt nicht
4.	Egal wie ich mich anstrenge, ich komme mit Englisch einfach nicht zurecht.	[ ] stimmt [ ] stimmt nicht
5.	Für Englisch habe ich einfach keine Begabung.	[ ] stimmt [ ] stimmt nicht
6.	Ich brauche immer etwas mehr Zeit als die anderen, um die Englischaufgaben zu lösen.	[ ] stimmt [ ] stimmt nicht

3. Deutsch

Bitte beantworte nun noch die folgenden 6 Fragen zum **Deutschunterricht.**

1. Was wir im Deutschunterricht durchnehmen, verstehe   [   ] stimmt
    ich meistens.   [   ] stimmt nicht

2. Ich bin im Deutschunterricht ganz gut.   [   ] stimmt
        [   ] stimmt nicht

3. Deutsch fällt mir schwerer als den meisten anderen   [   ] stimmt
    in der Klasse.   [   ] stimmt nicht

4. Egal wie ich mich anstrenge, ich komme mit Deutsch   [   ] stimmt
    einfach nicht zurecht.   [   ] stimmt nicht

5. Für Deutsch habe ich einfach keine Begabung.   [   ] stimmt
        [   ] stimmt nicht

6. Ich brauche immer etwas mehr Zeit als die anderen,   [   ] stimmt
    um Deutschaufgaben zu lösen.   [   ] stimmt nicht

Abschließend bitte ich Dich noch um die Angabe einiger Noten, die Du im letzten Schuljahr erhalten hast:
Biologie: Deutsch: Englisch: Mathematik: Physik:

Bemerkungen zur gesamten Befragung:
(z.B. andere Strategien, die du anwendest,
Probleme, die du beim Lernen hast)

3. Fragebogen zur offenen schriftlichen Befragung

(Phantasie-)Name: Datum:

Alter: Geschlecht:

Wie lernst Du?

1. Wie lernst Du? Was verstehst Du unter Lernen?

2. Welche Probleme und Schwierigkeiten hast Du beim Lernen?

192

3. Lernst Du in verschiedenen Fächern unterschiedlich?

Ja / Nein

Wenn ja,

- **wie lernst Du in Englisch?**

- **wie lernst Du in Physik?**

- **wie lernst Du in Deutsch?**

- **wie lernst Du in Mathematik?**

II. Korrelationen zu den geschlossenen empirischen Erhebungen

Zu Kapitel 5.2.2 Korrelationsanalysen zur geschlossenen Befragung

1. Korrelationsanalyse zwischen Leistungswerten und psychologischen Merkmalen (Strategien, Selbstkonzept, Piaget, Anstrengungsaufwand)

Correlations:

	SEX	TEXTVERS	KOMMUNI	PROBLEME	ORGANSAT	MEMORIER	KOOPERAT	SELBSTKO
SEX	1.0000	.2849	.1077	.1157	.1956	.2767	.1052	.2371
TEXTVERS	.2849	1.0000	.4124**	.5801**	.3516*	.6397***	.3821**	.3080*
KOMMUNI	.1077	.4124**	1.0000	.3697*	.3099*	.5137***	.5086**	.1396
PROBLEME	.1157	.5801**	.3697*	1.0000	.3389*	.3015*	.1667	.0697
ORGANSAT	.1956	.3516*	.3099*	.3389*	1.0000	.4452**	.1330	.1502
MEMORIER	.2767	.6397***	.5137***	.3015*	.4452**	1.0000	.1502	.1330
KOOPERAT	.1052	.3821**	.5086**	.1667	.1330	.1502	1.0000	.1502
SELBSTKO	.2371	.3080*	.1396	.0697	.1502	.1330	.1502	1.0000
NOTSUM90	.2282	.0573	.2012	.1053	.0302	.0974	.0124	.0503
NOTSUM91	.0792	-.1237	.0387	.0155	.0656	.0979	.0421	.1103
PIAGET	-.3143*	-.0551	.0246	.0023	.0167	.0394	-.0603	.0925
AIME	-.0013	.1780	.2399	.0945	.1841	.0503	.2111	.2709
ZNR	-.1164	.2015	.0110	.2728	.2871	.1103	.1632	.0119
TESTS	-.2385	-.1643	.1117	.2063	.1550	.0925	.1777	-.2524
ZWITEST	-.1581	-.1491	.1691	.0169	.1475	.1601	-.2100	-.0340
ENDTEST	-.3963**	-.3558*	.1595	.0916	.1520	-.2304	.0024	-.1903
BEHALT	-.3451*	-.2006	-.0743	-.1235	-.1892	-.1968	-.1903	-.0381

Correlations:	SEX	TEXTVERS	KOMMUNI	PROBLEME	ORGANSAT	MEMORIER	KOOPERAT	SELBSTKO
LTREL	-.0681	-.0232	-.0662	-.1454	-.1968	-.0871	-.0042	-.1134
DTSUMME	-.0858	-.0868	-.0362	-.0830	-.1097	.0122	-.0468	.0020
AWARE	-.1012	-.1229	-.0943	-.0647	-.0778	.0664	-.0464	.0061
GRAM	-.1042	-.0149	-.0495	.0138	-.1142	.0671	-.0683	.0278
WRIT	.0358	.0971	-.0246	-.0041	-.1230	.0872	-.0895	-.1329
FINAL	-.3295*	-.0443	.0847	.0366	-.0414	.1071	.0922	.1633
VOC	-.1864	-.0843	.1371	.0608	-.0946	.1084	.0747	.0151
LRC	-.2856	-.1583	-.1439	-.0869	-.1147	-.1761	-.1447	.0253

Zu Kapitel 5.2.4 Korrelationsstudie zwischen den Kategorien der offenen und geschlossenen Befragung zum Lernen

5.2.4.1 Korrelationen zwischen den Kategorien des LASSI und den offenen Befragungskategorien

Correlations:	MOTIVAT	ZEITPLA	ANGST	KONZENT	INFORMA	HAUPTID
ELABORAT	-.0937	-.0689	-.1054	-.0772	-.0210	-.0849
ORGANISA	-.0691	-.0703	-.1105	-.1549*	-.0423	-.0523
PLANUNG	.0240	-.0760	-.0653	-.1309	-.0479	-.0251
CONTROLL	-.0059	-.0199	-.1533*	-.0501	.0111	-.1365
REGULAT	-.0973	-.1360	.0218	-.0530	-.0316	-.0113
LERNUMGE	-.0619	.0152	.0330	.0032	.0437	.0630
GEMEINP	-.0580	.0142	-.0544	.0086	-.0243	.0212
MATERIAL	.0502	-.0441	-.0348	-.0008	.1725*	.0086
ANSTRENP	.0948	.0054	-.0558	.0213	.1186	.0291
ZEITP	-.0146	.0034	-.0685	.0491	.0849	-.0537
MOTIVATP	-.0218	.0097	.0461	.0586	-.0269	-.0320
INTERESP	.0807	.0728	.0938	.0601	-.0102	.0852
KOGNITIV	-.0571	-.0698	-.1826*	-.1525*	-.0516	-.0919

Correlations:

	SELBSTK	PRUEFUN
ELABORAT	-.0063	-.0818
ORGANISA	-.1148	-.0104
PLANUNG	.0149	-.0923
CONTROLL	.0319	-.1093
REGULAT	-.0403	-.0322
LERNUMGE	.0426	.0082
GEMEINP	.0211	-.0548
MATERIAL	.0812	.0053
ANSTRENP	.0999	.0243
ZEITP	.0698	.0133
MOTIVATP	.0710	.0259
INTERESP	.0029	.0999
KOGNITIV	.1095	.0732
METAKOGN	-.0009	-.1321
RESSOURC	.1316	-.0424

Zu Kapitel 5.2.4 Intrakorrelationen zwischen den offenen Befragungskategorien

Correlations:

	ELABORAT	ORGANISA	PLANUNG	CONTROLL	REGULAT	LERNUMGE	GEMEINP
ELABORAT	1.0000	.0355	-.0016	.0811	.0054	-.0851	-.0694
ORGANISA	.0355	1.0000	-.0045	.0691	-.1579*	-.0749	-.1700*
PLANUNG	-.0016	-.0045	1.0000	-.0160	.0818	-.0838	.0827
CONTROLL	.0811	.0691	-.0160	1.0000	-.1402	-.0850	.0012
REGULAT	.0054	-.1579*	.0818	-.1402	1.0000	.0058	.0155
LERNUMGE	-.0851	-.0749	-.0838	-.0850	.0058	1.0000	-.0166
GEMEINP	-.0694	-.1700*	.0827	.0012	.0155	-.0166	1.0000

Correlations:

	ELABORAT	ORGANISA	PLANUNG	CONTROLL	REGULAT	LERNUMGE	GEMEINP
ZEITP	-.0575	.0229	-.0032	-.1429	.0936	.0400	.0544
MOTIVATP	-.0361	-.0707	-.0212	-.0412	-.0430	.0257	-.0669
INTERESP	-.0312	-.0611	-.0183	.0646	-.0372	.0440	-.0578
KOGNITIV	.3986**	.7103**	.0151	.1347	-.1568*	-.1874**	-.1300
METAKOGN	.0582	-.0655	.4286**	.5741**	.6372**	-.0856	.0216
RESSOURC	-.0650	-.1413	.0006	-.1515*	.0527	.4112**	.5038**

Correlations:

	MATERIAL	ANSTRENP	ZEITP
ELABORAT	.0248	.0755	-.0575
ORGANISA	-.0170	-.0699	.0229
PLANUNG	.1142	-.0790	-.0032
CONTROLL	.0490	-.1266	-.1429
REGULAT	-.0019	.0227	.0936
LERNUMGE	-.1019	-.0218	.0400
GEMEINP	-.0061	-.0708	.0544
MATERIAL	1.0000	-.0244	-.1111
ANSTRENP	-.0244	1.0000	.1856**
ZEITP	-.1111	.1856**	1.0000
MOTIVATP	-.0257	.1891**	-.0701
INTERESP	-.0222	-.0407	-.0606
KOGNITIV	-.0265	-.0708	-.1375
METAKOGN	.0756	-.1001	-.0325
RESSOURC	.1588*	.4744**	.6191**

Correlations:

	MOTIVATP	INTERESP	KOGNITIV	METAKOGN	RESSOURC	UEBUNG
ELABORAT	-.0361	-.0312	.3986**	.0582	-.0650	.0105
ORGANISA	-.0707	-.0611	.7103**	-.0655	-.1413	.1994**
PLANUNG	-.0212	-.0183	.0151	.4286**	.0006	.0301
CONTROLL	-.0412	.0646	.1347	-.5741**	-.1515*	.1064
REGULAT	-.0430	-.0372	.1568*	.6372**	.0527	-.1115
LERNUMGE	.0257	-.0440	-.1874**	-.0856	.4112**	-.1850**
GEMEINP	-.0669	.0578	.1300	.0216	.5038**	-.0103
MATERIAL	-.0257	-.0222	-.0265	.0756	.1588*	.0426
ANSTRENP	.1891**	-.0407	-.0708	-.1001	.4744**	-.0900
ZEITP	-.0701	-.0606	.1375	-.0325	.6191**	-.2124**
MOTIVATP	1.0000	-.0109	-.0399	.0661	.0123	.0233
INTERESP	-.0109	1.0000	.0862	.0108	-.0650	-.0648
KOGNITIV	-.0399	.0862	1.0000	-.0127	-.2564**	.7275**
METAKOGN	.0661	.0108	-.0127	1.0000	-.0657	.0055
RESSOURC	.0123	-.0650	-.2564**	-.0657	1.0000	-.2479**

Zu Kapitel 5.2.2 Korrelationen zwischen den Kategorien des Lompscher-Fragebogens "Wie lernst Du?" und den offenen Befragungskategorien

Correlations:

	TEXTVER	KOMMUNI	PROBLEM	ORGANIS	MEMORIE	KOOPERA
ELABORAT	.0326	.0009	.0506	-.0096	.0378	-.0045
ORGANISA	.0240	-.0608	-.0146	-.0367	.0089	-.0299
PLANUNG	.0272	.0175	.0240	-.0784	.0263	.0302
CONTROLL	.0488	.0520	.0541	-.0550	.0696	.0160
REGULAT	-.0792	-.0420	-.0307	-.0637	-.0618	-.0277

Correlations:

	TEXTVER	KOMMUNI	PROBLEM	ORGANIS	MEMORIE	KOOPERA
ANSTRENP	.0534	.0082	.0559	.0598	.0533	.0695
ZEITP	.0425	-.0242	-.0061	.0001	-.0733	-.0014
MOTIVATP	-.0079	-.0396	.0330	.0021	-.0105	.0505
INTERESP	-.0417	-.0246	-.0375	-.0364	-.0564	-.0035
KOGNITIV	.0908	-.0016	.0353	-.0090	.0466	-.0287
METAKOGN	-.0120	.0125	.0244	-.1119	.0140	.0030
RESSOURC	.0743	.0284	.0498	.0254	.0275	.0172

III. Faktorenanalysen

Zu Kapitel 5.2.6.2 Faktorenanalyse zu den geschlossenen Befragungen (Fragebögen LASSI und LOMPSCHER)

```
GET /FILE 'lernges1.sys'.
The SPSS/PC+ system file is read from
  file lernges1.sys
The file was created on  3/13/97 at 14:59:23
and is titled                              SPSS/PC+
The SPSS/PC+ system file contains
  322 cases, each consisting of
  179 variables (including system variables).
  179 variables will be used in this session.
```

```
FACTOR /VARIABLES MOTIVAT ZEITPLA ANGST KONZENT INFORMA HAUPTID SELBSTK
PRUEFUN TEXTVER KOMMUNI PROBLEM ORGANIS MEMORIE KOOPERA /MISSING
MEANSUB /ANALYSIS ALL /FORMAT SORT /CRITERIA DEFAULT /EXTRACTION
PC/ROTATION VARIMAX.
```

Extraction 1 for Analysis 1, Principal-Components Analysis (PC)

Final Statistics:

Variable	Communality	*	Factor	Eigenvalue	Pct of Var	Cum Pct
		*				
MOTIVAT	.64692	*	1	5.19230	37.1	37.1
ZEITPLA	.64133	*	2	2.71676	19.4	56.5
ANGST	.56321	*				
KONZENT	.66547	*				
INFORMA	.38989	*				
HAUPTID	.54607	*				
SELBSTK	.52078	*				
PRUEFUN	.73886	*				
TEXTVER	.51433	*				
KOMMUNI	.53526	*				
PROBLEM	.61685	*				
ORGANIS	.47249	*				
MEMORIE	.58206	*				
KOOPERA	.47553	*				

Varimax Rotation 1, Extraction 1, Analysis 1 - Kaiser Normalization.

Varimax converged in   3 iterations.

Rotated Factor Matrix:

	FACTOR 1	FACTOR 2
PROBLEM	.77254	.14156
MEMORIE	.75850	.08206
KOMMUNI	.72907	.06096
SELBSTK	.71563	.09303
TEXTVER	.71319	.07545
KOOPERA	.68502	.07919
INFORMA	.62429	-.01270
ORGANIS	.61905	.29877
PRUEFUN	-.06254	.85729
KONZENT	.17276	.79726
ZEITPLA	.35282	.71892
HAUPTID	.18148	.71634
ANGST	-.26650	.70156
MOTIVAT	.44156	.67227

```
Factor Transformation Matrix:

              FACTOR 1      FACTOR 2

FACTOR  1      .83041        .55716
FACTOR  2     -.55716        .83041
```

Zu Kapitel 5.2.6.3 Faktorenanalyse zur offenen Befragung (mit allen Kategorien)

```
GET /FILE 'lernges1.sys'.
The SPSS/PC+ system file is read from
    file lernges1.sys
The file was created on  3/13/97 at 14:59:23
and is titled                         SPSS/PC+
The SPSS/PC+ system file contains
    322 cases, each consisting of
    179 variables (including system variables).
    179 variables will be used in this session.
```

```
FACTOR /VARIABLES UEBUNG ELABORAT ORGANISA PLANUNG CONTROLL REGULAT LER-
NUMGE GEMEINP MATERIAL ANSTRENP ZEITP MOTIVATP /MISSING  MEANSUB/ANALYSIS
ALL /FORMAT SORT /CRITERIA DEFAULT /EXTRACTION   PC/ROTATION VARIMAX.
```

This FACTOR analysis requires   18696 (18.3K) BYTES of memory.

Analysis Number 1 Replacement of missing values with the mean

Extraction 1 for Analysis 1, Principal-Components Analysis (PC)

Final Statistics:

Variable	Communality	*	Factor	Eigenvalue	Pct of Var	Cum Pct
UEBUNG	.58953	*	1	1.64950	13.7	13.7
ELABORAT	.57530	*	2	1.29987	10.8	24.6
ORGANISA	.66277	*	3	1.20887	10.1	34.7
PLANUNG	.53808	*	4	1.13421	9.5	44.1
CONTROLL	.50897	*	5	1.05700	8.8	52.9
REGULAT	.51079	*	6	1.01118	8.4	61.3
LERNUMGE	.60731	*				
GEMEINP	.78711	*				
MATERIAL	.45056	*				
ANSTRENP	.70036	*				
ZEITP	.71111	*				
MOTIVATP	.71875	*				

Varimax   Rotation 1, Extraction 1, Analysis 1 - Kaiser Normalization.

Varimax converged in   17 iterations.

Rotated Factor Matrix:

	FACTOR 1	FACTOR 2	FACTOR 3	FACTOR 4	FACTOR 5
UEBUNG	.69948	-.24833	.02478	-.09557	-.15680
LERNUMGE	.62904	-.08844	-.07952	-.19959	-.35654
ORGANISA	.53660	.16010	-.26271	-.17302	-.03390
ZEITP	-.07369	.83382	-.05154	.02293	-.03688

	FACTOR 1	FACTOR 2	FACTOR 3	FACTOR 4	FACTOR 5
MOTIVATP	.03616	-.20287	.79982	-.06741	-.17487
ANSTRENP	-.03267	.43603	.65762	-.03767	.27247
PLANUNG	.27481	-.07332	-.09245	.64637	-.04328
REGULAT	-.28385	.13491	-.05221	.62610	-.01743
ELABORAT	-.01807	.03460	-.02984	-.07795	.73840
MATERIAL	-.00095	-.31843	.06585	.39871	.42690
CONTROLL	.13190	-.35456	-.23377	-.37702	.37816
GEMEINP	.03865	.09461	-.10986	-.03022	-.11052

	FACTOR 6
UEBUNG	-.06520
LERNUMGE	-.17469
ORGANISA	-.49910
ZEITP	.07668
MOTIVATP	-.03803
ANSTRENP	-.03216
PLANUNG	.17021
REGULAT	-.13031
ELABORAT	-.14691
MATERIAL	.06012
CONTROLL	.16146
GEMEINP	.86687

Factor Transformation Matrix:

		FACTOR 1	FACTOR 2	FACTOR 3	FACTOR 4	FACTOR 5
FACTOR	1	.69722	-.56033	-.28924	-.24092	.21293
FACTOR	2	-.06904	-.19588	-.52537	.56037	-.04721
FACTOR	3	.18276	-.03004	.51321	.54462	.63695
FACTOR	4	.26958	.68017	-.51636	.17579	.22157
FACTOR	5	.62019	.24411	.32624	.20733	-.60720
FACTOR	6	.13569	.35289	.06239	-.50738	.35909

		FACTOR 6
FACTOR	1	-.11348
FACTOR	2	.60383
FACTOR	3	.00204
FACTOR	4	-.34361
FACTOR	5	.19406
FACTOR	6	.68322

Zu Kapitel 5.2.6.3 Faktorenanalyse zur offenen Befragung (nur mit Lernstrategiekategorien)

```
GET /FILE 'lerngesl.sys'.
The SPSS/PC+ system file is read from
   file lerngesl.sys
The file was created on  3/13/97 at 14:59:23
and is titled                         SPSS/PC+
The SPSS/PC+ system file contains
   322 cases, each consisting of
   179 variables (including system variables).
   179 variables will be used in this session.
```

```
FACTOR /VARIABLES UEBUNG ELABORAT ORGANISA PLANUNG CONTROLL REGULAT LER-
NUMGE GEMEINP MATERIAL ANSTRENP ZEITP /ANALYSIS ALL /FORMAT SORT /CRITERIA
FACTORS (3) /EXTRACTION PC /ROTATION VARIMAX.
```

```
This FACTOR analysis requires     15960 (     15.6K) BYTES of memory.
```

```
Analysis Number  1 Listwise deletion of cases with missing values
Extraction  1 for Analysis  1, Principal-Components Analysis (PC)
```

Final Statistics:

Variable	Communality	*	Factor	Eigenvalue	Pct of Var	Cum Pct
		*				
UEBUNG	.39573	*	1	1.64800	15.0	15.0
ELABORAT	.31759	*	2	1.26758	11.5	26.5
ORGANISA	.41190	*	3	1.19712	10.9	37.4
PLANUNG	.38389	*				
CONTROLL	.26613	*				
REGULAT	.30700	*				
LERNUMGE	.42061	*				
GEMEINP	.38439	*				
MATERIAL	.36355	*				
ANSTRENP	.50537	*				
ZEITP	.35655	*				

```
Varimax   Rotation  1,  Extraction  1,  Analysis  1 - Kaiser Normalization.
```

```
Varimax converged in    6 iterations.
```

Rotated Factor Matrix:

	FACTOR 1	FACTOR 2	FACTOR 3
UEBUNG	.60943	.13157	.08376
ZEITP	.55342	.13745	-.17713
CONTROLL	.50724	.01858	.09216
ANSTRENP	.50713	.49235	.07603
REGULAT	.45961	-.14376	.27402

	FACTOR 1	FACTOR 2	FACTOR 3
GEMEINP	.02320	.60965	.11035
ORGANISA	-.40067	.47788	-.15165
ELABORAT	-.00233	.46131	.32370
MATERIAL	-.01130	.00420	.60283
LERNUMGE	.20757	-.25192	.56041
PLANUNG	-.00353	-.27988	.55275

Factor Transformation Matrix:

	FACTOR 1	FACTOR 2	FACTOR 3
FACTOR 1	-.95426	.20495	.21769
FACTOR 2	-.00392	-.73661	.67630

IV. LISREL-Analysen

Zu Kapitel 5.2.7 LISREL - Analysen

5.2.7.1.1 Konfirmatorische Faktorenanalyse mit allen Strategie- und Motivationskategorien

```
                    DATE: 4/ 6/97
                    TIME: 16:30
            WINDOWS  L I S R E L  8.12
                         BY
              KARL G JORESKOG AND DAG SORBOM
The following lines were read from file C:\LISREL8W\LERNKO7F.INP:
***Konfirmatorische Faktoren-Analyse 7 f (Lisrelanalyse) 1997 -
***Habil-Projekt 1997: Lernforschung***
* Analyse - Datum: 6.4.1997 *
DA NI=35 NO=318 MA=KM

LA
MOTIVAT ZEITPLA ANGST KONZENT INFORMA HAUPTID SELBSTK PRUEFUN
TEXTVER KOMMUNI PROBLEM ORGANIS MEMORIE KOOPERA UEBUNG ELABORAT
ORGANISA PLANUNG CONTROLL REGULAT LERNUMGE GEMEINP GEMEINN
MATERIAL ANSTRENP ANSTRENN ZEITP ZEITN MOTIVATP MOTIVATN INTERESP
INTERESN KOGNITIV METAKOGN RESSOURC/

SE
ZEITPLA INFORMA HAUPTID
ANGST KONZENT
TEXTVER KOMMUNI PROBLEM MEMORIE KOOPERA
UEBUNG ELABORAT ORGANISA
PLANUNG CONTROLL REGULAT
GEMEINP ANSTRENP MATERIAL ZEITP/

CM FU
(35(9F7.4/9F7.4/9F7.4/8F7.4))

MO  NX=20 NK=6  LX=FI  phi=STD

LK
LASSISTR LASSIMOT LOMPSCH KOGNITIV METAKOG RESSOURC

PA LX
3(1 0 0 0 0 0) 2(0 1 0 0 0 0) 5(0 0 1 0 0 0) 3(0 0 0 1 0 0) 3(0 0 0 0 1 0)
4(0 0 0  0 0 1)
```

```
FR LX 1 1 LX 3 1 LX 4 2 LX 6 3 LX 8 3  LX 9 3 LX 10 3 LX 11 4 LX 13 4
FR LX 15 5  LX 16 5 LX 17 6  LX 18 6  LX 19 6
VA 1 LX 2 1
VA 1 LX 5 2
VA 1 LX 7 3
VA 1 LX 12 4
VA 1 LX 14 5
VA 1 LX 20 6
ou all IT=100 AD=1000
```

***Konfirmatorische Faktoren-Analyse 7 f (Lisrelanalyse) 1997 -
```
                        NUMBER OF INPUT VARIABLES 35
                        NUMBER OF Y - VARIABLES    0
                        NUMBER OF X - VARIABLES   20
                        NUMBER OF ETA - VARIABLES  0
                        NUMBER OF KSI - VARIABLES  6
                        NUMBER OF OBSERVATIONS   118
```

***Konfirmatorische Faktoren-Analyse 7 f (Lisrelanalyse) 1997 -

STANDARDIZED SOLUTION

LAMBDA-X

	LASSISTR	LASSIMOT	LOMPSCH	KOGNITIV	METAKOG	RESSOURC
ZEITPLA	0.78	- -	- -	- -	- -	- -
INFORMA	0.27	- -	- -	- -	- -	- -
HAUPTID	0.55	- -	- -	- -	- -	- -
ANGST	- -	0.49	- -	- -	- -	- -
KONZENT	- -	0.87	- -	- -	- -	- -
TEXTVER	- -	- -	0.66	- -	- -	- -
KOMMUNI	- -	- -	0.72	- -	- -	- -
PROBLEM	- -	- -	0.79	- -	- -	- -
MEMORIE	- -	- -	0.74	- -	- -	- -
KOOPERA	- -	- -	0.63	- -	- -	- -
UEBUNG	- -	- -	- -	0.49	- -	- -
ELABORAT	- -	- -	- -	0.10	- -	- -
ORGANISA	- -	- -	- -	0.39	- -	- -
PLANUNG	- -	- -	- -	- -	0.06	- -
CONTROLL	- -	- -	- -	- -	0.34	- -
REGULAT	- -	- -	- -	- -	0.43	- -
GEMEINP	- -	- -	- -	- -	- -	0.07
ANSTRENP	- -	- -	- -	- -	- -	0.23
MATERIAL	- -	- -	- -	- -	- -	0.12
ZEITP	- -	- -	- -	- -	- -	0.80

PHI

	LASSISTR	LASSIMOT	LOMPSCH	KOGNITIV	METAKOG	RESSOURC
LASSISTR	1.00					
LASSIMOT	0.95	1.00				
LOMPSCH	0.57	0.23	1.00			
KOGNITIV	0.14	0.29	0.05	1.00		
METAKOG	0.14	0.01	0.17	0.64	1.00	
RESSOURC	0.00	0.05	0.03	0.36	0.37	1.00

Number of Iterations = 61

GOODNESS OF FIT STATISTICS
```
           CHI-SQUARE WITH 155 DEGREES OF FREEDOM = 122.26 (P = 0.98)
                ESTIMATED NON-CENTRALITY PARAMETER (NCP) = 0.0
           90 PERCENT CONFIDENCE INTERVAL FOR NCP = (0.0 ; 0.0)
                    MINIMUM FIT FUNCTION VALUE = 1.04
           POPULATION DISCREPANCY FUNCTION VALUE (F0) = 0.0
                90 PERCENT CONFIDENCE INTERVAL FOR F0 = (0.0 ; 0.0)
             ROOT MEAN SQUARE ERROR OF APPROXIMATION (RMSEA) = 0.0
```

```
          90 PERCENT CONFIDENCE INTERVAL FOR RMSEA = (0.0 ; 0.0)
            P-VALUE FOR TEST OF CLOSE FIT (RMSEA < 0.05) = 1.00
              EXPECTED CROSS-VALIDATION INDEX (ECVI) = 1.99
           90 PERCENT CONFIDENCE INTERVAL FOR ECVI = (2.26 ; 2.26)
                      ECVI FOR SATURATED MODEL = 3.59
                    ECVI FOR INDEPENDENCE MODEL = 4.66
     CHI-SQUARE FOR INDEPENDENCE MODEL WITH 190 DEGREES OF FREEDOM =
505.47
                         INDEPENDENCE AIC = 545.47
                             MODEL AIC = 232.26
                           SATURATED AIC = 420.00
                        INDEPENDENCE CAIC = 620.89
                            MODEL CAIC = 439.65
                          SATURATED CAIC = 1211.84
                ROOT MEAN SQUARE RESIDUAL (RMR) = 0.071
                         STANDARDIZED RMR = 0.071
                   GOODNESS OF FIT INDEX (GFI) = 0.91
          ADJUSTED GOODNESS OF FIT INDEX (AGFI) = 0.87
          PARSIMONY GOODNESS OF FIT INDEX (PGFI) = 0.67

                        NORMED FIT INDEX (NFI) = 0.76
                    NON-NORMED FIT INDEX (NNFI) = 1.13
              PARSIMONY NORMED FIT INDEX (PNFI) = 0.62
                   COMPARATIVE FIT INDEX (CFI) = 1.00
                   INCREMENTAL FIT INDEX (IFI) = 1.09
                     RELATIVE FIT INDEX (RFI) = 0.70

                         CRITICAL N (CN) = 191.32
```

Zu Kapitel 5.2.7.1.2 Konfirmatorische Faktorenanalyse mit allen Strategieklassen, aber ohne Motivationskategorien

Analyse des Zusammenhangs der Lernstrategiekategorien aus den geschlossenen und offenen Fragebögen - ohne Motivationskategorien des LASSI

```
                           DATE:  4/ 6/97
                           TIME: 16:39
                    WINDOWS  L I S R E L  8.12
                                BY
                     KARL G JORESKOG AND DAG SORBOM
      The following lines were read from file A:\LERNKO7E.INP:
      ***Konfirmatorische Faktoren-Analyse 7 e (Lisrelanalyse) 1997 -
      ***Habil-Projekt 1997: Lernforschung***
      * Analyse - Datum: 6.4.1997 *
      DA NI=35 NO=318 MA=KM

      LA
      MOTIVAT ZEITPLA ANGST KONZENT INFORMA HAUPTID SELBSTK PRUEFUN
      TEXTVER KOMMUNI PROBLEM ORGANIS MEMORIE KOOPERA UEBUNG ELABORAT
      ORGANISA PLANUNG CONTROLL REGULAT LERNUMGE GEMEINP GEMEINN
      MATERIAL ANSTRENP ANSTRENN ZEITP ZEITN MOTIVATP MOTIVATN INTERESP
      INTERESN KOGNITIV METAKOGN RESSOURC/

      SE
      ZEITPLA INFORMA SELBSTK HAUPTID PRUEFUN
      TEXTVER KOMMUNI PROBLEM ORGANIS MEMORIE KOOPERA
      UEBUNG ELABORAT ORGANISA
      PLANUNG CONTROLL REGULAT
      GEMEINP ANSTRENP MATERIAL ZEITP/

      CM FU
      (35(9F7.4/9F7.4/9F7.4/8F7.4))

      MO  NX=21 NK=5  LX=FI  phi=STD
```

```
LK
LASSISTR LOMPSCH KOGNITIV METAKOG RESSOURC

PA LX
5(1 0 0 0 0) 6(0 1 0 0 0) 3(0 0 1 0 0) 3(0 0 0 1 0 ) 4(0 0 0 0 1)
FR LX 2 1 LX 3 1 LX 4 1 LX 5 1 LX 6 2 LX 8 2  LX 9 2 LX 11 2 LX 13 3 LX 14
3
FR LX 15 4  LX 17 4  LX 18 5  LX 20 5 LX 21 5
VA 1 LX 1 1
VA 1 LX 7 2 LX 10 2
VA 1 LX 12 3
VA 1 LX 16 4
VA 1 LX 19 5
VA 1 PHI(1,3) PHI(1,4) PHI(2,3) PHI(2,5) PHI(3,5) PHI(4,5)
ou all IT=100 AD=1000
```

***Konfirmatorische Faktoren-Analyse 7 e (Lisrelanalyse) 1997 -

```
                    NUMBER OF INPUT VARIABLES 35
                    NUMBER OF Y - VARIABLES    0
                    NUMBER OF X - VARIABLES   21
                    NUMBER OF ETA - VARIABLES  0
                    NUMBER OF KSI - VARIABLES  5
                    NUMBER OF OBSERVATIONS   108
Number of Iterations = 47

LISREL ESTIMATES (MAXIMUM LIKELIHOOD)

                    GOODNESS OF FIT STATISTICS

        CHI-SQUARE WITH 179 DEGREES OF FREEDOM = 175.26 (P = 0.57)
            ESTIMATED NON-CENTRALITY PARAMETER (NCP) = 0.0
        90 PERCENT CONFIDENCE INTERVAL FOR NCP = (0.0 ; 31.05)

                MINIMUM FIT FUNCTION VALUE = 1.64
            POPULATION DISCREPANCY FUNCTION VALUE (F0) = 0.0
        90 PERCENT CONFIDENCE INTERVAL FOR F0 = (0.0 ; 0.29)
        ROOT MEAN SQUARE ERROR OF APPROXIMATION (RMSEA) = 0.0
        90 PERCENT CONFIDENCE INTERVAL FOR RMSEA = (0.0 ; 0.040)
        P-VALUE FOR TEST OF CLOSE FIT (RMSEA < 0.05) = 0.99

            EXPECTED CROSS-VALIDATION INDEX (ECVI) = 2.61
        90 PERCENT CONFIDENCE INTERVAL FOR ECVI = (2.64 ; 2.94)
                ECVI FOR SATURATED MODEL = 4.32
                ECVI FOR INDEPENDENCE MODEL = 5.46

        CHI-SQUARE FOR INDEPENDENCE MODEL WITH 210 DEGREES OF FREEDOM =
542.11
                    INDEPENDENCE AIC = 584.11
                        MODEL AIC = 279.26
                    SATURATED AIC = 462.00
                    INDEPENDENCE CAIC = 661.43
                        MODEL CAIC = 470.73
                    SATURATED CAIC = 1312.57

            ROOT MEAN SQUARE RESIDUAL (RMR) = 0.070
                    STANDARDIZED RMR = 0.070
                GOODNESS OF FIT INDEX (GFI) = 0.86
        ADJUSTED GOODNESS OF FIT INDEX (AGFI) = 0.82
        PARSIMONY GOODNESS OF FIT INDEX (PGFI) = 0.67

                NORMED FIT INDEX (NFI) = 0.68
            NON-NORMED FIT INDEX (NNFI) = 1.01
        PARSIMONY NORMED FIT INDEX (PNFI) = 0.58
            COMPARATIVE FIT INDEX (CFI) = 1.00
            INCREMENTAL FIT INDEX (IFI) = 1.01
            RELATIVE FIT INDEX (RFI) = 0.62

                    CRITICAL N (CN) = 138.94
```

***Konfirmatorische Faktoren-Analyse (Lisrelanalyse) 1997 -
STANDARDIZED SOLUTION

LAMBDA-X	LASSISTR	LOMPSCH	KOGNITIV	METAKOG	RESSOURC
ZEITPLA	0.53	- -	- -	- -	- -
INFORMA	0.60	- -	- -	- -	- -
SELBSTK	0.73	- -	- -	- -	- -
HAUPTID	0.40	- -	- -	- -	- -
PRUEFUN	0.22	- -	- -	- -	- -
TEXTVER	- -	0.67	- -	- -	- -
KOMMUNI	- -	0.70	- -	- -	- -
PROBLEM	- -	0.79	- -	- -	- -
ORGANIS	- -	0.64	- -	- -	- -
MEMORIE	- -	0.74	- -	- -	- -
KOOPERA	- -	0.64	- -	- -	- -
UEBUNG	- -	- -	0.57	- -	- -
ELABORAT	- -	- -	0.09	- -	- -
ORGANISA	- -	- -	0.33	- -	- -
PLANUNG	- -	- -	- -	0.04	- -
CONTROLL	- -	- -	- -	0.37	- -
REGULAT	- -	- -	- -	0.38	- -
GEMEINP	- -	- -	- -	- -	0.06
ANSTRENP	- -	- -	- -	- -	0.27
MATERIAL	- -	- -	- -	- -	0.11
ZEITP	- -	- -	- -	- -	0.72

PHI	LASSISTR	LOMPSCH	KOGNITIV	METAKOG	RESSOURC
LASSISTR	1.00				
LOMPSCH	0.82	1.00			
KOGNITIV	0.19	0.06	1.00		
METAKOG	0.09	0.16	0.58	1.00	
RESSOURC	0.11	0.02	0.42	0.44	1.00

Zu Kapitel 5.2.7.2.1 Kausale Zusammenhänge zwischen den Lernstrategiekategorien aus den geschlossenen Fragebögen und der offenen Befragung

```
                      DATE:  4/ 3/97
                      TIME: 13:54
              WINDOWS  L I S R E L  8.12
                         BY
              KARL G JORESKOG AND DAG SORBOM
The following lines were read from file C:\LISREL8W\LERNK93.INP:
***Kausal-Analyse 9f3 (Lisrelanalyse) 1997 -
***Habil-Projekt 1997: Lernforschung***
* Analyse - Datum: 3.4.1997 *
DA NI=35 NO=318 MA=KM
LA
MOTIVAT ZEITPLA ANGST KONZENT INFORMA HAUPTID SELBSTK PRUEFUN
TEXTVER KOMMUNI PROBLEM ORGANIS MEMORIE KOOPERA UEBUNG ELABORAT
ORGANISA PLANUNG CONTROLL REGULAT LERNUMGE GEMEINP GEMEINN
MATERIAL ANSTRENP ANSTRENN ZEITP ZEITN MOTIVATP MOTIVATN INTERESP
INTERESN KOGNITIV METAKOGN RESSOURC/
```

SE
ZEITPLA HAUPTID
TEXTVER KOMMUNI PROBLEM MEMORIE KOOPERA
UEBUNG ELABORAT ORGANISA
PLANUNG CONTROLL REGULAT
GEMEINP ANSTRENP ZEITP/

```
CM FU
(35(9F7.4/9F7.4/9F7.4/8F7.4))
MO  NY=7 NE=2 NX=9 NK=3 LY=FI LX=FI BE=FR PS=FR,SY GA=FR,FU phi=STD

LE
LASSI  LOMPSCH

LK
KOGNITIV METAKOG RESSOURC

PA LX
3(1 0 0 )  3(0 1 0)  3(0 0 1)

FR LY 2 1
FR LY 3 2 LY 6 2 LY 7 2
FR LX 2 1 LX 3 1 LX 4 2 LX 6 2 LX 7 3 LX 9 3
FR ga 1 1 ga 1 2 ga 1 3 ga 2 1 ga 2 2 ga 2 3
VA 1 LY 1 1
VA 1 LY 4 2 LY 5 2
VA 1 LX 1 1
VA 1 LX 5 2
VA 1 LX 8 3

FI PS 2 1
FI BE 1 1 BE 2 2
OU ALL IT=100 AD=1000
                              NUMBER OF INPUT VARIABLES 35
                              NUMBER OF Y - VARIABLES    7
                              NUMBER OF X - VARIABLES    9
                              NUMBER OF ETA - VARIABLES  2
                              NUMBER OF KSI - VARIABLES  3
                              NUMBER OF OBSERVATIONS   318
```

Kausal-Analyse (Lisrelanalyse)

STANDARDIZED SOLUTION

LAMBDA-Y

	LASSI	LOMPSCH
ZEITPLA	0.71	- -
HAUPTID	0.60	- -
TEXTVER	- -	0.65
KOMMUNI	- -	0.76
PROBLEM	- -	0.76
MEMORIE	- -	0.73
KOOPERA	- -	0.64

LAMBDA-X

	KOGNITIV	METAKOG	RESSOURC
UEBUNG	0.75	- -	- -
ELABORAT	0.03	- -	- -
ORGANISA	0.27	- -	- -
PLANUNG	- -	0.00	- -
CONTROLL	- -	0.50	- -
REGULAT	- -	0.28	- -
GEMEINP	- -	- -	0.05
ANSTRENP	- -	- -	0.33
ZEITP	- -	- -	-0.55

BETA

	LASSI	LOMPSCH
LASSI	- -	0.40

LOMPSCH   0.23   - -

GAMMA

	KOGNITIV	METAKOG	RESSOURC
LASSI	0.12	0.20	0.20
LOMPSCH	0.08	0.26	0.20

CORRELATION MATRIX OF ETA AND KSI

	LASSI	LOMPSCH	KOGNITIV	METAKOG	RESSOURC
LASSI	1.00				
LOMPSCH	0.54	1.00			
KOGNITIV	0.07	0.06	1.00		
METAKOG	0.06	0.16	0.36	1.00	
RESSOURC	0.03	0.01	0.48	0.57	1.00

PSI

LASSI	LOMPSCH
0.69	0.75

REGRESSION MATRIX ETA ON KSI (STANDARDIZED)

	KOGNITIV	METAKOG	RESSOURC
LASSI	-0.09	-0.10	0.13
LOMPSCH	0.06	0.23	-0.17

TOTAL AND INDIRECT EFFECTS

TOTAL EFFECTS OF KSI ON ETA

	KOGNITIV	METAKOG	RESSOURC
LASSI	-0.07	-0.07	0.09
LOMPSCH	0.04	0.18	-0.13

INDIRECT EFFECTS OF KSI ON ETA

	KOGNITIV	METAKOG	RESSOURC
LASSI	0.02	0.07	-0.05
LOMPSCH	-0.02	-0.02	0.02

TOTAL EFFECTS OF ETA ON ETA

	LASSI	LOMPSCH
LASSI	0.10	0.42
LOMPSCH	0.27	0.10

LARGEST EIGENVALUE OF B*B' (STABILITY INDEX) IS   0.143

INDIRECT EFFECTS OF ETA ON ETA

	LASSI	LOMPSCH
LASSI	0.10	0.04
LOMPSCH	0.03	0.10

TOTAL EFFECTS OF ETA ON Y

	LASSI	LOMPSCH
ZEITPLA	1.10	0.42
HAUPTID	0.93	0.35
TEXTVER	0.23	0.95
KOMMUNI	0.27	1.10
PROBLEM	0.27	1.10
MEMORIE	0.26	1.06
KOOPERA	0.23	0.93

INDIRECT EFFECTS OF ETA ON Y

	LASSI	LOMPSCH
ZEITPLA	0.10	0.42
HAUPTID	0.09	0.35
TEXTVER	0.23	0.09
KOMMUNI	0.27	0.10
PROBLEM	0.27	0.10
MEMORIE	0.26	0.10
KOOPERA	0.23	0.09

TOTAL EFFECTS OF KSI ON Y

	KOGNITIV	METAKOG	RESSOURC
ZEITPLA	-0.07	-0.07	0.09
HAUPTID	-0.06	-0.06	0.08
TEXTVER	0.04	0.15	-0.11
KOMMUNI	0.04	0.18	-0.13
PROBLEM	0.04	0.18	-0.13
MEMORIE	0.04	0.17	-0.12
KOOPERA	0.04	0.15	-0.11

STANDARDIZED TOTAL AND INDIRECT EFFECTS

STANDARDIZED TOTAL EFFECTS OF KSI ON ETA

	KOGNITIV	METAKOG	RESSOURC
LASSI	-0.09	-0.10	0.13
LOMPSCH	0.06	0.23	-0.17

STANDARDIZED INDIRECT EFFECTS OF KSI ON ETA

	KOGNITIV	METAKOG	RESSOURC
LASSI	0.02	0.09	-0.07
LOMPSCH	-0.02	-0.02	0.03

STANDARDIZED TOTAL EFFECTS OF ETA ON ETA

	LASSI	LOMPSCH
LASSI	0.10	0.44
LOMPSCH	0.26	0.10

STANDARDIZED INDIRECT EFFECTS OF ETA ON ETA

	LASSI	LOMPSCH
LASSI	0.10	0.04
LOMPSCH	0.02	0.10

STANDARDIZED TOTAL EFFECTS OF ETA ON Y

	LASSI	LOMPSCH
ZEITPLA	0.79	0.32
HAUPTID	0.67	0.27
TEXTVER	0.17	0.72
KOMMUNI	0.19	0.84
PROBLEM	0.19	0.84
MEMORIE	0.19	0.80
KOOPERA	0.16	0.71

STANDARDIZED INDIRECT EFFECTS OF ETA ON Y

	LASSI	LOMPSCH
ZEITPLA	0.07	0.32
HAUPTID	0.06	0.27
TEXTVER	0.17	0.07
KOMMUNI	0.19	0.08
PROBLEM	0.19	0.08
MEMORIE	0.19	0.08
KOOPERA	0.16	0.07

STANDARDIZED TOTAL EFFECTS OF KSI ON Y

	KOGNITIV	METAKOG	RESSOURC
ZEITPLA	-0.07	-0.07	0.09
HAUPTID	-0.06	-0.06	0.08
TEXTVER	0.04	0.15	-0.11
KOMMUNI	0.04	0.18	-0.13
PROBLEM	0.04	0.18	-0.13
MEMORIE	0.04	0.17	-0.12
KOOPERA	0.04	0.15	-0.11

GOODNESS OF FIT STATISTICS

CHI-SQUARE WITH 94 DEGREES OF FREEDOM = 46.18 (P = 1.00)

The Fit is Perfect !

Number of Iterations = 50

Zu 5.2.7.2.2 Kausalanalyse zwischen den Lernstrategiekategorien des LASSI (abhängiges Konstrukt) und des Lompscherfragebogen (unabhängiges Konstrukt)

```
DATE:   4/ 3/97
TIME: 14:37
WINDOWS  L I S R E L  8.12
BY
KARL G JORESKOG AND DAG SORBOM
```

The following lines were read from file C:\LISREL8W\LERNK10A.INP:

```
***Kausal-Analyse 10a (Lisrelanalyse) 1997 -
***Habil-Projekt 1997: Lernforschung***
* Analyse - Datum: 3.4.1997 *
DA NI=35 NO=118 MA=KM

LA
MOTIVAT ZEITPLA ANGST KONZENT INFORMA HAUPTID SELBSTK PRUEFUN
TEXTVER KOMMUNI PROBLEM ORGANIS MEMORIE KOOPERA UEBUNG ELABORAT
ORGANISA PLANUNG CONTROLL REGULAT LERNUMGE GEMEINP GEMEINN
MATERIAL ANSTRENP ANSTRENN ZEITP ZEITN MOTIVATP MOTIVATN INTERESP
INTERESN KOGNITIV METAKOGN RESSOURC/

SE
ZEITPLA INFORMA HAUPTID SELBSTK PRUEFUN
TEXTVER KOMMUNI PROBLEM ORGANIS MEMORIE KOOPERA/

CM FU
(35(9F7.4/9F7.4/9F7.4/8F7.4))

MO  NY=5 NE=1 NX=6 NK=1 LY=FI LX=FI PS=FR,SY GA=FR,FU  phi=SY,FR

LE
LASSI

LK
LOMPSCH


FR LY 1 1 LY 3 1 LY 4 1 Ly 5 1
FR LX 1 1 LX 3 1 LX 4 1 LX 6 1
FR ga 1 1
VA 1 LY 2 1
VA 1 LX 2 1 LX 5 1
OU all IT=50 AD=1000
***Kausal-Analyse 10a (Lisrelanalyse) 1997 -
```

```
NUMBER OF INPUT VARIABLES 35
NUMBER OF Y - VARIABLES    5
NUMBER OF X - VARIABLES    6
NUMBER OF ETA - VARIABLES  1
NUMBER OF KSI - VARIABLES  1
NUMBER OF OBSERVATIONS    118
```

STANDARDIZED SOLUTION

LAMBDA-Y

	LASSI
ZEITPLA	0.54
INFORMA	0.60
HAUPTID	0.41
SELBSTK	0.72
PRUEFUN	0.23

LAMBDA-X

	LOMPSCH
TEXTVER	0.66
KOMMUNI	0.72
PROBLEM	0.79
ORGANIS	0.64
MEMORIE	0.72
KOOPERA	0.64

GAMMA

	LOMPSCH
LASSI	0.82

CORRELATION MATRIX OF ETA AND KSI

	LASSI	LOMPSCH
LASSI	1.00	
LOMPSCH	0.82	1.00

PSI

LASSI
0.33

REGRESSION MATRIX ETA ON KSI (STANDARDIZED)

	LOMPSCH
LASSI	0.82

***Kausal-Analyse 10a (Lisrelanalyse) 1997 -

TOTAL AND INDIRECT EFFECTS

TOTAL EFFECTS OF KSI ON Y

	LOMPSCH
ZEITPLA	0.61
	(0.12)
	4.97
INFORMA	0.68
	(0.12)
	5.47
HAUPTID	0.47
	(0.12)
	3.88
SELBSTK	0.82
	(0.12)

6.57

TOTAL EFFECTS OF KSI ON Y

PRUEFUN   0.26

        (0.12)
        2.19

Kausal-Analyse 10a (Lisrelanalyse) 1997 -
STANDARDIZED TOTAL AND INDIRECT EFFECTS

      STANDARDIZED TOTAL EFFECTS OF KSI ON Y

	LOMPSCH
ZEITPLA	0.44
INFORMA	0.49
HAUPTID	0.34
SELBSTK	0.59
PRUEFUN	0.19

    THE PROBLEM USED   13312 BYTES (= 0.1% OF AVAILABLE WORKSPACE)

            TIME USED: 0.2 SECONDS
    BEHAVIOR UNDER MINIMIZATION ITERATIONS

***Kausal-Analyse 10a (Lisrelanalyse) 1997 -
Number of Iterations = 12

GOODNESS OF FIT STATISTICS

CHI-SQUARE WITH 44 DEGREES OF FREEDOM = 133.08 (P = 0.00)
ESTIMATED NON-CENTRALITY PARAMETER (NCP) = 89.08

MINIMUM FIT FUNCTION VALUE = 1.14
POPULATION DISCREPANCY FUNCTION VALUE (F0) = 0.76
ROOT MEAN SQUARE ERROR OF APPROXIMATION (RMSEA) = 0.13
P-VALUE FOR TEST OF CLOSE FIT (RMSEA < 0.05) = 0.00000087

EXPECTED CROSS-VALIDATION INDEX (ECVI) = 1.51
ECVI FOR SATURATED MODEL = 1.13
ECVI FOR INDEPENDENCE MODEL = 4.52

CHI-SQUARE FOR INDEPENDENCE MODEL WITH 55 DEGREES OF FREEDOM = 507.11
INDEPENDENCE AIC = 529.11
MODEL AIC = 177.08
SATURATED AIC = 132.00
INDEPENDENCE CAIC = 570.59
MODEL CAIC = 260.03
SATURATED CAIC = 380.87

ROOT MEAN SQUARE RESIDUAL (RMR) = 0.10
STANDARDIZED RMR = 0.10
GOODNESS OF FIT INDEX (GFI) = 0.82
ADJUSTED GOODNESS OF FIT INDEX (AGFI) = 0.74
PARSIMONY GOODNESS OF FIT INDEX (PGFI) = 0.55

NORMED FIT INDEX (NFI) = 0.74
NON-NORMED FIT INDEX (NNFI) = 0.75
PARSIMONY NORMED FIT INDEX (PNFI) = 0.59
COMPARATIVE FIT INDEX (CFI) = 0.80
INCREMENTAL FIT INDEX (IFI) = 0.81
RELATIVE FIT INDEX (RFI) = 0.67

CRITICAL N (CN) = 61.41

Zu 5.7.2.2 Kausale Zusammenhänge zwischen den Strategien der geschlossenen Fragebögen (*LASSI* -unabhängiges Konstrukt -und *Lompscherfragebogen* - abhängiges Konstrukt)

```
                    DATE:  4/ 3/97
                    TIME: 14:41
            WINDOWS  L I S R E L  8.12
                         BY
              KARL G JORESKOG AND DAG SORBOM
The following lines were read from file C:\LISREL8W\LERNK10B.INP:

***Kausal-Analyse 10b (Lisrelanalyse) 1997 -
***Habil-Projekt 1997: Lernforschung***
* Analyse - Datum: 3.4.1997 *
DA NI=35 NO=318 MA=KM

LA
MOTIVAT ZEITPLA ANGST KONZENT INFORMA HAUPTID SELBSTK PRUEFUN
TEXTVER KOMMUNI PROBLEM ORGANIS MEMORIE KOOPERA UEBUNG ELABORAT
ORGANISA PLANUNG CONTROLL REGULAT LERNUMGE GEMEINP GEMEINN
MATERIAL ANSTRENP ANSTRENN ZEITP ZEITN MOTIVATP MOTIVATN INTERESP
INTERESN KOGNITIV METAKOGN RESSOURC/

SE
TEXTVER KOMMUNI PROBLEM ORGANIS MEMORIE KOOPERA
ZEITPLA INFORMA HAUPTID SELBSTK PRUEFUN/

CM FU
(35(9F7.4/9F7.4/9F7.4/8F7.4))

MO  NY=6 NE=1 NX=5 NK=1 LY=FI LX=FI PS=FR,SY GA=FR,FU  phi=SY,FR

LE
LOMPSCH

LK
LASSI


FR LY 1 1 LY 3 1 LY 4 1 Ly 5 1 LY 6 1
FR LX 1 1 LX 3 1 LX 4 1
FR ga 1 1
VA 1 LY 2 1
VA 1 LX 2 1 LX 5 1
OU all IT=50 AD=1000

***Kausal-Analyse 10b (Lisrelanalyse) 1997 -

                    NUMBER OF INPUT VARIABLES 35
                    NUMBER OF Y - VARIABLES    6
                    NUMBER OF X - VARIABLES    5
                    NUMBER OF ETA - VARIABLES  1
                    NUMBER OF KSI - VARIABLES  1
                    NUMBER OF OBSERVATIONS   318
```

Kausal-Analyse (Lisrelanalyse) -
STANDARDIZED SOLUTION

LAMBDA-Y

	LOMPSCH
TEXTVER	0.66
KOMMUNI	0.69
PROBLEM	0.79
ORGANIS	0.66
MEMORIE	0.74
KOOPERA	0.64

LAMBDA-X

	LASSI
ZEITPLA	0.64
INFORMA	0.45
HAUPTID	0.53
SELBSTK	0.62
PRUEFUN	0.45

GAMMA

	LASSI
LOMPSCH	0.75

CORRELATION MATRIX OF ETA AND KSI

	LOMPSCH	LASSI
LOMPSCH	1.00	
LASSI	0.75	1.00

PSI

	LOMPSCH
	0.43

REGRESSION MATRIX ETA ON KSI (STANDARDIZED)

	LASSI
LOMPSCH	0.75

***Kausal-Analyse 10b (Lisrelanalyse) 1997 -
TOTAL AND INDIRECT EFFECTS

TOTAL EFFECTS OF KSI ON Y

	LASSI
TEXTVER	1.11
	(0.25)
	4.45
KOMMUNI	1.17
	(0.26)
	4.55
PROBLEM	1.33
	(0.28)
	4.79

217

TOTAL EFFECTS OF KSI ON Y

```
ORGANIS        1.10
              (0.25)
               4.44

MEMORIE        1.24
              (0.27)
               4.67

KOOPERA        1.07
              (0.24)
               4.38
```

***Kausal-Analyse 10b (Lisrelanalyse) 1997 -
STANDARDIZED TOTAL AND INDIRECT EFFECTS

STANDARDIZED TOTAL EFFECTS OF KSI ON Y

```
              LASSI
             --------
TEXTVER        0.50
KOMMUNI        0.52
PROBLEM        0.60
ORGANIS        0.49
MEMORIE        0.56
KOOPERA       -0.04
```

Number of Iterations = 14
GOODNESS OF FIT STATISTICS

```
        CHI-SQUARE WITH 44 DEGREES OF FREEDOM = 136.81 (P = 0.00)
              ESTIMATED NON-CENTRALITY PARAMETER (NCP) = 92.81
                   MINIMUM FIT FUNCTION VALUE = 1.17
             POPULATION DISCREPANCY FUNCTION VALUE (F0) = 0.79
          ROOT MEAN SQUARE ERROR OF APPROXIMATION (RMSEA) = 0.13
     P-VALUE FOR TEST OF CLOSE FIT (RMSEA < 0.05) = 0.00000054
             EXPECTED CROSS-VALIDATION INDEX (ECVI) = 1.55
                   ECVI FOR SATURATED MODEL = 1.13
                   ECVI FOR INDEPENDENCE MODEL = 4.52
  CHI-SQUARE FOR INDEPENDENCE MODEL WITH 55 DEGREES OF FREEDOM = 507.11
                   INDEPENDENCE AIC = 529.11
                        MODEL AIC = 180.81
                    SATURATED AIC = 132.00
                   INDEPENDENCE CAIC = 570.59
                       MODEL CAIC = 263.76
                    SATURATED CAIC = 380.87

             ROOT MEAN SQUARE RESIDUAL (RMR) = 0.11
                    STANDARDIZED RMR = 0.11
               GOODNESS OF FIT INDEX (GFI) = 0.81
       ADJUSTED GOODNESS OF FIT INDEX (AGFI) = 0.71
     PARSIMONY GOODNESS OF FIT INDEX (PGFI) = 0.54
               NORMED FIT INDEX (NFI) = 0.73
             NON-NORMED FIT INDEX (NNFI) = 0.74
       PARSIMONY NORMED FIT INDEX (PNFI) = 0.58
             COMPARATIVE FIT INDEX (CFI) = 0.79
             INCREMENTAL FIT INDEX (IFI) = 0.80
               RELATIVE FIT INDEX (RFI) = 0.66
                     CRITICAL N (CN) = 59
```

V. Grafiken zu LISREL-Analysen

Abbildung 4: LISREL-Analyse Physik-Teilpopulation:
Kontinuierlich-passive Schüler

Lisrelmodell für die kontinuierlich passiven Schüler (N = 100)

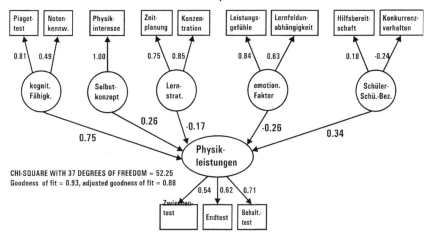

PHI-MATRIX	kognitive Fähigkeiten	Interesse	Lern- strategien	emotionaler Faktor	Schüler- Schü.-Beziehung
kognitive Fähigkeiten	1.00				
Interesse	0.00	1.00			
Lernstrategien	0.39	0.21	1.00		
emotionaler Faktor	0.41	0.30	0.55	1.00	
Schüler-Schü.-Beziehung	0.00	0.00	0.53	0.00	1.00

Abbildung 5: LISRELanalyse Physik-Teilpopulation:
Kontinuierlich-aktive Schüler

Lisrelmodell für die kontinuierlich aktiven Schüler (N = 123)

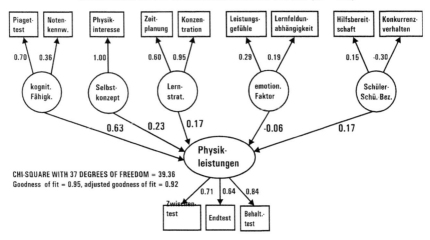

PHI-MATRIX

	kognitive Fähigkeiten	Interesse	Lern-strategien	emotionaler Faktor	Schüler-Schü.-Beziehung
kognitive Fähigkeiten	1.00				
Interesse	0.00	1.00			
Lernstrategien	0.00	0.15	1.00		
emotionaler Faktor	0.00	0.00	0.05	1.00	
Schüler-Schü.-Beziehung	-0.45	0.00	0.00	0.05	1.00

VI.   Ergebnisse zu den Einzelfallstudien

Zu Kapitel 5.3.2 Ergebnisse der Einzelfallstudien und der Interviews

1.1.   Zusammenstellung der Zuordnung der Aussagen zu den Lernstrategieklassen (Paraphrasierungen)
(Frage im Interview: Welche allgemeinen Lernstrategien kennst Du und hast Du angewandt?)

	Kognitive Strategien	
Wiederholungsstrategien	**Elaborationsstrategien**	**Organisationsstrategien**
01 mehrmals lesen	01 sich an Wichtiges (Ähnliches) erinnern	01 Zusammenfassung schreiben
02 lesen	02 sich Inhalt, Wortbild vorstellen	02 Begriffsnetz erstellen (Skizze)
03 auswendiglernen (Vok., Defin., Regeln, Sätze)	03 Beispiele überlegen	03 Wichtiges notieren (Stichworte)
04 Stoff wiederholen, einprägen	04 Gelerntes anwenden, übertragen	04 Wichtiges durch Farbe hervorheben (unterstreichen)
05 wiederholen vor KA	05 Grundkenntnisse, Basiswissen haben	05 Überschriften groß schreiben
06 Beispiele ansehen	06 neues Wissen mit Vorwissen verbinden (Neues eingliedern, Wissen erweitern)	06 Kapitel nummerieren
07 auswendiglernen sinnlos (es fehlt Verständnis, man vergisst alles)	07 Inhalt verstehen (was verstanden, wird nicht vergessen)	07 Kommentare an Rand schreiben
08 abschnittweise wiederholen	08 Fragen zu Text beantworten	08 Referat schreiben
09 Gelerntes sprechen	09 Wichtiges von Nebensächlichem unterscheiden	09 Vokabelkärtchen machen
10 wiederholen sinnlos	10 Gelerntes mit eigenen Erfahrungen verbinden	10 mit Kassettenrecorder lernen
11 anhand Tabelle (Skizze) merken (optische Hilfe)	11 Aufgabenstellung verstehen (wissen, worum es geht)	11 mit Computer lernen
12 Gelerntes schreiben	12 Details lernen	12 Zusammenfassungen sammeln (stapeln)
13 durch Text hören Wichtiges merken	13 beim Lernen Umwege machen (eigene Wege gehen)	13 Stoff gliedern (übersichtlich machen, in Portionen unterteilen)
14 wiederholen nur vor KA	14 vorgelesenen Text hören (zu hören)	14 mit eig. Worten beschreiben, formulieren
15 Wichtiges (Stoff) merken	15 Zusammenhang sehen (Beziehung zu verschiedenen Gebieten erkennen, Gelerntes verbinden)	15 Merkblatt anfertigen (Zettel)
16 sich vorbereiten	16 Wissen logisch aufbauen	16 im Kopf zusammenfassen
17 zuerst verstehen, dann auswendiglernen	17 Begriffe anlegen	17 Text strukturieren (Abschnitte machen)

221

	Kognitive Strategien	
Wiederholungsstrategien	**Elaborationsstrategien**	**Organisationsstrategien**
18 laut lesen	**18** Lösungsweg durchdenken (überlegen)	
19 Interessantes gut zu merken	19 Inhalt durch Zusammenf. (Raster, Schema) verstehen	
	20 Gedankengang des Lehrers folgen (Denkweise nachvollziehen, L. verstehen)	
	21 in Zusammenhängen denken	
	22 Grundkenntnisse fehlen (kein Basiswissen)	
	23 Wissen nicht umsetzen können	
	24 üben (Aufgabe mehmals bearbeiten)	
	25 übersetzen	
	26 Lückentext ausfüllen	
	27 Inhalte vergleichen	
	28 Sinn von Inhalt erkennen	

	Metakognitive Strategien	
Planung	**Überwachung**	**Regulation**
01 zuerst Leichtes (zuerst Einfaches lernen)	01 überlegen, wie man Wissen anwendet	**01** im Buch (Grammatikbuch) nachschlagen
02 schrittweise (in Teilschritten) vorgehen	02 überlegen, wie man neues Wissen erwirbt	02 Buch informiert besser als Heft
03 Plan für Vorgehen (Konzept, roter Faden)	**03** nachdenken, überlegen, ob verstanden	03 keine Hilfsmittel beim Lernen zu Hause
04 automatisiertes Vorgehen	04 lernen, solange Konzentration reicht	04 Unklarheiten beseitigen
05 Lernen unterschiedlich in verschiedenen Fächern	**05** überprüfen, welches Wissen man hat (nachprüfen, ob man es weiß)	05 Hilfsmittel erst bei Problem heranziehen (nicht sofort nachschlagen)
06 nicht planen (kein Konzept)	06 nachprüfen, dass man alles lernt	**06** im Heft (Aufschrieb) nachsehen
07 nur vor KA lernen	07 überlegen, wo Probleme	07 mehrere Informationsquellen nutzen
08 intensiv für KA lernen (spezif., geplantes Lernen)	**08** Aufgaben vergleichen	08 Hilfe holen, wenn man nicht weiterkommt
09 schwierige Aufgaben übergehen	**09** kontrollieren, ob man es kann (Lernvorgang kontrollieren)	09 nachschlagen, um Wissen aufzufrischen
10 Überblick verschaffen	10 überlegen, ob Aufgabe richtig	
11 selbst entscheiden, wie man lernt	11 sich selbst abfragen	
12 Vorgehen wie im Unterricht		
13 erst Wichtiges, dann Unwichtiges lernen		

	Ressourcen - Management	
Lernumgebung	**Hilfe bei anderen**	**gemeinsames Lernen**
01 Hilfsmittel bereitlegen	**01** andere (Mitschüler, Eltern, Lehrer) fragen	**01** anderen Inhalt erklären
02 Ruhe zum Lernen (keine Ablenkung, keine Musik, ruhiges Umfeld)	**02** sich etwas von anderen (Mitschüler, Lehrer, Eltern) erklären lassen	02 mit Mitschülern (Freunden, Eltern, Bruder) lernen
03 nur zu Hause lernen	03 fragen, wenn nicht verstanden (nachfragen)	03 Mitschüler denken ähnlich
04 nur am Schreibtisch lernen	04 Rat der Eltern für Lernen	04 anderen zusehen (nachmachen)
06 im eigenen Zimmer lernen	05 sich leichte Hilfe geben lassen	05 mit anderen absprechen (telefonieren)
07 aufgeräumter Arbeitsplatz (Zimmer)	06 nur gute Schüler fragen	06 mit anderen lernen macht Spaß
08 wenig Licht gut für Konzentration (abends)	07 lieber andere fragen als im Lexikon nachschlagen	07 Thema gemeinsam besprechen, diskutieren, durchdenken, erarbeiten
09 in der Schule lernen	08 lieber Gleichaltrige fragen als Lehrer	08 gern allein lernen
10 Musik hören beim Lernen		09 mit anderen lernen ist zuviel Ablenkung
11 unterwegs lernen (Bus)		10 allein lernen effektiver (besser verstehen)
12 Lernort spielt keine Rolle		11 gegenseitige Hilfe
13 schönes Wetter ungünstig zum Lernen		12 zusammen lernen erst, wenn verstanden
		13 häufig gemeinsam lernen
		14 besser verstehen, wenn man anderen erklärt
		15 neue Anregungen von anderen
		16 nicht mit Erwachsenen lernen können
		17 effektiver mit besserem Mitschüler zu lernen
		18 gegenseitig abfragen

	Ressourcen-Management	
zusätzliche Literatur	**Anstrengung / Konzentration / Einsatz**	**Zeitmanagement**
01 Wissenswertes im Buch finden	01 Spaß, Interesse am Lernen abhängig von Lehrer	01 nur unter Zeitdruck lernen
02 im Wörterbuch (Lexikon) nachschlagen	**02** dem Unterricht folgen (aufpassen, mitschreiben, sich melden)	02 erst kurz vor KA beginnen, zu lernen (1 Tag vorher, Abend davor)
03 nicht gern im Lexikon nachschlagen	03 Spaß am Lernen abhängig vom Fach	03 beim Lernen Pause einlegen (TV, Balkon,10 min)

223

zusätzliche Literatur	Ressourcen-Management	
	Anstrengung / Konzentration / Einsatz	Zeitmanagement
04 Buch in Bücherei ausleihen	04 sich konzentrieren	04 regelmäßig (jeden Tag) wiederholen
05 ergänzende Informationen für KA	05 Hausaufgaben immer erledigen	05 kleine Portionen über längere Zeit lernen
	06 sich selbst durch Stoff durchbeißen (Ehrgeiz, Inhalt selbst zu erarbeiten)	06 rechtzeitig vor KA zu lernen beginnen (2 Wochen vorher)
	07 Spaß am Lernen abhängig von Interesse, Motivation	07 abends lernen (nachts)
	08 sich nicht konzentrieren können (träumen)	08 Lernzeiten selbst bestimmen
	09 sich zum Lernen unter Druck setzen	09 unter Zeitdruck Probleme beim Lernen
	10 für das Leben lernen (längerfristig denken)	10 Abi-Vorbereitung einige Wochen vorher
	11 wenn Sinn sehen, mehr lernen	11 geregelter Tagesablauf (Schule, Essen, HA)
	12 erst lernen, dann Freizeit	12 ausgeschlafen sein vor KA
	13 Aufmerksamkeit abhängig von Sitzplatz in der Klasse	13 Zeitplanung für Lernpensum (jeden Tag 3 Seiten, 2 Seiten pro Tag lernen)
	14 sich vor dem Lernen beruhigen	14 kurz vor Schlafengehen wiederholen
	15 durch die Umgebung zum Lernen angeregt werden	15 lernen, solange Konzentration reicht
	16 aus Interesse leicht, besser, mehr lernen	
	17 durch KA Zwang zum Lernen	
	18 konsequent lernen	
	19 durch selbständiges Arbeiten besser verstehen	

Bedeutung der fettgedruckten Numerierung: Die gleichen Kategoriennummern sind fettgedruckt, so ist ein direkter Vergleich der Lernaktivitäten in Mathematik und in den anderen Fächern (allg. Lernen) möglich.

1.2 Zuordnung der Aussagen aus den Interviews zu den Kategorien des Kieler LernstrategienInventar (KSI) und den Skalen des Fragebogens „Wie lernst Du?" von Lompscher:

aus	Wiederholungs-strategien	Nr.	aus	Kognitive Strategien Elaborations-strategien	Nr.	aus	Organisations-strategien	Nr.
KSI 1	auswendig lernen	1, 9	KSI 2	sich Grundgedanken klarmachen	25	KSI 3	kurze Zusammenf. schreiben (Text)	73
KSI 1	mehrfach aufsagen	27	KSI 2	Neues in bisheriges Wissen einordnen	34	KSI 3	Skizze für wichtige Zusammenhänge	75
KSI 1	so einprägen, um herzusagen	45	KSI 2	sich an ähnliche Zusammenhänge erinnern	37	KSI 3	Zusammenfassung in Skizze, Tabelle	78
KSI 1	wichtige Sachen immer wieder sagen	49	KSI 2	Inhalt mit Erfahrungen verknüpfen	40	KSI 3	Gliederung anfertigen	57
L 1	mehrfach lesen	1	KSI 2	Neues mit Ähnlichem vergleichen	41	KSI 3	beim Lernen Zusammenf. schreiben	63
L 1	möglichst genau wiedergeben	8	KSI 2	Neues mit Bekanntem vergleichen	65, 72	KSI 3	mit eig. Worten Wichtiges wiedergeben	74, 68
L 2	versuchen, sich einzuprägen	7	KSI 2	logische Bezüge aufbauen	55	KSI 3	zur Wiederholung zusammenfassen	51
L 2	möglichst alles behalten	10	KSI 2	Gedanken aus anderem Fach mit Neuem verbinden	58	L 1	unterstreichen	4
L 3	richtige Lösung einprägen	3	KSI 2	Gelerntes auf prakt. Alltag beziehen	59	L 1	mit eigenen Worten Inhalt wiedergeben	9
L 3	mehrmals probieren	1	KSI 2	verschiedene Gedanken und Ideen verbinden	66	L 1	notizen machen (KSI 3.76, 3.52)	5
L 5	mehrmals wiederholen	3	L1, L2	überlegen, was man weiß und was neu	7, 3	L 2	Stichwörter, Fragen notieren	2
L 5	laut sprechen	6	L 1	Beispiel finden (KSI 2.54)	6	L 3	aufschreiben, was gegeben und gesucht	7
L 5	anderen aufsagen	9	L 1	herausfinden, was wichtig ist	2	L 5	ordnen, um leichter zu merken	4
L 5	weiß nicht, wie man sich etwas besser merken kann	1	L 2	überlegen, was wichtig ist	4	L 5	aufschreiben, aufzeichnen	8
			L 2	meine Gedanken mit Vorstellungen anderer vergleichen	8			
			L 3	herausbekommen, worum es geht	6			
			L 5	überlegen, wie Dinge zusammenhängen	5			

				Metakognitive Strategien				
aus	**Planung**	Nr.	aus	**Überwachung**	Nr.	aus	**Regulation**	Nr.
KSI 4	Liste f. Wichtiges machen und lernen	2	KSI 5	sich beobachten, ob bei der Sache	32	KSI 6	nicht verstanden, Suche nach Zusatz-Info	22
KSI 4	klarmachen, was gelernt werden muss	4	KSI 5	kontrollieren, ob verstanden	43	KSI 6	herausfinden, was noch nicht verstanden	24
KSI 4	Stoffaufbau verstehen versuchen	8	KSI 5	aufpassen, ob Wichtiges behalten	44	KSI 6	herausfinden, was genau nicht verstanden	46
KSI 4	Wichtiges zum Lernen heraussuchen	11	KSI 5	Unterrichtsstunde durch Kopf gehen lassen, ob alles verstanden.	50	L 3	überlegen, wo Schwierigkeit	8
KSI 4	klarmachen, wie vorgehen	12	KSI 5	sich zwingen, zu prüfen, ob verstanden	62			
KSI 4	ohne Überlegungen zu Vorgehen anfang.	13	KSI 5	Hauptaussagen von Text überlegen	64			
KSI 4	auflisten, was intensiv gelernt wird	14	KSI 5	beim Lernen, prüfen, ob Stoff verstanden	69			
L 3	überlegen, wie Wissen für Lösung zu nutzen ist	9	L 3	Kontrolle zwischendurch	10			
L 4	vorbereiten, was nötig	8	L 5	Kontrolle, ob man alles kann	7			
L 4	Reihenfolge (leicht-schwer, vice versa)	5	L 5	Wichtiges zur Kontrolle aufschreiben	10			
L 4	mit Fach beginnen, das Spaß macht	4						

				Ressourcen-management				
aus	**Lernumgebung**	Nr.	aus	**Hilfe bei anderen**	Nr.	aus	**Gemeinsames Lernen**	Nr.
	--		L 2	andere fragen	9	L 6	anderen zuhören	9
			L 3	Hilfe bei anderen suchen	3	L 6	Leitung übernehmen	10
						L 6	gegenseitige Kontrolle	8
						L 6	gern mit anderen lernen	7
						L 6	die anderen sind zu schnell	6
						L 6	in Gruppe wenig zu Wort kommen	5
						L 6	Arbeit verteilen	3
						L 6	Lösung gemeinsam überlegen	4
						L 6	Diskussion gut	2
						L 6	allein lernen am besten	1

aus	zusätzliche Literatur	Nr.	aus	Ressourcen-management	Nr.	aus	Zeitmanagement	Nr.
				Anstrengung / Konzentration / Einsatz				
KSI 6	verschiedene Infoquellen benutzen (Schulbuch, Buch, Lexikon)	31	L 2	auf jede Frage selbst eine Antwort finden	6	KSI 7	schwer, einen Zeitplan zu erstellen	19
KSI 6	in anderen Büchern nachschlagen	56	L 2	abschweifende Gedanken haben	5	KSI 7	nur kurz vor Klassenarbeit lernen	3
L 3	im Lehrbuch od. Anderen Stellen nachschlagen	5	L 4	viele Hausaufgaben hintereinander als schwer empfinden	10	KSI 7	Zeitdruck notwendig	16
						L 4	so schnell wie möglich fertig werden	2
						L 4	wenn Zeit, dann HA erledigen	6
						L 4	Zeit gut einteilen	9
						L 4	spät oder gar nicht HA machen	7

227

2. Tabelle der Paraphrasierungen zu den speziell auf Mathematik bezogenen Strategieklassen (aus den Interviews)

	Kognitive Strategien	
Wiederholungsstrategien	**Elaborationsstrategien**	**Organisationsstrategien**
01 mehrmals, genau, nochmals lesen	01 sich an ähnliche Aufgabe (Gelerntes) erinnern (ähnliche Aufgabe kennen)	01 Wichtiges zusammenfassen
02 lesen	02 sich Aufgabe, Zahlen vorstellen	02 Skizze, Zeichnung, Tabelle anfertigen
03 Formel, Regel auswendig lernen	03 Regel, Schema, Rechenschritte wissen	03 Wichtiges notieren
04 Grundformel anhand Beispiel merken	04 Regeln, Schema, Formeln anwenden	04 Wichtiges durch Farbe hervorheben
05 wiederholen vor KA (Regeln, Formeln)	05 mathematische Grundkenntnisse haben	05 ins Heft schreiben
06 Stoff mehrmals bearbeiten, Aufgabe wiederholt rechnen, bearbeiten	06 Aufgabe lösen, rechnen (Lösungsweg, Rechenweg, Wissen anwenden)	06 Regel, Gleichung, Formel aufschreiben
07 Auswendiglernen sinnlos (Aufgabe auswendiglernen sinnlos)	07 auf Wichtiges im Text achten (Angaben herauslesen)	07 Rechnung aufschreiben (schwierige Rechnung notieren)
	08 Angaben in Gleichung umsetzen (Inhalt in Formel einsetzen)	08 Aufgabe mit Fragezeichen versehen
	09 Zahlen überschlagen	09 wenig mit Buch im Unterricht arbeiten
	10 Regel herleiten	10 Problemstelle notieren
	11 Fragestellung verstehen (wissen, worum es geht; wissen, was gefragt ist)	11 Schablone benutzen
	12 Vorgehen verstehen im Unterricht (Formel verstehen, begreifen)	12 Klammern setzen
	13 Aufgabe im Unterricht gerechnet, gemacht, besprochen	13 Aufgabe abschreiben
	14 sich an Regel, Schema, Lösung erinnern	
	15 Zusammenhang finden (mit Vorwissen verknüpfen)	
	16 sich nicht an Aufgabe erinnern	
	17 ohne Vorwissen Aufgabe lösen	
	18 Aufgabe durchdenken (länger nachdenken, logisch denken, überlegen)	
	19 Regel auswendig wissen	
	20 Gedankengang des Lehrers folgen, Herleitung nachvollziehen	
	21 Aufgabe nicht verstehen	
	22 zu wenig Vorwissen haben	
	23 Regel nicht anwenden können	
	24 Übungsaufgaben rechnen	

	(Anwendung) **Kognitive Strategien**	
Wiederholungsstrategien	**Elaborationsstrategien**	**Organisationsstrategien**
	25 Formel lernen	
	26 Gleichung im Kopf umformen	
	27 Aufgabe nicht im Kopf lösen können	

	Metakognitive Strategien	
Planung	**Überwachung**	**Regulation**
01 mit leichten Aufgaben beginnen	01 feststellen, dass Aufgabe nicht verstanden	01 im Buch nachschlagen
02 schrittweise vorgehen (Schritte durchführen, in log. Reihenfolge vorgehen)	02 nachrechnen	02 bei falschem Ansatz nochmals beginnen
03 Vorgehen überlegen, Plan für Vorgehen	03 Grundsinn verstehen wichtig	03 Lösungsweg nicht nachsehen
04 automatisierter Ablauf (Routine, sich Rechenvorgang, Schema angewöhnen)	04 Zeichnung zur Kontrolle anfertigen	04 durch schnelles Vorgehen Fehler machen
05 zwischen leichten und schweren Aufgaben differenzieren	05 überprüfen, ob eigenes Wissen reicht	05 Problem gesondert rechnen (außerhalb der Aufgabe)
06 kein Konzept anwenden	06 überprüfen, ob Angaben richtig notiert	06 im Heft nachsehen
07 probieren (gefühlsmäßig Aufgabe lösen, herumrechnen, auf gut Glück rechnen)	07 schrittweise überprüfen	07 wissen, wo man nachschlagen kann
08 Einfall, Idee haben	08 Formel, Rechnung vergleichen (vergewissern, dass richtige Formel benutzt)	08 ähnliche Aufgabe hinzuziehen
09 verschiedene Verfahren anwenden	09 Rechnung mit Probe kontrollieren	09 Fehler in Klassenarbeit machen
10 Ergebnisse erraten		
11 Vorgehen ohne Vorwissen unklar		

Lernumgebung	Ressourcen - Management Hilfe bei anderen	gemeinsames Lernen
01 Hilfsmittel bereitlegen (auf Tisch legen)	01 andere (Mitschüler, Eltern) fragen	01 anderen etwas erklären
	02 sich etwas von anderen (Mitschüler, Lehrer, Eltern) erklären lassen	
	03 Nachhilfe erhalten	
	04 von anderen abschreiben	

zusätzliche Literatur	Ressourcen - Management Anstrengung / Konzentration / Einsatz	Zeitmanagement
01 allgemeine Erklärungen helfen	01 versuchen, Aufgabe allein zu lösen	--
02 in Formelsammlung nachschlagen	02 im Unterricht aufpassen	
03 in alten Heften nachsehen	03 Gefühl, sich beeilen zu müssen (Druck)	
	04 aufgeben, falls nicht erfolgreich	
	05 schwierige Aufgaben machen Spaß	
	06 sich in Aufgabe vertiefen („reinbeißen")	
	07 eigene Fehler sehen wollen	
	08 sich nicht konzentrieren können	
	09 nur für Schule lernen (Mathematik)	

Zuordnung der Aussagen in den Interviews zu den Kategorien aus dem Kieler Lernstrategien - Inventar (KSI 1-7) und dem Fragebogen „Wie lernst Du?" (L 1-5) von Lompscher:

				Kognitive Strategien				
aus	Wiederholungs-strategien	Nr.	aus	Elaborations-strategien	Nr.	aus	Organisations-strategien	Nr.
KS I 1	auswendig lernen	1, 9	KS I 2	sich Grundgedanken klarmachen	25	KS I 3	kurze Zusammenfas-sung schreiben (Text)	73
KS I 1	mehrfach aufsagen	27	KS I 2	Neues in bisheriges Wissen einordnen	34	KS I 3	Skizze für wichtige Zusammenhänge	75
KS I 1	so einprägen, um herzusagen	45	KS I 2	sich an ähnliche Zu-sammen-hänge erin-nern	37	KS I 3	Zusammenfassung in Skizze, Tabelle	78
KS I 1	wichtige Sachen im-mer wieder sagen	49	KS I 2	Inhalt mit Erfahrun-gen verknüpfen	40	KS I 3	Gliederung anferti-gen	57
L 1	mehrfach lesen	1	KS I 2	Neues mit Ähnlichem vergleichen	41	KS I 3	beim Lernen Zu-sammen-fassung schreiben	63
L 1	möglichst genau wie-dergeben	8	KS I 2	Neues mit Bekann-tem vergleichen	65, 72	KS I 3	mit eigenen Worten Wichti-ges wieder-geben	74, 68
L 2	sich einzuprägen versuchen	7	KS I 2	logische Bezüge auf-bauen	55	KS I 3	zur Wiederholung zusammen-fassen	51
L 2	möglichst alles behal-ten	10	KS I 2	Gedanken aus ande-ren Fach mit Neuem verbinden	58	L 1	unterstreichen	4
L 3	richtige Lösung ein-prägen	3	KS I 2	Gelerntes auf prakt. Alltag beziehen	59	L 1	mit eigenen Worten Inhalt wiedergeben	9
L 3	mehrmals probieren	1	KS I 2	verschiedene Gedan-ken und Ideen ver-binden	66	L 1	Notizen machen (KSI 3.76, 3.52)	5
L 5	mehrmals wiederho-len	3	L1, L2	überlegen, was man weiß und was neu ist	7, 3	L 2	Stichwörter, Fragen notieren	2
L 5	laut sprechen	6	L 1	Beispiel finden (KSI 2.54)	6	L 3	aufschreiben, was gegeben und gesucht	7
L 5	anderen aufsagen	9	L 1	herausfinden, was wichtig ist	2	L 5	ordnen, um leichter zu merken	4
L 5	weiß nicht, wie man sich etwas besser merken kann	1	L 2	überlegen, was wich-tig ist	4	L 5	aufschreiben, aufzeichnen	8
			L 2	meine Gedanken mit Vorstellungen ande-rer vergleichen	8			
			L 3	herausbekommen, worum es geht	6			
			L 5	überlegen, wie Dinge zusammenhängen	5			

aus	**Planung**	Nr.	aus	**Überwachung**	Nr.	aus	**Regulation**	Nr.
				Metakognitive Strategien				
KSI 4	Liste für Wichtiges machen und lernen	2	KSI 5	sich beobachten, ob bei der Sache	32	KSI 6	nicht verstanden, Suche nach Zusatz-Info	22
KSI 4	klarmachen, was gelernt werden muss	4	KSI 5	kontrollieren, ob verstanden	43	KSI 6	herausfinden, was noch nicht verstanden	24
KSI 4	Stoffaufbau zu verstehen versuchen	8	KSI 5	aufpassen, ob Wichtiges behalten	44	KSI 6	herausfinden, was genau nicht verstanden	46
KSI 4	Wichtiges für Lernen heraussuchen	11	KSI 5	Unterrichtsst. durch Kopf, ob verstand.	50	L 3	überlegen, wo Schwierigkeit	8
KSI 4	klarmachen, wie man vorgeht	12	KSI 5	sich zwingen, zu prüfen, ob verstanden	62			
KSI 4	ohne Überlegungen zu Vorgehen anfangen	13	KSI 5	Hauptaussagen von Text überlegen	64			
KSI 4	auflisten, was intensiv gelernt wird	14	KSI 5	beim Lernen prüfen, ob Stoff verstanden	69			
L 3	überlegen, wie man Wissen für Lösung nutzen kann	9	L 3	Kontrolle zwischendurch	10			
L 4	vorbereiten, was nötig ist	8	L 5	Kontrolle, ob man alles kann	7			
L 4	Reihenfolge (leicht-schwer, vice versa)	5	L 5	Wichtiges zur Kontrolle aufschreiben	10			
L 4	mit Fach beginnen, das Spaß macht	4						

aus	**Lernumgebung**	Nr.	aus	**Hilfe bei anderen**	Nr.	aus	**Gemeinsames Lernen**	Nr.
				Ressourcen-management				
	--		L 2	andere fragen	9	L 6	anderen zuhören	9
			L 3	Hilfe bei anderen	3	L 6	Leitung übernehmen	10
						L 6	gegenseitige Kontrolle	8
						L 6	gern mit anderen lernen	7
						L 6	die anderen sind zu schnell	6
						L 6	in Gruppe wenig zu Wort kommen	5
						L 6	Arbeit verteilen	3
						L 6	Lösung gemeinsam überlegen	4
						L 6	Diskussion gut	2
						L 6	allein lernen am besten	1

aus	Zusätzliche Literatur	Nr.	aus	Ressourcen-management Anstrengung / Konzentration / Einsatz	Nr.	aus	Zeitmanagement	Nr.
KSI 6	verschiedene Infoquel-len benutzen (Schulbuch, Buch, Lexikon)	31	L 2	auf jede Frage selbst eine Antwort finden	6	KSI 7	schwer, einen Zeitplan zu erstellen	19
KSI 6	in anderen Büchern nachschlagen	56	L 2	abschweifende Gedan-ken haben	5	KSI 7	nur kurz vor Klassenar-beit lernen	3
L 3	im Lehrbuch oder an-deren Stellen nach-schlagen	5	L 4	viele Hausaufgaben hinter-einander erledi-gen, ist schwer	10	KSI 7	Zeitdruck notwendig	16
						L 4	so schnell wie möglich fertig werden	2
						L 4	wenn Zeit, dann Hau-saufga-ben erledigen	6
						L 4	Zeit gut einteilen	9
						L 4	spät oder gar nicht Hausauf-gaben machen	7

233

Zu 5.3.2 Darstellung der Ergebnisse der Einzelfallstudien und Interviews

2. **Tabelle mit den Zuordnungen der auf Mathematik bezogenen strategierelevanten Aussagen (aus den Interviews zur Frage: Wie lernst Du in Mathematik?)**

	Kognitive Strategien	
Wiederholungsstrategien	**Elaborationsstrategien**	**Organisationsstrategien**
01 mehrmals, genau, nochmals lesen	01 sich an ähnliche Aufgabe (Gelerntes) erinnern (ähnliche Aufgabe kennen)	01 Wichtiges zusammenfassen
02 lesen	02 sich Aufgabe, Zahlen vorstellen	02 Skizze, Zeichnung, Tabelle anfertigen
03 Formel, Regel auswendiglernen	03 Regel, Schema, Rechenschritte wissen	03 Wichtiges notieren
04 Grundformel anhand Beispiel merken	04 Regeln, Schema, Formeln anwenden	04 Wichtiges durch Farbe hervorheben
05 wiederholen vor KA (Regeln, Formeln)	05 mathematische Grundkenntnisse haben	05 ins Heft schreiben
06 Stoff mehrmals bearbeiten, Aufgabe wiederholt rechnen, bearbeiten	06 Aufgabe lösen, rechnen (Lösungsweg, Rechenweg, Wissen anwenden)	06 Regel, Gleichung, Formel aufschreiben
07 Auswendiglernen sinnlos (Aufgabe auswendiglernen sinnlos)	07 auf Wichtiges im Text achten (Angaben herauslesen)	07 Rechnung aufschreiben (schwierige Rechnung notieren)
	08 Angaben in Gleichung umsetzen (Inhalt in Formel einsetzen)	08 Aufgabe mit Fragezeichen versehen
	09 Zahlen überschlagen	09 wenig mit Buch im Unterricht arbeiten
	10 Regel herleiten	10 Problemstelle notieren
	11 Fragestellung verstehen (wissen, worum es geht; wissen, was gefragt ist)	11 Schablone benutzen
	12 Vorgehen verstehen im Unterricht (Formel verstehen, begreifen)	12 Klammern setzen
	13 Aufgabe im Unterricht gerechnet, gemacht, besprochen	13 Aufgabe abschreiben
	14 sich an Regel, Schema, Lösung erinnern	
	15 Zusammenhang finden (mit Vorwissen verknüpfen)	
	16 sich nicht an Aufgabe erinnern	
	17 ohne Vorwissen Aufgabe lösen	
	18 Aufgabe durchdenken (länger nachdenken, logisch denken, überlegen)	
	19 Regel auswendig wissen	

	Kognitive Strategien	
Wiederholungsstrategien	**Elaborationsstrategien**	**Organisationsstrategien**
	20 Gedankengang des Lehrers folgen, Herleitung nachvollziehen	
	21 Aufgabe nicht verstehen	
	22 zu wenig Vorwissen haben	
	23 Regel nicht anwenden können	
	24 Übungsaufgaben rechnen (Anwendung)	
	25 Formel lernen	
	26 Gleichung im Kopf umformen	
	27 Aufgabe nicht im Kopf lösen können	

	Metakognitive Strategien	
Planung	**Überwachung**	**Regulation**
01 mit leichten Aufgaben beginnen	01 feststellen, dass Aufgabe nicht verstanden	01 im Buch nachschlagen
02 schrittweise vorgehen (Schritte durchführen, in log. Reihenfolge vorgehen)	02 nachrechnen	02 bei falschem Ansatz nochmals beginnen
03 Vorgehen überlegen, Plan für Vorgehen	03 Grundsinn verstehen wichtig	03 Lösungsweg nicht nachsehen
04 automatisierter Ablauf (Routine, sich Rechenvorgang, Schema angewöhnen)	04 Zeichnung zur Kontrolle anfertigen	04 durch schnelles Vorgehen Fehler machen
05 zwischen leichten und schweren Aufgaben differenzieren	05 überprüfen, ob eigenes Wissen reicht	05 Problem gesondert rechnen (außerhalb der Aufgabe)
06 kein Konzept anwenden	06 überprüfen, ob Angaben richtig notiert	06 im Heft nachsehen
07 probieren (gefühlsmäßig Aufgabe lösen, herumrechnen, auf gut Glück rechnen)	07 schrittweise überprüfen	07 wissen, wo man nachschlagen kann
08 Einfall, Idee haben	08 Formel, Rechnung vergleichen (vergewissern, dass richtige Formel benutzt)	08 ähnliche Aufgabe hinzuziehen
09 verschiedene Verfahren anwenden	09 Rechnung mit Probe kontrollieren	09 Fehler in Klassenarbeit machen
10 Ergebnisse erraten		
11 Vorgehen ohne Vorwissen unklar		

235

	Ressourcen - Management	
Lernumgebung	**Hilfe bei anderen**	**gemeinsames Lernen**
01 Hilfsmittel bereitlegen (auf Tisch legen)	01 andere (Mitschüler, Eltern) fragen	01 anderen etwas erklären
	02 sich etwas von anderen (Mitschüler, Lehrer, Eltern) erklären lassen	
	03 Nachhilfe erhalten	
	04 von anderen abschreiben	

zusätzliche Literatur	**Anstrengung / Konzentration / Einsatz**	**Zeitmanagement**
01 allgemeine Erklärungen helfen	01 versuchen, Aufgabe allein zu lösen	--
02 in Formelsammlung nachschlagen	02 im Unterricht aufpassen	
03 in alten Heften nachsehen	03 Gefühl, sich beeilen zu müssen (Druck)	
	04 aufgeben, falls nicht erfolgreich	
	05 schwierige Aufgaben machen Spaß	
	06 sich in Aufgabe vertiefen (reinbeißen)	
	07 eigene Fehler sehen wollen	
	08 sich nicht konzentrieren können	
	09 nur für Schule lernen (Mathematik)	

Zuordnung der strategierelevanten Aussagen aus den Interviews zu den Skalen aus dem
Kieler Lernstrategien - Inventar (KSI 1-7) und dem LOMPSCHER-Fragebogen „Wie lernst Du?" (L 1-5):

				Kognitive Strategien				
aus	Wiederholungsstrategien	Nr.	aus	Elaborationsstrategien	Nr.	aus	Organisationsstrategien	Nr.
KSI 1	auswendig lernen	1, 9	KSI 2	sich Grundgedanken klarmachen	25	KSI 3	kurze Zusammenfassung schreiben (Text)	73
KSI 1	mehrfach aufsagen	27	KSI 2	Neues in bisheriges Wissen einordnen	34	KSI 3	Skizze für wichtige Zusammenhänge	75
KSI 1	so einprägen, um herzusagen	45	KSI 2	sich an ähnliche Zusammenhänge erinnern	37	KSI 3	Zusammenfassung in Skizze, Tabelle	78
KSI 1	wichtige Sachen immer wieder sagen	49	KSI 2	Inhalt mit Erfahrungen verknüpfen	40	KSI 3	Gliederung anfertigen	57
L 1	mehrfach lesen	1	KSI 2	Neues mit Ähnlichem vergleichen	41	KSI 3	beim Lernen Zusammenfas-sung schreiben	63
L 1	möglichst genau wiedergeben	8	KSI 2	Neues mit Bekanntem vergleichen	65, 72	KSI 3	mit eigenen Worten Wichti-ges wiedergeben	74, 68
L 2	versuchen, sich einzuprägen	7	KSI 2	logische Bezüge aufbauen	55	KSI 3	zur Wiederholung zusammenfassen	51
L 2	möglichst alles behalten	10	KSI 2	Gedanken aus anderen Fä-chern mit Neuem verbinden	58	L 1	unterstreichen	4
L 3	richtige Lösung einprägen	3	KSI 2	Gelerntes auf prakt. Alltag beziehen	59	L 1	mit eigenen Worten Inhalt wiedergeben	9
L 3	mehrmals probieren	1	KSI 2	verschiedene Gedanken und Ideen verbalisieren	66	L 1	Notizen machen (KSI 3.76, 3.52)	5
L 5	mehrmals wiederholen	3	L1, L2	überlegen, was man weiß und was neu ist	7, 3	L 2	Stichwörter, Fragen notieren	2
L 5	laut sprechen	6	L 1	Beispiel finden (KSI 2.54)	6	L 3	aufschreiben, was ge-geben und gesucht	7
L 5	anderen aufsagen	9	L 1	herausfinden, was wichtig ist	2	L 5	ordnen, um leichter zu merken	4
L 5	weiß nicht, wie man sich etwas besser merken kann	1	L 2	überlegen, was wichtig ist	4	L 5	aufschreiben, aufzeichnen	8
			L 2	meine Gedanken mit Vorstellungen anderer vergleichen	8			
			L 3	herausbekommen, worum es geht	6			
			L 5	überlegen, wie Dinge zusammenhängen	5			

237

aus	**Planung**	Nr.	aus	**Überwachung**	Nr.	aus	**Regulation**	Nr.
				Metakognitive Strategien				
KSI 4	Liste f. Wichtiges machen und lernen	2	KSI 5	sich beobachten, ob bei der Sache	32	KSI 6	nicht verstanden, Suche nach Zusammenfassung, Info.	22
KSI 4	klarmachen, was gelernt werden muss	4	KSI 5	kontrollieren, ob verstanden	43	KSI 6	herausfinden, was noch nicht verstanden	24
KSI 4	Stoffaufbau zu verstehen versuchen	8	KSI 5	aufpassen, ob Wichtiges behalten	44	KSI 6	herausfinden, was genau nicht verstanden	46
KSI 4	Wichtiges für Lernen heraussuchen	11	KSI 5	Unterrichtsstunde durch den Kopf gehen lassen, ob alles verstanden wurde	50	L 3	überlegen, wo es Schwie-rigkeiten gibt	8
KSI 4	klarmachen, wie vorgehen	12	KSI 5	sich zwingen, zu prüfen, ob verstanden	62			
KSI 4	ohne Überlegungen zu Vorgehen anfangen	13	KSI 5	Hauptaussagen von Text überlegen	64			
KSI 4	auflisten, was intensiv gelernt wird	14	KSI 5	beim Lernen, prüfen, ob verstanden	69			
L 3	überlegen, wie Wissen für Lösung zu nutzen ist	9	L 3	Kontrolle zwischendurch	10			
L 4	vorbereiten, was nötig	8	L 5	Kontrolle, ob man alles kann	7			
L 4	Reihenfolge (leichtschwer, vice versa)	5	L 5	Wichtiges zur Kontrolle aufschreiben	10			
L 4	mit Fach beginnen, das Spaß macht	4						

aus	**Lernumgebung**	Nr.	aus	**Hilfe bei anderen**	Nr.	aus	**Gemeinsames Lernen**	Nr.
				Ressourcen-management				
	--		L 2	andere fragen	9	L 6	anderen zuhören	9
			L 3	Hilfe bei anderen	3	L 6	Leitung übernehmen	10
						L 6	gegenseitige Kontrolle	8
						L 6	gern mit anderen lernen	7
						L 6	die anderen sind zu schnell	6
						L 6	in Gruppe wenig zu Wort kommen	5
						L 6	Arbeit verteilen	3
						L 6	Lösung gemeinsam überlegen	4
						L 6	Diskussion gut	2
						L 6	allein lernen am besten	1

aus	zusätzliche Literatur	Nr.	aus	Ressourcen-management Anstrengung / Konzent-ration / Einsatz	Nr.	aus	Zeitmanagement	Nr.
KSI 6	verschiedene Infoquellen benutzen (Schulbuch, Buch, Lexikon)	31	L 2	auf jede Frage selbst eine Antwort finden	6	KSI 7	schwer, einen Zeitplan zu erstellen	19
KSI 6	in anderen Büchern nachschlagen	56	L 2	abschweifende Gedanken haben	5	KSI 7	nur kurz vor Klassenarbeit lernen	3
L 3	im Lehrbuch oder anderen Stellen nachschlagen	5	L 4	viel Hausaufg. hintereinander schwer	10	KSI 7	Zeitdruck notwendig	16
						L 4	so schnell wie möglich fertig werden	2
						L 4	wenn Zeit, dann Hausaufga-ben erledigen	6
						L 4	Zeit gut einteilen	9
						L 4	spät oder gar nicht Hausauf-gaben machen	7

239

Ergebnisse der Einzelauswertung der Interviews:

Teil 1: Lernen in Mathematik (Wie lernst Du in Mathematik?)

W = Wiederholungsstrategien, E = Elaborationsstrategien, O = Organisationsstrategien, P = Planung, Ü = Überwachung, R = Regulation
L = Lernumgebung, H = Hilfe bei anderen, gL = gemeinsames Lernen, Lit. = zusätzliche Literatur, A = Anstrengung, Z = Zeitmanagement

Schüler	W1	W2	W3	E1	E2	E3	E4	O1	O2	O3	P1	P2	P3	P4	Ü1	Ü2	Ü3	R1	R2	R3	L	H	gL	Lit.	A	Z
Simone	02	01	–	–	–	–	–	09	–	–	02	03	04	01	–	–	–	–	–	–	01	–	–	–	–	–
Steffen	02	–	–	21	20	01	24	–	–	–	01	–	–	–	–	–	–	08	02	01	–	–	–	–	02	–
Oliver	03	06	01	02	11	03	05	02	03	04	02	–	–	–	02	–	–	–	–	–	–	–	–	–	02	–
Diana	03	–	–	10	20	12	13	05	06	07	03	05	–	–	02	04	–	–	–	–	01	–	02	–	–	–
Marcel	–	–	–	13	12	02	–	–	–	–	05	04	06	–	–	–	–	–	–	–	–	–	–	–	–	–
Melek	–	–	–	20	02	05	06	02	03	–	07	–	–	–	05	–	03	–	–	–	–	–	–	–	–	06
Corinna M.	–	–	–	20	01	–	–	08	–	–	–	–	–	–	–	–	–	–	–	–	–	–	–	–	–	–
Philipp	04	–	–	20	01	–	–	–	–	–	–	–	–	–	–	–	–	–	–	–	–	–	–	–	–	–
Corinna	05	02	–	05	01	15	11	06	03	–	–	–	–	–	06	–	–	–	–	–	–	–	–	–	–	–
Julia	–	–	–	03	22	–	–	02	–	–	08	09	–	–	–	–	–	–	–	–	–	–	–	–	–	–
Verena	–	–	–	16	14	20	–	03	–	–	10	07	–	–	–	–	–	–	–	–	–	–	–	–	08	–
Nora	02	–	–	20	07	03	01	06	–	–	02	12	–	–	–	–	–	–	–	–	–	–	–	02	–	–
Jeanette	–	–	–	20	11	–	–	–	–	–	09	–	–	–	–	–	–	–	–	–	–	–	–	–	–	–
Simone	05	–	–	20	13	16	–	–	–	–	–	–	–	–	09	02	–	–	–	–	–	–	–	03	03	–
Cornelia	–	–	–	18	02	–	–	–	–	–	–	–	–	–	–	–	–	–	–	–	–	–	–	–	–	–
Katharina	–	–	–	14	19	02	–	02	07	–	–	–	–	–	–	–	–	–	–	–	–	–	–	04	–	–
Stephan	02	–	–	20	13	04	24	03	–	–	04	–	–	–	–	–	–	–	–	–	–	–	–	–	–	–

Schüler-In	W1	W2	W3	E1	E2	E3	E4	O1	O2	O3	P1	P2	P3	P4	Ü1	Ü2	Ü3	R1	R2	R3	L	H	gL	Lit.	A	Z
Lukas	03	05	–	18	05	24	08	–	–	–	04	–	–	–	–	–	–	–	–	–	–	–	–	–	–	–
Larissa	–	–	–	20	01	02	–	01	–	–	–	–	–	–	–	–	–	–	–	–	–	02	01	–	–	–
Sarah	05	–	–	24	–	–	–	–	–	–	04	–	–	–	–	–	–	–	–	–	–	–	–	–	–	–
Sandra	07	–	–	20	14	08	18	06	–	–	04	07	–	–	–	–	–	06	07	–	–	01	–	02	04	–
Stefa-nie	01	–	–	20	03	04	11	–	–	–	04	–	–	–	–	–	–	–	–	–	–	–	–	–	–	–
Ute	03	–	–	01	07	24	–	03	02	–	07	–	–	–	–	–	–	–	–	–	–	02	01	–	09	–
Ale-xan-der	01	07	–	17	03	18	05	02	13	–	07	11	03	–	–	–	–	–	–	–	–	–	01	02	–	–
Feride	01	–	–	20	05	02	08	12	–	–	07	–	–	–	08	–	–	09	01	–	01	–	–	–	04	–
Walde-mar	01	–	–	05	02	07	18	06	02	–	02	–	–	–	–	–	–	–	–	–	–	–	–	–	–	–
Dajana	06	03	–	03	13	06	18	10	11	02	08	–	–	–	07	08	–	02	04	05	–	02	–	–	–	–

Ergebnisse der Einzelauswertung der Interviews:
Teil 2: Lernen in anderen Schulfächern (Wie lernst Du in anderen Fächern?)

Schüler/In	W1	W2	W3	W4	E1	E2	E3	E4	E5	O1	O2	O3	P1	P2	Ü1	Ü2	R1	R2	L1	L2	H	gL1	gL2	gL3	Lit.	A1	A2	A3	Z1	Z2
Simone	02	03	04	09	05	06	07	04	–	09	13	–	01	05	–	–	–	–	02	06	01	–	–	–	01	02	04	16	–	–
Steffen	02	04	–	–	03	20	04	21	11	09	10	11	08	01	03	–	06	02	02	12	01	03	07	–	01	02	05	11	–	–
Oliver	12	07	09	15	03	07	11	15	28	03	14	–	05	–	–	–	–	–	–	–	01	–	–	–	–	01	–	–	–	–
Diana	01	02	03	04	06	11	18	–	–	01	03	04	07	–	09	–	06	08	04	07	04	–	–	–	–	16	10	05	–	–
Marcel	07	08	–	–	13	04	28	11	24	01	03	13	06	04	05	–	04	–	03	02	–	07	05	14	–	–	–	–	01	02
Melek	03	–	–	–	22	–	–	–	–	–	–	–	08	–	–	–	–	–	–	–	05	–	–	–	–	07	06	10	–	–
Corinna M.	01	02	03	04	–	–	–	–	–	03	–	–	01	–	–	–	–	–	02	–	01	02	06	07	04	01	16	–	–	–
Philipp	15	03	–	–	14	–	–	–	–	03	–	–	08	03	–	–	–	–	02	–	–	04	08	10	09	05	01	09	–	–
Corinna	04	15	–	–	–	–	–	–	–	–	–	–	–	–	–	–	–	–	–	–	–	02	02	11	–	02	05	02	03	–
Julia	03	07	–	–	04	07	23	15	–	–	–	–	–	–	–	–	06	–	–	–	–	10	12	–	–	07	–	–	–	–
Verena	01	18	09	12	12	24	05	10	28	16	01	10	11	–	–	–	–	–	–	–	–	–	–	–	–	16	06	07	05	–
Nora	01	07	15	04	01	09	06	14	–	03	16	10	–	–	–	–	06	05	02	–	–	09	–	–	–	02	12	16	08	03
Jeanette	–	–	–	–	08	–	–	–	–	04	03	–	09	–	–	–	–	–	–	–	01	13	03	–	02	–	–	–	04	–
Simone L.	04	02	13	15	09	–	–	–	–	04	15	–	08	09	–	–	–	–	–	–	01	06	–	–	–	15	07	15	02	06
Cornelia	02	01	–	–	09	–	–	–	–	16	–	–	08	–	–	–	–	–	–	–	–	–	–	–	–	02	05	–	–	–
Katharina	02	15	09	–	18	20	08	06	–	04	03	–	01	–	–	–	–	–	–	–	–	01	07	–	–	01	04	–	–	–
Stephan	01	03	11	–	16	19	–	–	–	02	01	–	10	–	09	–	–	–	08	04	–	16	–	–	–	02	–	–	–	08

Schüler/In	W1	W2	W3	W4	E1	E2	E3	E4	E5	O1	O2	O3	P1	P2	Ü1	Ü2	R1	R2	L1	L2	H	gL1	gL2	gL3	Lit.	A1	A2	A3	Z1	Z2
Lukas	04	15	03	14	19	21	25	-	-	17	02	13	05	10	11	-	01	-	12	09	-	09	06	11	-	02	-	-	02	-
Larissa	03	-	-	-	06	03	02	-	-	15	-	-	-	-	-	-	-	-	-	-	-	01	-	-	02	-	-	-	-	-
Sarah	02	03	-	-	18	-	-	-	-	03	04	-	04	-	-	-	-	-	-	-	-	-	-	-	02	06	-	-	-	-
Sandra	03	04	07	18	20	04	03	24	27	02	03	-	05	07	06	-	06	-	02	07	03	02	10	-	-	04	05	07	03	09
Stefanie	12	02	06	04	01	26	-	-	-	09	07	04	-	-	09	-	06	-	02	07	01	-	-	-	03	07	05	13	04	-
Ute	03	01	04	-	18	20	05	-	-	03	13	14	-	-	03	-	01	08	-	-	01	08	07	-	10	-	-	-	-	-
Alexander	10	02	09	-	11	02	18	04	06	02	04	03	12	03	03	-	05	-	03	02	01	14	13	17	-	06	10	-	02	13
Feride	02	04	09	12	05	-	-	-	-	10	03	08	05	08	08	-	09	-	01	11	01	-	11	10	-	01	15	-	-	-
Waldemar	04	01	17	-	06	13	11	-	-	17	-	-	13	-	03	-	07	-	-	-	09	07	-	-	07	02	-	-	-	14	07
Dajana	02	03	14	16	28	01	-	-	-	03	-	-	-	-	09	10	01	07	02	-	-	07	-	-	04	04	07	15	03	-

Zu 5.3.2 Ergebnisse aus den Einzelfallstudien und Interviews

Tabellarischer Vergleich der Strategien aus dem Fragebogen von Lompscher mit den Aussagen im Interview bei ausgewählten SchülerInnen:

1. **Schüler(innen) mit niedrigen Sum-Werten (möglicher Höchst-Sum-Wert: 240)** Schülerin A mit Sum-Wert im Lompscher-Fragebogen :**143**
   Nennungen insgesamt im Interview: allgemeines Lernen N=14, Mathe N=3

Einzelne Antworten aus dem Fragebogen LOMPSCHER	Aussagen aus dem Interview (Lernen allgemein)	Aussagen aus dem Interview (Mathematik)
Wiederholungsstrategien 1,1 weitgehend 3,1 kaum 5,1 kaum 5,3 weitgehend 5,6 kaum 5,9 weitgehend	Wiederholungsstrategien 1 2 3 4	Wiederholungsstrategien
Elaborationsstrategien 1,3 kaum 1,6 kaum 1,7 kaum 2,4 weitgehend 2,8 kaum 3,6 weitgehend 3,9 kaum 5,5 kaum	Elaborationsstrategien	Elaborationsstrategien 1 20
Organisationsstrategien 1,4 weitgehend 1,5 weitgehend 1,9 weitgehend 3,7 kaum 5,4 kaum 5,8 kaum	Organisationsstrategien 3	Organisationsstrategien 8
Planung 4,2 weitgehend 4,3 kaum 4,5 nicht 4,8 nicht	Planung 1	Planung

Einzelne Antworten aus dem Fragebogen LOMPSCHER	Aussagen aus dem Interview (Lernen allgemein)	Aussagen aus dem Interview (Mathematik)
Überwachung 3,10 völlig 5,7 kaum 5,10 weitgehend	Überwachung	Überwachung
Regulation 3,8 kaum	Regulation	Regulation
Lernumgebung --	Lernumgebung 2	Lernumgebung
Hilfe bei anderen 2,9 nicht 3,3 völlig	Hilfe bei anderen 1	Hilfe bei anderen
gemeinsames Lernen 6,1 nicht 6,2 völlig 6,3 weitgehend 6,4 weitgehend 6,5 kaum 6,6 kaum 6,7 völlig 6,8 weitgehend 6,9 völlig 6,10 kaum	gemeinsames Lernen 2 6 7	gemeinsames Lernen
zusätzliche Literatur 1,8 kaum 3,5 kaum	zusätzliche Literatur	zusätzliche Literatur
Anstrengung 2,5 weitgehend 2,6 weitgehend 4,7 weitgehend 4,10 weitgehend	Anstrengung 1 4 16	Anstrengung
Zeit 4,6 weitgehend 4,9 nicht	Zeit	Zeit

Zu Kapitel 5.3.2 Ergebnisse aus den Einzelfallstudien und Interviews

2. **Schülerin B** mit Sum-Wert im Lompscher-Fragebogen: **151** (niedrig)
   Nennungen insgesamt im Interview: allgemeines Lernen: N=21, Mathe N=9

Einzelne Antworten aus dem Fragebogen LOMPSCHER	Aussagen aus dem Interview (Lernen allgemein)	Aussagen aus dem Interview (Mathematik)
Wiederholungsstrategien	Wiederholungsstrategien	Wiederholungsstrategien
1,1 kaum	1	2
3,1 kaum	4	
5,1 weitgehend	7	
5,3 weitgehend	15	
5,6 nicht		
5,9 kaum		
Elaborationsstrategien	Elaborationsstrategien	Elaborationsstrategien
1,3 nicht	1	1
1,6 nicht	6	3
1,7 kaum	9	7
2,4 weitgehend	14	20
2,8 weitgehend		
3,6 völlig		
3,9 völlig		
5,5 kaum		
Organisationsstrategien	Organisationsstrategien	Organisationsstrategien
1,4 nicht	3	6
1,5 nicht	16	
1,9 völlig		
3,7 weitgehend		
5,4 kaum		
5,8 weitgehend		
Planung	Planung	Planung
4,2 völlig	10	2
4,3 kaum		12
4,5 kaum		
4,8 nicht		

Einzelne Antworten aus dem Fragebogen LOMPSCHER	Aussagen aus dem Interview (Lernen allgemein)	Aussagen aus dem Interview (Mathematik)
Überwachung 3,10 kaum 5,7 weitgehend 5,10 nicht	Überwachung	Überwachung
Regulation 3,8 weitgehend	Regulation 2 5 6	Regulation
Lernumgebung	Lernumgebung	Lernumgebung
Hilfe bei anderen 2,9 weitgehend 3,3 weitgehend	Hilfe bei anderen	Hilfe bei anderen 2
gemeinsames Lernen 6,1 weitgehend 6,2 weitgehend 6,3 völlig 6,4 weitgehend 6,5 kaum 6,6 nicht 6,7 kaum 6,8 nicht 6,9 kaum 6,10 nicht	gemeinsames Lernen 9	gemeinsames Lernen
zusätzliche Literatur 1,8 nicht 3,5 weitgehend	zusätzliche Literatur 2	zusätzliche Literatur
Anstrengung 2,5 kaum 2,6 völlig 4,7 nicht 4,10 nicht	Anstrengung 8 12 16	Anstrengung
Zeit 4,6 weitgehend 4,9 nicht	Zeit 3 6	Zeit

Zu 5.3.2 Ergebnisse aus den Einzelfallstudien und Interviews

2. Schüler mit hohen SUM_Werten im LOMPSCHER- Fragebogen
(möglicher Höchstwert: 240)

1. Schüler A mit SUM- Wert im LOMPSCHER-Fragebogen: 193 (hoch)
Nennungen insgesamt im Interview: allgemeines Lernen: N=16, Mathe N=7

Einzelne Antworten aus dem Fragebogen LOMPSCHER	Aussagen aus dem Interview (Lernen allgemein)	Aussagen aus dem Interview (Lernen in Mathematik)
Wiederholungsstrategien	Wiederholungsstrategien	Wiederholungsstrategien
1,1 weitgehend	1	2
3,1 völlig	3	
5,1 weitgehend	11	
5,3 völlig		
5,6 völlig		
5,9 nicht		
Elaborationsstrategien	Elaborationsstrategien	Elaborationsstrategien
1,3 kaum	16	4
1,6 weitgehend	19	13
1,7 kaum		20
2,4 kaum		24
2,8 völlig		
3,6 völlig		
3,9 weitgehend		
5,5 kaum		
Organisationsstrategien	Organisationsstrategien	Organisationsstrategien
1,4 völlig	1	3
1,5 kaum	2	
1,9 völlig		
3,7 völlig		
5,4 völlig		
5,8 völlig		

Einzelne Antworten aus dem Fragebogen LOMPSCHER	Aussagen aus dem Interview (Lernen allgemein)	Aussagen aus dem Interview (Mathematik)
Planung 4,2 weitgehend 4,3 völlig 4,5 kaum 4,8 nicht	Planung 10	Planung 4
Überwachung 3,10 völlig 5,7 völlig 5,10 kaum	Überwachung 9	Überwachung
Regulation 3,8 völlig	Regulation	Regulation
Lernumgebung	Lernumgebung 2 8	Lernumgebung
Hilfe bei anderen 2,9 weitgehend 3,3 völlig	Hilfe bei anderen	Hilfe bei anderen 4
gemeinsames Lernen 6,1 weitgehend 6,2 völlig 6,3 weitgehend 6,4 weitgehend 6,5 weitgehend 6,6 kaum 6,7 völlig 6,8 völlig 6,9 weitgehend 6,10 kaum	gemeinsames Lernen 10 16	gemeinsames Lernen

249

Einzelne Antworten aus dem Fragebogen Lompscher	Aussagen aus dem Interview (Lernen allgemein)	Aussagen aus dem Interview (Mathematik)
zusätzliche Literatur 1,8 kaum 3,5 kaum	zusätzliche Literatur	zusätzliche Literatur
Anstrengung 2,5 völlig 2,6 weitgehend 4,7 weitgehend 4,10 nicht	Anstrengung	Anstrengung
Zeit 4,6 kaum 4,9 weitgehend	Zeit 7 8	Zeit

Zu 5.3.2 Ergebnisse aus den Einzelfallstudien und Interviews

2. **Schüler B** mit **Lompscher - SUM-Wert: 203 (hoch)**
   Nenungen insgesamt im Interview: allg. Lernen: N=25, Mathe N=13

Einzelne Antworten aus dem Fragebogen LOMPSCHER	Aussagen aus dem Interview (Lernen allgemein)	Aussagen aus dem Interview (Lernen in Mathematik)
Wiederholungsstrategien	Wiederholungsstrategien	Wiederholungsstrategien
1,1 völlig	2	1
3,1 völlig	9	7
5,1 kaum	10	
5,3 weitgehend		
5,6 weitgehend		
5,9 weitgehend		
Elaborationsstrategien	Elaborationsstrategien	Elaborationsstrategien
1,3 völlig	2	3
1,6 weitgehend	4	5
1,7 weitgehend	6	17
2,4 weitgehend	11	18
2,8 völlig	18	
3,6 völlig		
3,9 völlig		
5,5 völlig		
Organisationsstrategien	Organisationsstrategien	Organisationsstrategien
1,4 völlig	2	2
1,5 völlig	3	13
1,9 weitgehend	4	
3,7 völlig		
5,4 völlig		
5,8 völlig		
Planung	Planung	Planung
4,2 weitgehend	3	3
4,3 kaum	12	7
4,5 weitgehend		11
4,8 kaum		
Überwachung	Überwachung	Überwachung
3,10 weitgehend	3	
5,7 weitgehend		
5,10 völlig		

Einzelne Antworten aus dem Fragebogen LOMPSCHER	Aussagen aus dem Interview (Lernen allgemein)	Aussagen aus dem Interview (Mathematik)
Regulation 3,8 völlig	Regulation 5	Regulation
Lernumgebung	Lernumgebung 2 3	Lernumgebung
Hilfe bei anderen 2,9 weitgehend 3,3 kaum	Hilfe bei anderen 1	Hilfe bei anderen
gemeinsames Lernen 6,1 völlig 6,2 völlig 6,3 völlig 6,4 völlig 6,5 kaum 6,6 nicht 6,7 weitgehend 6,8 weitgehend 6,9 völlig 6,10 weitgehend	gemeinsames Lernen 13 14 17	gemeinsames Lernen 1
zusätzliche Literatur 1,8 weitgehend 3,5 kaum	zusätzliche Literatur	zusätzliche Literatur 2
Anstrengung 2,5 nicht 2,6 weitgehend 4,7 weitgehend 4,10 nicht	Anstrengung 6 10	Anstrengung
Zeit 4,6 völlig 4,9 völlig	Zeit 2 13	Zeit

Zu 5.3.2 Ergebnisse aus den Einzelfallstudien und Interviews

2. **Tabellarische Auflistung der Strategiekategorien und Summenwerte aus den Fragebögen LASSI und KSI bei Schülern mit niedrigen bzw. hohen Summenwerten**

1. **Schülerin A** mit **niedrigen Sum-Werten (Höchstwert im LASSI: 235, im KSI: 200)**
   Sum-Wert- LASSI:124/KSI: 103
   Nennungen insgesamt im Interview: allgemeines Lernen N=14, Mathe N=3

Kategoriensummenwerte der Fragebögen LASSI und KSI (in Klammer: erreichbarer Höchstwert)	Aussagen aus dem Interview (Lernen allgemein)	Aussagen aus dem Interview (Mathematik)
Prüfungsstrategie Summenwert: 21 (von 32)	Wiederholungsstrategien 1 2 3 4	Wiederholungsstrategien
Elaborationsstrategien - LASSI nicht direkt vorhanden - im KSI: 24 (von 48)	Elaborationsstrategien	Elaborationsstrategien 1 20
Organisationsstrategien - Hauptideen herausfinden: 16 (von 20) - Transformation (KSI) 29 (von 50)	Organisationsstrategien 3	Organisationsstrategien 8
Planung 17 (von 32)	Planung 1	Planung
Überwachung 28 (von 40)	Überwachung	Überwachung
Regulation nicht im LASSI vorhanden - im KSI: 12 (von 20)	Regulation	Regulation
Lernumgebung nicht im LASSI und KSI vorhanden	Lernumgebung 2	Lernumgebung
Hilfe bei anderen nicht im LASSI und KSI vorhanden	Hilfe bei anderen 1	Hilfe bei anderen

Kategoriensummenwerte der Fragebögen LASSI und KSI (in Klammer: erreichbarer Höchstwert)	Aussagen aus dem Interview (Lernen allgemein)	Aussagen aus dem Interview (Mathematik)
gemeinsames Lernen - nicht im LASSI vorhanden	gemeinsames Lernen 2 6 7	gemeinsames Lernen
zusätzliche Literatur	zusätzliche Literatur	zusätzliche Literatur
Anstrengung 20 (von 32)	Anstrengung 1 4 16	Anstrengung
Zeit 17 (von 40)	Zeit	Zeit

Zu 5.3.2 Ergebnisse aus den Einzelfallstudien und Interviews

2. **Schülerin B** mit **niedrigen Sum-Werte- LASSI: 138/- KSI: 107 (niedrig)**
    Gesamtanzahl von strategiebezogenen Nennungen im Interview: allgemeines
    Lernen: N=21, Mathe N=9

Kategoriensummenwerte der Fragebögen LASSI und KSI (in Klammer: erreichbarer Höchstwert)	Aussagen aus dem Interview (Lernen allgemein)	Aussagen aus dem Interview (Mathematik)
Prüfungs-/Auswendiglern -strategie Prüfungsstrategien (LASSI): 36 (von 40) Auswendiglernen (KSI): 11 (von 20)	Wiederholungsstrategien 1 4 7 15	Wiederholungsstrategien 2
Elaborationsstrategien 26 (von 48)	Elaborationsstrategien 1 6 9 14	Elaborationsstrategien 1 3 7 20
Organisationsstrategien - Hauptideen herausfinden (LASSI): 23 (von 25) - Transformation (KSI): 29 (von 50)	Organisationsstrategien 3 16	Organisationsstrategien 6
Planung KSI: 23 (von 32)	Planung 10	Planung 2 12
Überwachung Monitoring (KSI): 18 (von 40)	Überwachung	Überwachung
Regulation REGULA (KSI): 11 (von 20)	Regulation 2 5 6	Regulation
Lernumgebung nicht im LASSI und KSI vorhanden	Lernumgebung	Lernumgebung

Kategoriensummenwerte der Fragebögen LASSI und KSI (in Klammer: erreichbarer Höchstwert)	Aussagen aus dem Interview (Lernen allgemein)	Aussagen aus dem Interview (Mathematik)
Hilfe bei anderen nicht in den beiden Fragebögen vorhanden	Hilfe bei anderen	Hilfe bei anderen 2
gemeinsames Lernen nicht in den beiden Fragebögen vorhanden	gemeinsames Lernen 9	gemeinsames Lernen
zusätzliche Literatur nicht in den beiden Fragebögen vorhanden	zusätzliche Literatur 2	zusätzliche Literatur
Anstrengung KON(zentration und Aufmerksamkeit) im LASSI: 14 (von 40) MOTIVAT(ion und Selbstdisziplin) im LASSI: 19 (von 50)	Anstrengung 8 12 16	Anstrengung
Zeit ZEITPLAN (LASSI): 20 (von 40) ZEITMAN(nagement im KSI): 7 (von 12)	Zeit 3 6	Zeit

Zu 5.3.2 Ergebnisse aus den Einzelfallstudien und Interviews

1. **Schüler A** mit teilweise hohe-Sum-Werte- **LASSI: 172/- KSI: 114**
Nennungen insgesamt im Interview: allgemeines Lernen: N=21, Mathe N=9

Kategoriensummenwerte der Fragebögen LASSI und KSI (in Klammer: erreichbarer Höchstwert)	Aussagen aus dem Interview (Lernen allgemein)	Aussagen aus dem Interview (Mathematik)
Prüfungs-/Auswendiglern -strategie Prüfungsstrat (LASSI): 34 (von 40) Auswendiglernen (KSI): 14 (von 20)	Wiederholungsstrategien 1 4 7 15	Wiederholungsstrategien 2
Elaborationsstrategien KSI: 30 (von 48)	Elaborationsstrategien 1 6 9 14	Elaborationsstrategien 1 3 7 20
Organisationsstrategien - Hauptiden herausfinden (LASSI): 18 (von 25) - Transformation (KSI): 27 (von 50)	Organisationsstrategien 3 16	Organisationsstrategien 6
Planung KSI: 22 (von 32)	Planung 10	Planung 2 12
Überwachung Monitoring (KSI): 23 (von 40)	Überwachung	Überwachung
Regulation REGULA (KSI): 12 (von 20)	Regulation 2 5 6	Regulation
Lernumgebung nicht im LASSI und KSI vorhanden	Lernumgebung	Lernumgebung

Kategoriensummenwerte der Fragebögen LASSI und KSI (in Klammer: erreichbarer Höchstwert)	Aussagen aus dem Interview (Lernen allgemein)	Aussagen aus dem Interview (Mathematik)
Hilfe bei anderen nicht in den beiden Fragebögen vorhanden	Hilfe bei anderen	Hilfe bei anderen 2
gemeinsames Lernen nicht in den beiden Fragebögen vorhanden	gemeinsames Lernen 9	gemeinsames Lernen
zusätzliche Literatur nicht in den beiden Fragebögen vorhanden	zusätzliche Literatur 2	zusätzliche Literatur
Anstrengung KON(zentration und Aufmerksamkeit) im LASSI: 30 (von 40) MOTIVAT(ion und Selbstdiziplin) im LASSI: 39 (von 50)	Anstrengung 8 12 16	Anstrengung
Zeit ZEITPLAN (LASSI): 24 (von 40) ZEITMAN(nagement im KSI): 6 (von 12)	Zeit 3 6	Zeit

Zu 5.3.2 Ergebnisse aus den Einzelfallstudien und Interviews

2. **Schüler B:** Schüler mit **hohen Summen-Werten: LASSI: 205 /KSI: 149**
Nenungen insgesamt im Interview: allg. Lernen: N=25, Mathe N=13

Kategoriensummenwerte der Fragebögen LASSI und KSI (in Klammer: erreichbarer Höchstwert)	Aussagen aus dem Interview (Lernen allgemein)	Aussagen aus dem Interview (Lernen in Mathematik)
Prüfungsstrategie 39 (von 40)	Wiederholungsstrategien 2 9 10	Wiederholungsstrategien 1 7
Elaborationsstrategien im KSI: 43 (von 48)	Elaborationsstrategien 2 4 6 11 18	Elaborationsstrategien 3 5 17 18
Organisationsstrategien - Hauptideen herausfinden - LASSI: 24 (von 25) - Transformation (KSI): 46 (von 50)	Organisationsstrategien 2 3 4	Organisationsstrategien 2 13
Planung 32 (von 40)	Planung 3 12	Planung 3 7 11
Überwachung 44 (von 50)	Überwachung 3	Überwachung
Regulation 20 (von 20)	Regulation 5	Regulation
Lernumgebung existiert nicht in LASSI und KSI	Lernumgebung 2 3	Lernumgebung

Kategoriensummenwerte der Fragebögen LASSI und KSI (in Klammer: erreichbarer Höchstwert)	Aussagen aus dem Interview (Lernen allgemein)	Aussagen aus dem Interview (Lernen in Mathematik)
Hilfe bei anderen existiert nicht in LASSI und KSI	Hilfe bei anderen 1	Hilfe bei anderen
gemeinsames Lernen existiert nicht in LASSI und KSI	gemeinsames Lernen 13 14 17	gemeinsames Lernen 1
zusätzliche Literatur existiert nicht in LASSI und KSI	zusätzliche Literatur	zusätzliche Literatur 2
Anstrengung 32 (von 32)	Anstrengung 6 10	Anstrengung
Zeit 32 (von 32)	Zeit 2 13	Zeit

ERZIEHUNGSKONZEPTIONEN UND PRAXIS

Herausgeber: Gerd-Bodo Reinert

Band 1 Barbara Hellinge / Manfred Jourdan / Hubertus Maier-Hein: Kleine Pädagogik der Antike. 1984.

Band 2 Siegfried Prell: Handlungsorientierte Schulbegleitforschung. Anleitung, Durchführung und Evaluation. 1984.

Band 3 Gerd-Bodo Reinert: Leitbild Gesamtschule versus Gymnasium? Eine Problemskizze. 1984.

Band 4 Ingeborg Wagner: Aufmerksamkeitsförderung im Unterricht. Hilfen durch Lehrertraining. 1984.

Band 5 Peter Struck: Pädagogische Bindungen. Zur Optimierung von Lehrerverhalten im Schulalltag. 1984.

Band 6 Wolfgang Sehringer (Hrsg.): Lernwelten und Instruktionsformen. 1986.

Band 7 Gerd-Bodo Reinert (Hrsg.): Kindgemäße Erziehung. 1986.

Band 8 Heinrich Walther: Testament eines Schulleiters. 1986.

Band 9 Gerd-Bodo Reinert / Rainer Dieterich (Hrsg.): Theorie und Wirklichkeit - Studien zum Lehrerhandeln zwischen Unterrichtstheorie und Alltagsroutine. 1987.

Band 10 Jörg Petersen / Gerhard Priesemann: Einführung in die Unterrichtswissenschaft. Teil 1: Sprache und Anschauung. 2., überarb. Aufl. 1992.

Band 11 Jörg Petersen / Gerhard Priesemann: Einführung in die Unterrichtswissenschaft. Teil 2: Handlung und Erkenntnis. 1992.

Band 12 Wolfgang Hammer: Schulverwaltung im Spannungsfeld von Pädagogik und Gesellschaft. 1988.

Band 13 Werner Jünger: Schulunlust. Messung - Genese - Intervention. 1988.

Band 14 Jörg Petersen / Gerhard Priesemann: Unterricht als regelgeleiteter Handlungszusammenhang. Ein Beitrag zur Verständigung über Unterricht. 1988.

Band 15 Wolf-Dieter Hasenclever (Hrsg.): Pädagogik und Psychoanalyse. Marienauer Symposion zum 100. Geburtstag Gertrud Bondys. 1990.

Band 16 Jörg Petersen / Gerd-Bodo Reinert / Erwin Stephan: Betrifft: Hausaufgaben. Ein Überblick über die didaktische Diskussion für Elternhaus und Schule. 1990.

Band 17 Rudolf G. Büttner / Gerd-Bodo Reinert (Hrsg.): Schule und Identität im Wandel. Biographien und Begebenheiten aus dem Schulalltag zum Thema Identitätsentwicklung. 1991.

Band 18 Eva Maria Waibel: Von der Suchtprävention zur Gesundheitsförderung in der Schule. Der lange Weg der kleinen Schritte. 3. Aufl. 1994.

Band 19 Heike Biermann: Chancengerechtigkeit in der Grundschule – Anspruch und Wirklichkeit. 1992.

Band 20 Wolf-Dieter Hasenclever (Hrsg.): Reformpädagogik heute: Wege der Erziehung zum ökologischen Humanismus. 2. Marienauer Symposion zum 100. Geburtstag von Max Bondy. 1993. 2., durchges. Aufl. 1998.

Band 21 Bernd Arnold: Medienerziehung und moralische Entwicklung von Kindern. Eine medienpädagogische Untersuchung zur Moral im Fernsehen am Beispiel einer Serie für Kinder im Umfeld der Werbung. 1993.

Band 22 Dimitrios Chatzidimou: Hausaufgaben konkret. Eine empirische Untersuchung an deutschen und griechischen Schulen der Sekundarstufen. 1994.

Band 23 Klaus Knauer: Diagnostik im pädagogischen Prozeß. Eine didaktisch-diagnostische Handreichung für den Fachlehrer. 1994.

Band 24 Jörg Petersen / Gerd-Bodo Reinert (Hrsg.): Lehren und Lernen im Umfeld neuer Technologien. Reflexionen vor Ort. 1994.

Band 25 Stefanie Voigt: Biologisch-pädagogisches Denken in der Theorie. 1994.

Band 26 Stefanie Voigt: Biologisch-pädagogisches Denken in der Praxis. 1994.

Band 27 Reinhard Fatke / Horst Scarbath: Pioniere Psychoanalytischer Pädagogik. 1995.

Band 28 Rudolf G. Büttner / Gerd-Bodo Reinert (Hrsg.): Naturschutz in Theorie und Praxis. Mit Beispielen zum Tier-, Landschafts- und Gewässerschutz. 1995.

Band 29 Dimitrios Chatzidimou / Eleni Taratori: Hausaufgaben. Einstellungen deutscher und griechischer Lehrer. 1995.

Band 30 Bernd Weyh: Vernunft und Verstehen: Hans-Georg Gadamers anthropologische Hermeneutikkonzeption. 1995.

Band 31 Helmut Arndt / Henner Müller-Holtz (Hrsg.): Schulerfahrungen – Lebenserfahrungen. Anspruch und Wirklichkeit von Bildung und Erziehung heute. Reformpädagogik auf dem Prüfstand. 2. Aufl. 1996.

Band 32 Karlheinz Biller: Bildung erwerben in Unterricht, Schule und Familie. Begründung – Bausteine – Beispiele. 1996.

Band 33 Ruth Allgäuer: Evaluation macht uns stark! Zur Unverzichtbarkeit von Praxisforschung im schulischen Alltag. 1997. 2., durchges. Aufl. 1998.

Band 34 Christel Senges: Das Symbol des Drachen als Ausdruck einer Konfliktgestaltung in der Sandspieltherapie. Ergebnisse aus einer Praxis für analytische Psychotherapie von Kindern und Jugendlichen. 1998.

Band 35 Achim Dehnert: Untersuchung der Selbstmodelle von Managern. 1997.

Band 36 Shen-Keng Yang: Comparison, Understanding and Teacher Education in International Perspective. Edited and introduced by Gerhard W. Schnaitmann. 1998.

Band 37 Johann Amos Comenius: Allverbesserung (Panorthosia). Eingeleitet, übersetzt und erläutert von Franz Hofmann. 1998.

Band 38 Edeltrud Ditter-Stolz: Zeitgenössische Musik nach 1945 im Musikunterricht der Sekundarstufe I. 1999.

Band 39 Manfred Luketic: Elektrotechnische Lernsoftware für den Technikunterricht an Hauptschulen. 1999.

Band 40 Gerhard Baltes / Brigitta Eckert: Differente Bildungsorte in systemischer Vernetzung. Eine Antwort auf das Problem der funktionellen Differenzierung in der Kooperation zwischen Jugendarbeit und Schule. 1999.

Band 41 Roswit Strittmatter: Soziales Lernen. Ein Förderkonzept für sehbehinderte Schüler. 1999.

Band 42 Thomas H. Häcker: Widerstände in Lehr-Lern-Prozessen. Eine explorative Studie zur pädagogischen Weiterbildung von Lehrkräften. 1999.

Band 43 Sabine Andresen / Bärbel Schön (Hrsg.): Lehrerbildung für morgen. Wissenschaftlicher Nachwuchs stellt sich vor. 1999.

Band 44 Ernst Begemann: Lernen verstehen – Verstehen lernen. Zeitgemäße Einsichten für Lehrer und Eltern. Mit Beiträgen von Heinrich Bauersfeld. 2000.

Band 45 Günter Ramachers: Das intrapersonale Todeskonzept als Teil sozialer Wirklichkeit. 2000.

Peter Lang · Europäischer Verlag der Wissenschaften

Jahrbuch für Pädagogik 2002

Kritik der Transformation – Erziehungswissenschaft im vereinigten Deutschland

Redaktion: Wolfgang Keim, Dieter Kirchhöfer und Christa Uhlig

Frankfurt am Main, Berlin, Bern, Bruxelles, New York, Oxford, Wien, 2003. 436 S.
ISBN 3-631-50913-8 · br. € 29.00*

Mit der Vereinigung verbanden viele Pädagoginnen und Pädagogen in der DDR und auch in der BRD die Erwartung bildungspolitischer und pädagogischer Reformen. Respektvolle Neugier, gleichberechtigte Projekte und Hoffnung auf einen Aufbruch des erziehungswissenschaftlichen Denkens bestimmten anfangs vielerorts das gemeinsame Handeln. Die Entwicklung der Vereinigungspolitik zog indessen auch die Erziehungswissenschaft in den Sog einer Transformation nach dem Muster nachholender Modernisierung im Osten. Die ostdeutsche Erziehungswissenschaft unterlag einem umfassenden Angleichungsprozess; der westdeutsche Referenzrahmen blieb unhinterfragt.

10 Jahre nach dem ersten „Jahrbuch für Pädagogik" zieht das Jahrbuch 2002 erneut eine kritische Bilanz des Vereinigungsprozesses der Erziehungswissenschaften und konstatiert: Aus der Chance zu fruchtbarer Kooperation zweier unterschiedlicher Bildungs- und Wissenschaftskulturen wurde unfruchtbare Distanz. Die Transformation erweist sich als widersprüchlicher, revisionsbedürftiger, langfristiger und ergebnisoffener Prozess, ihre erziehungswissenschaftliche Reflexion bleibt eine noch zu lösende Aufgabe.

Aus dem Inhalt: Rahmenbedingungen und Konturen der Transformation in der ostdeutschen Gesellschaft · Kritik der Transformation in der Erziehungswissenschaft · Erweiterungen und Begrenzungen der Erziehungswissenschaftlichen Theorieentwicklung im Transformationsprozess · Praxiserfahrungen und Lernprozesse in der Transformation

Frankfurt am Main · Berlin · Bern · Bruxelles · New York · Oxford · Wien
Auslieferung: Verlag Peter Lang AG
Moosstr. 1, CH-2542 Pieterlen
Telefax 00 41 (0) 32 / 376 17 27

*inklusive der in Deutschland gültigen Mehrwertsteuer
Preisänderungen vorbehalten
Homepage http://www.peterlang.de